BEATRICE VON WEIZSÄCKER
Ist da jemand?

BEATRICE VON WEIZSÄCKER

Ist da jemand?

Gott und meine Zweifel

Piper München Zürich

Mehr über unsere Autoren und Bücher:
www.piper.de

MIX
Papier aus verantwor-
tungsvollen Quellen
FSC® C083411

ISBN 978-3-492-05513-0
© Beatrice von Weizsäcker und Piper Verlag GmbH,
München 2012
Satz: Kösel, Krugzell
Druck und Bindung: CPI – Clausen & Bosse, Leck
Printed in Germany

Für meine Mentees
Christoph Tanneberger
Martin Rothe und
Friederike Lübke

Inhaltsverzeichnis

Vorwort

Herbst 2007. Ein Brief erreicht mich. Er ist ungewöhnlich. Er kommt aus heiterem Himmel. Der Kirchentag fragt mich, ob ich bereit sei, für das Präsidium des Ökumenischen Kirchentags zu kandidieren. Freude überkommt mich. Die Ehre fordert mich heraus.

Herbst 2007. Eine Nachricht erreicht uns. Sie ist grauenvoll. Sie kommt aus dem weinenden Himmel. Mein Bruder in München ist krank. Panik befällt mich. Die Krankheit jagt mir Angst ein.

Die Ärzte ringen monatelang, aber sie schaffen es nicht. Auch mein Bruder schafft es nicht. Sein Körper ist zu schwach. Kurz vor seinem 52. Geburtstag, am 13. Juni 2008, stirbt er. Die Schwestern öffnen die Fenster. Seine Seele ist frei.

»Bleib behütet, liebe Beatrice«, schreiben mir Freunde vom Kirchentag. »Bleib behütet, lieber Bruder«, bete ich.

»Damit ihr Hoffnung habt«, hieß das Motto des Ökumenischen Kirchentags zwei Jahre später, das war im Mai 2010. Hoffnung, ja, das passte, auch zu mir. Denn Hoffnung war alles, was mir geblieben war. Den

Tod kann niemand erklären. Der Tod ergibt nie einen Sinn. Ich jedenfalls konnte den Sinn nicht erkennen. Nicht bei ihm, meinem Bruder.

Gibt es Zufälle? Wenige Jahre vor dem Ausbruch der Krankheit war ich nach München gezogen. Im Rückblick kommt es mir vor, als hätte das jemand geplant. Mein ganzes Leben erscheint von außen wie eine Kette von Zufällen. Doch im Nachhinein passt alles zusammen. Eine Volontärin beim Berliner *Tagesspiegel* sagte mir einst: »Sie sind ein historisches Glückskind.« Ich hatte ihr von meinem Leben erzählt, davon, dass die Mauer just in dem Moment gefallen war, als ich auf der Suche nach einer Aufgabe war. Davon, dass ich mich stets danach gesehnt hatte, etwas Sinnvolles zu tun. Eine »politische Bestimmung« zu finden, wenn man so will. Die »Wende« war eine Herausforderung für mich und meine Generation, die in einer Zeit groß geworden war, die alles geboten hatte, was man nur brauchte für ein glückliches Leben: Frieden und Freiheit, eine gesicherte Zukunft. Nur zu tun hatten wir nichts. Die großen Themen waren gelöst, der Alltag bestand aus vermeintlich sinnlosem Klein-Klein. Oft und immer öfter stellte ich mir die Frage nach dem Zweck meiner Aufgaben, dem Sinn meines Lebens. Und ich fand keine Antwort. Dann auf einmal kam die Friedliche Revolution, und da war es, mein Ziel: nach Berlin zu ziehen und Journalistin zu werden. Mitzuarbeiten an diesem neuen Deutschland. Ich würde eine Aufgabe haben, die sinnvoll war. Ich war tatsächlich ein historisches Glückskind gewesen.

Doch war ich nun auch ein persönliches Glückskind? Weil ich wenige Jahre vor der Krankheit des Bruders nach München gezogen war? Nein, Glück ist das falsche Wort. Ich war zur richtigen Zeit am richtigen Ort. Diesmal waren nicht politische Umbrüche der Grund, diesmal war es Schicksal. Manche sagten, es war Gott. Er habe mich zu dieser Zeit an diesen Ort gestellt. Und wer weiß, vielleicht stimmt das ja auch.

Manchmal glaube ich, dass ich glaube, weil ich zweifle. Klingt das absurd? Mein Zweifel am Leben und seinem Sinn; mein Zweifel an Gott, der unbeweisbar ist; mein Zweifel am Glauben, der Prüfung um Prüfung ausgesetzt ist – all das kann meinen Glauben vernichten. Doch es ist nicht so. Denn warum sollte ich an meinem Glauben zweifeln, wenn ich gar keinen Glauben hätte? Ist der Zweifel nicht ein Beleg meines Glaubens? Die Gedanken können mich in den Wahnsinn treiben, das stimmt, und zuweilen tun sie es auch. Und trotzdem glaube ich. Auch wenn es nicht immer leicht ist.

Glauben und Zweifeln kenne ich seit frühester Kindheit. Auch die Erfahrung, dass ich nicht tiefer fallen kann als nur in Gottes Hand, wie es in einem Kirchenlied heißt. Obwohl ich das oft erst im Nachhinein sehe. Zweifel und Glaube sind meine Begleiter, seit ich denken kann. Sie lassen mich verzagen. Sie lassen mich empören. Sie lassen mich wach sein. Sie fordern einen Standpunkt. Sie treiben mich zum Handeln an. Sie sind die Quelle der Verzweiflung und die Quelle meines Glücks. Denn gleichgültig ist mir nichts.

Zwei Jahre nachdem mein Bruder gestorben war, wurde ich gebeten, eine Bibelarbeit zu halten, beim Ökumenischen Kirchentag in München. Dabei geht es um die Auslegungen bestimmter Sätze. Nie hatte ich mich vorher so intensiv mit der Bibel beschäftigt. Seither ist sie mein ständiger Begleiter. Manchmal hilft sie mir, manchmal verzweifele ich an ihr. Immer wieder stelle ich Verse infrage. Das will ich auch in diesem Buch tun.

Ich will Fragen stellen; Fragen, die mich umtreiben, und ich glaube, nicht nur mich. Ich will Bibelzitate prüfen, sie zur Rechenschaft ziehen. Was ist das: Glaube? Welche Macht hat der Zweifel? Warum gibt es ihn, wenn man doch glaubt? Was hat es auf sich mit den Grundlagen des Glaubens, also der Bibel und der Kirche, die doch allesamt menschengemacht sind? Gelten sie auch, wenn es ernst wird? Taugen sie, wenn es ums Leben geht, um Leiden und Tod? Wo ist dieser Gott, wenn jemand stirbt? Im Krankenhaus fand ich ihn nie. Warum ließ er das Unglück überhaupt zu? Warum nahm er uns meinen Bruder? Warum?

Sollen uns biblische Sätze einlullen und gefügig machen? Stimmen sie überhaupt? Kennen sie Antworten, wenn wir nicht weiterwissen? Wie ist das mit dem Glauben, der Hoffnung und der Liebe? Was nützen sie mir, wenn meine Angst größer ist als sie? Was soll das Gerede von der Nächstenliebe (»Liebe deinen Nächsten wie dich selbst«), wenn ich schon mit mir selbst hadere? Wie kann ich ein Segen sein, wenn ich schwach bin? Was heißt hier: »Fürchte dich nicht!«? Wie kann ich mich nicht fürchten in dieser Welt? Was kann ich beten, was glauben, wenn es niemanden mehr gibt außer mir und meinen Gott? Und was, wenn es ihn nicht gibt? Das sind so Fragen, denen ich nachgehen will.

»Da wird auch dein Herz sein«, hieß die Losung des Evangelischen Kirchentags in Dresden ein Jahr später, im Mai 2011. Im Präsidium gab es an dem Motto keinen Zweifel. Wo mein Herz war, das war klar. Es ist im Leben, im Einsatz, bei Menschen. Und natürlich beim Bruder.

An ihn denke ich, während ich beginne, dieses Buch zu schreiben. Ein Buch des Zweifelns und deshalb des Glaubens. Über das, was Menschen ausmacht, und was das aus ihnen macht. Ein Buch über das Leben. Und über den Tod.

I

Vom Glauben

1 Glaube, Hoffnung, Liebe?
Den Zweifel heiligen!

Was mich ausmacht und was das aus mir macht (I) /
1. Korinther 13, Vers 13

Siddhartha – natürlich!

In meiner Jugend las ich *Siddhartha*. Besonders phan-
tasievoll war das nicht, fast alle lasen Hermann Hesse
zu dieser Zeit. Ich las *Siddhartha* am Rhein, denn ein
Fluss gehört zum Buch wie das Nachdenken über sich
und die Welt, wenn man jung ist.

Meine Brüder rümpften die Nase. Hermann Hesse:
typisch Mädchen! Und dann auch noch dieses Buch.
Die Brüder hatten kein sonderlich ausgeprägtes Verhältnis zu den Fragen des Lebens, über den Sinn und
seinen Zweck. Und nicht nur einmal beneidete ich sie
darum. Auch die Eltern fanden diese »Selbstbeschäfti-
gung«, wie sie es nannten, alles andere als eindrucks-
voll. Drängten sich solche Fragen den Brüdern und
Eltern nie auf? Kannten sie sie nicht? Ich weiß es nicht.
Über so etwas sprachen wir nicht. Die Eltern lasen uns
aus der Kinderbibel vor, aber niemand musste glauben,
was darin stand. Konfirmationsunterricht war selbstverständlich, doch keiner war fromm. Zu Weihnachten

gingen wir in die Kirche wie alle, die wir kannten. Aber nie kam die Frage, ob wir an das glaubten, was der Pfarrer sagte. Viel interessanter war, ob er schon wieder die Welt hatte retten wollen – und wie. Und wenn es zu langweilig wurde, ging es um die richtige Zahl der Kerzen am Christbaum. Ein kleiner weihnachtlicher Wettbewerb, eine große weihnachtliche Familienerheiterung.

Wenn ich *Siddhartha* heute durchblättere, sind die Markierungen in Schwarz und Rot noch überall zu sehen. Zum Beispiel an diesen Sätzen: »In dir ist eine Stille und Zuflucht, in welche du zu jeder Stunde eingehen und bei dir daheim sein kannst [...]. Wenige Menschen haben das, und doch können alle es haben.« Oder jener: »Vor allem lernte er von ihm das Zuhören mit stillem Herzen, mit wartender, geöffneter Seele, ohne Leidenschaft, ohne Wunsch, ohne Urteil, ohne Meinung.« Schließlich die: »Suchen heißt: ein Ziel haben. Finden aber heißt: frei sein, offen stehen, kein Ziel haben.« – Ich konnte nicht ahnen, welche Bedeutung die Worte vom Suchen und Finden in meinem Leben noch bekommen würden.

Auch das hatte ich doppelt und dreifach unterstrichen: »Nein, keine Lehre konnte ein wahrhaft Suchender annehmen, einer, der wahrhaft finden wollte.« Das sprach mir aus der Seele. Denn Religionen, die Menschen vereinnahmen, waren mir schon damals suspekt.

Die Geschichte zweier Religionslehrer

Fast hätte ich Theologie studiert. Es war ein Religions-
lehrer, der kurz vor dem Abitur diesen Wunsch in mir
weckte. Ein Lehrer, wie man ihn sich nur wünschen
kann, gerade in diesem Fach: ernsthaft, ehrlich, zugewandt. Ich tat es dann doch nicht und wählte stattdessen die Juristerei. Die Theologie allerdings, das Interesse an Kirche, an Religion und an Gott, ließ mich nie
wieder los. Das beschäftigt mich bis heute. Es hatte
schon immer eine Rolle in meinem Leben gespielt.

Als ich noch ein halbes Kind war, weit vor meiner
Siddhartha-Zeit, hätte ich eine Religionslehrerin beinahe um ihren Verstand gebracht. Jesus war das Thema
in der Schule, eine seiner Wundergeschichten. Für Rätsel und Wunder sind Kinder schnell zu haben. Mir ging
es nicht anders. Doch im Mittelpunkt stand keine Zau-
berei, kein Kinderkram, das wusste ich. Sondern der
Glaube. Gott. Und Jesus. Unsere Religionslehrerin
gehörte zu den entzückendsten Lehrerinnen, die man
sich vorstellen kann. Mit Hingabe und Schwung erzählte sie Geschichten aus der Bibel. Ich mochte sie.
Aber auf einmal wurde ich misstrauisch. Ich zweifelte.
Und meldete mich zu Wort: »Ich glaube, dass die Menschen Jesus erfunden haben, damit die Menschen an
Gott glauben«, posaunte ich hinaus. Das war zwar
ehrlich, mir aber sofort peinlich. Denn es geschah, was
ich befürchtet hatte: Meine Lehrerin, die geduldig versuchte, mich vom Gegenteil zu überzeugen, kam ins
Schleudern. Wie sollte sie mir, dem Kind, auch bewei-

sen, dass es Jesus gegeben hatte, als leibhaftigen Sohn Gottes, ihn und seine Wunder? Ich bestand aber auf einem Beweis. Und obwohl ich geahnt hatte, in welche Schwierigkeiten ich sie bringen würde, stellte ich diese Frage. Denn sie trieb mich um.

Erst später lernte ich, was das christliche Wort vom Glauben bedeutet. Im Lateinischen heißt es fides, im Griechischen pistis. Übersetzt ist es die Zuversicht, das Vertrauen, die Treue. Nicht, etwas für wahr zu halten oder gar es belegen zu müssen, sondern sich darauf zu verlassen. Ich hatte meine Lehrerin gründlich überfordert. Sie musste mir nichts beweisen, denn der Glaube verlangt keine Belege. Ich aber wollte Beweise. Das war ja die Krux.

»Es ist aber der Glaube eine gewisse Zuversicht des, das man hofft, und ein Nichtzweifeln an dem, das man nicht sieht«, heißt es im Hebräerbrief 11, Vers 1. Auch diesen Satz kannte ich als Kind noch nicht. Geholfen hätte er mir allerdings nicht. Denn ich zweifelte ja gerade an dem, was ich nicht sah. Ein Nichtzweifeln schien mir unvorstellbar zu sein.

Viele Jahre später, die Geschichte ging mir nie aus dem Sinn, las ich von wissenschaftlichen Zweifeln an Jesu Gestalt. Zweifel, ob es Jesus überhaupt gegeben habe, und wenn ja, ob dann so wie überliefert. Und was es mit Christus auf sich habe, mit Jesus, dem menschgewordenen Sohn Gottes.

Der Streit, was die Menschen aus Jesus Christus gemacht haben, den Sohn Gottes, eine Kunstfigur sozusagen, der Streit, ob die Menschen die Figur verwendet haben, um die Kirchen zu begründen, und ob die Kirchen ihre auf Christus begründete Macht um ihrer selbst willen nutzen oder nicht, den wird es wohl geben, solange es Menschen gibt. Wie also hätte meine Religionslehrerin meine Frage beantworten können, ob nicht Menschen hinter allem stecken, damit die Menschen an Gott glauben? Mit anderen Worten: Ob es Gott überhaupt gibt?

Vom schwierigen Glauben

»Nun aber bleibt Glaube, Hoffnung, Liebe, diese drei; aber die Liebe ist die größte unter ihnen«, heißt es in einem der bekanntesten Sätze der Bibel, im 1. Korintherbrief 13, Vers 13.

Liebe wünscht sich jeder, und manche kennen sie auch, eine Liebe, die frei ist und ohne Bedingungen. Da liegt es auf der Hand, dass sie die Größte unter ihnen ist. Die Hoffnung kennen alle. Wer hofft denn nicht Tag für Tag? Ohne Hoffnung ist das Leben aussichtslos. Die Hoffnung ist vielleicht die Wichtigste unter ihnen. Und der Glaube? Wie sieht es damit aus? Wie kann man glauben bei all dem Unglück auf der Welt? Für den, der Zweifel kennt, ist der Glaube der Schwierigste unter ihnen.

Gottesanbeter und andere Leute

Nähern wir uns der Sache statistisch. In Deutschland ist es beliebt, Menschen zu befragen. Statistische Erhebungen haben vielfach gute Gründe. So gibt es Meinungsforschungen zu beinahe jedem Thema. Zuweilen fragt man sich zwar, wer das alles in Auftrag gibt und wer es bezahlt. Vor allem bei Umfragen, deren Ergebnis man ohnehin schon kennt. Aber hin und wieder sind sie ganz interessant. Zum Beispiel Umfragen über Gott.

Auch die gibt es. Geteilt nach Ost und West, nach Männern und Frauen, nach Parteizugehörigkeiten und was es sonst noch alles gibt. Im Mai 2011 befragte das Institut Infratest dimap nun allerlei Menschen. Der Kirchentag in Dresden stand bevor, der erste tatsächlich »gesamtdeutsche«, und der *Mitteldeutsche Rundfunk* wollte wissen, wie es um Kirche und Glaube in der Gesellschaft steht. »Wie gläubig sind die Deutschen?« – »Ist der Osten noch immer das Land der Atheisten?« – »Welchen Stellenwert haben christliche Werte in unserem Alltag?« Das waren die Themen.

Laut Statistik glaubte mehr als die Hälfte der Deutschen an einen Gott, genauer gesagt: 58 Prozent. Infratest dimap stellte einen bemerkenswerten Unterschied fest zwischen West und Ost: 67 Prozent im Westen glaubten an Gott, aber nur 29 Prozent im Osten. (In einer anderen Erhebung wurde ein Ostdeutscher einmal gefragt: »Sind Sie religiös oder nicht religiös?« – »Weder noch«, sagte der Mann, »ich bin normal.«)

Sind die »Wessis« nun die besseren Menschen? Ist der, der glaubt, überhaupt ein besserer Mensch? Wohl kaum. Jeder weiß, wie viel Unheil im Namen Gottes schon angerichtet worden ist. Wer glaubt, ist nicht besser oder schlechter als andere. Denn was er aus dem Glauben macht, was er aus Glaubensgründen tut, weiß und verantwortet nur er selbst. Das muss nicht gut sein, es muss nicht schlecht sein. Es ist, wie es ist. Für die Gesellschaft spielt das keine Rolle. In der Politik darf es keine Rolle spielen. Glaube ist eine Privatangelegenheit. In der Politik hat er nichts zu suchen. Zweifler bekommen einer Gesellschaft in der Regel besser als Überzeugungstäter. Zweifler sind bereit zuzuhören, andere Meinungen gelten zu lassen, zu argumentieren. Überzeugungstäter tun das selten.

Wie anders war das Ergebnis der Erhebung, als es um christliche Werte ging. Da gab es keinen Ost-West-Unterschied. 90 Prozent der Befragten fanden christliche Werte wie die Nächstenliebe oder die Barmherzigkeit »wichtig« oder gar »sehr wichtig«, egal, woher die Befragten kamen, egal, ob sie glaubten oder nicht. Christliche Werte sind offenbar wichtig.

Ein Aktivist in Sachen Gott

Ob man glaubt oder nicht, die Figur Jesus hat die Menschen schon immer inspiriert. Angefangen hatte es mit den Evangelisten in der damaligen Zeit, bis heute hat sich daran nichts geändert. So unterschiedlich die

Schilderungen über ihn und sein Leben auch sind, eines war Jesus ganz gewiss: ein Kritiker seiner Zeit. Nichts Menschliches war ihm fremd. Er war barmherzig, aber auch zornig. Er half den Menschen, aber er konnte auch anders. Im Tempel schmiss er die Tische um. Mit einer »Geißel aus Stricken« trieb er die Händler hinaus und rief ihnen nach: »Machet nicht meines Vaters Haus zum Kaufhaus!« (Johannes 2, Verse 15 und 16) Die Reichen waren ihm zuwider. »Es ist leichter, dass ein Kamel durch ein Nadelöhr gehe, als dass ein Reicher ins Reich Gottes komme«, sagte er nach der Überlieferung des Evangelisten Markus (Kapitel 10, Vers 25). Ja, Jesus passte gut in seine Zeit. Heinrich Heine nannte ihn einen »göttlichen Kommunisten«. Petra Bahr, die Kulturbeauftragte der Evangelischen Kirche in Deutschland (EKD), bezeichnete seine Zornesausbrüche als »heilige Wutanfälle«. Ein göttlicher Kommunist mit heiligen Wutanfällen. Wunderbar!

Jesus als Revoluzzer, mit gütigem Herzen und heiligen Wutanfällen, so kennt ihn die Menschheit. In manchen seiner Einstellungen, so radikal sie auch waren, kann er tatsächlich ein Beispiel sein. Ob er seine Reden so gehalten hat, wie wir sie aus der Bibel kennen, ob Satz für Satz stimmt, ist dabei einerlei. Ob die Bergpredigt eine Bergpredigt war oder nicht, ob er so oder anders gesprochen hat: entscheidend ist der Inhalt, der Kern. Jesus sagte Dinge, die auch andere vertreten, damals wie heute, gewiss. Der Unterschied ist seine Deutlichkeit. Wo gibt es das heute noch, solche Klarheit! Was brauchen wir dringender als das? Jesu Worte waren unerbittlich, fast unversöhnlich. Sie waren einzigartig, weil sie radikal waren. Wie könnten sie einem egal sein? Wie könnte einem die Figur Jesus einerlei sein? Auch heute noch?

Eine Figur wie Jesus, der die Erfahrungen der Menschen auf den Kopf stellte, sich über Ungerechtigkeiten empörte und nicht nur redete, sondern auch handelte, passt genau in unsere Zeit. Die Welt lebt von Menschen, die sich engagieren, von Menschen, die deutlich sind, deutlich und wütend. Ohne ihren Einsatz stünden die Menschenrechte nur auf dem Papier. Es gäbe keine Freiheit, keinen Rechtsstaat, keine Demokratie. Die Friedliche Revolution 1989 in der DDR wäre zwar ohne die Kirchen kaum möglich gewesen, aber entscheidend waren der Mut und der Einsatz der Menschen. Auch die Demokratiebewegungen in Nordafrika im Jahr 2011 hatten darin ihren Grund. Der Glaube spielte für die Friedliche Revolution in der DDR und die »Arabellion« im arabischen Raum, wie die *FAZ* sie nannte, letztlich kaum eine Rolle. Aber das, was auch Jesus ausmachte, der unbedingte Wille zur Freiheit, die Unversöhnlichkeit in Sachen Gerechtigkeit, das war allen gleich. Man muss nicht so radikal sein, wie Jesus es war. Man muss auch nicht glauben, dass es ihn gab. Aber wachsam bleiben, das muss man.

Man kann eine historische Figur wie Jesus gut gebrauchen, wenn einem der Mut ausgehen will. Oder wenn man nur wütend ist, aber daraus nichts macht. Was mich an Jesus stets überzeugt, ist weniger seine

Göttlichkeit, sondern vielmehr seine Menschlichkeit. Seine Worte sind mir Ansporn, seine Taten ein Vorbild, seine Werte sind mir wichtig.

Jesus war ein Wutbürger, wie er im Buche steht. Er war ein Aktivist in Sachen Gott. Seine Bürgerinitiative hat die Welt verändert. Das macht ihn so besonders.

Der Thron im Himmel und der Glaube auf Erden

Doch braucht man Jesus auch, um zu glauben? Im apostolischen Glaubensbekenntnis heißt es: »Ich glaube an […] Jesus Christus, seinen eingeborenen Sohn, unsern Herrn, empfangen durch den Heiligen Geist, geboren von der Jungfrau Maria, gelitten unter Pontius Pilatus, gekreuzigt, gestorben und begraben, hinabgestiegen in das Reich des Todes, am dritten Tage auferstanden von den Toten, aufgefahren in den Himmel; er sitzt zur Rechten Gottes, des allmächtigen Vaters; von dort wird er kommen, zu richten die Lebenden und die Toten.«

Mir fällt es schwer, das zu glauben. Wenn es im Gottesdienst zu dieser Stelle des Glaubensbekenntnisses kommt, werde ich zum Publikum. Ich fühle mich deplatziert, als sei ich in etwas hineingeraten, in das ich nicht hineingehöre. Dann wundere ich mich – und schweige. Denn spräche ich mit, würde ich lügen.

Wie soll das gehen? Wer glaubt denn so etwas? Wer glaubt denn *an* so etwas: an eine personenbezogene Gottheit, »unsern Herrn«, der zur Rechten des allmächtigen Vaters sitzt und buchstäblich von dort kommen wird, um die Lebenden und die Toten zu richten? Wer sich Gott als jemanden vorstellt, der auf einem himmlischen Thron sitzt und von dort die Geschicke der Welt und des Lebens lenkt, hat den Kinderhorizont nie verlassen. Denn das hieße ja, dass Gott den Menschen nicht nur das Gute, sondern auch das Böse schickt, wie Kriege, Gewalt, Krankheiten und Tod; dass Gott die Menschen prüft. Wer behauptet, Gott würde Flugzeuge abstürzen lassen und Erdbeben verursachen, der findet bei kaum einem vernünftig denkenden Menschen Gehör. Nicht nur, weil es unvorstellbar ist, dass Gott einen Menschen absichtlich leiden lässt, dass es sein Wille ist, dass jemand sich quält, dass er sich gleichsam rächt an den Menschen, der Menschheit, weil sie ihm nicht gehorchen will. Sondern auch, weil es hieße, uns, die Menschen, aus der Verantwortung zu entlassen. Am Ende war Gott auch noch »schuld« an der Explosion der Bohrinsel »Deepwater Horizon« und der Ölpest im Golf von Mexiko im April 2010, am Tsunami in Japan 2011 und der Atomkatastrophe, die folgte. Wer so denkt, ist nicht von dieser Welt. Er spricht die Menschen nicht nur von ihrer Verantwortung frei, er spricht ihnen auch die Vernunft ab. So leicht darf man es sich nicht machen. Denn so leicht ist es nicht.

Nur ein Glaube, der die Verantwortung kennt, kann ein überzeugender Glaube sein. Der Glaube mag von Gott kommen, aber Menschen sind Menschen und nicht Gott. Menschen sind vernunftbegabt, theore-

tisch jedenfalls. Sie haben die Vernunft, um sie einzusetzen, nicht um sie zu leugnen. Und das womöglich
auch noch mit Verweis auf Gott, der angeblich alles
macht und darum verantwortlich ist – und so weiter.

Ich gestehe, dass meine Überzeugungen mit einer
gehörigen Portion theologischem Nichtwissen einhergehen. Aber keine Theologin zu sein kann auch bedeuten, frei zu sein. Nicht gezwungen zu sein, dieses oder
jenes sagen, glauben oder belegen zu müssen. Ich
glaube nicht, dass ich es mir leicht machen will, dass
ich mich hinter meiner theologischen Unkenntnis ver-
stecken will, nach dem Motto: Wenn ich nichts weiß,
kann ich glauben, was ich will. Die Theologie interessiert mich sehr, die »Lehre von Gott«, die Lehre vom
Glauben. Noch mehr aber interessieren mich Gott und
der Glaube selbst. Wichtiger als jede Theorie war mir
stets die Ehrlichkeit in meinem Glauben, die den Zweifel nicht ausnimmt, sondern einschließt.

Dass theologisches Wissen auch hemmen kann,
sagen selbst Experten. Der evangelische Theologe
Heinz Zahrnt etwa erlebte das so: »Mit wachsender
theologischer Reife habe ich mir immer weniger vorstellen können, dass die Sache mit Gott so kompliziert
sein soll. Gott ist wohl verborgen, er kann sogar sehr
tief verborgen sein – Gott aber ist niemals kompliziert.
Die Kompliziertheit der Theologie ist eine Erfindung
von uns Theologen.« In seinem 2000 erschienenen
Buch *Glauben unter leerem Himmel* schrieb er weiter,
die Theologie drohe »zu einer Angelegenheit hochge-
züchteter Spezialisten zu werden«. Aus der »Rede mit

Gott« werde erst die »Rede von Gott«, dann die »Rede über Gott« und schließlich das »Reden über die Möglichkeit des Redens über Gott«. Auf diese Weise entstehe »eine theologische ›Verschlusssprache‹, die die Herzen verschließt, statt sie zu öffnen«.

Vielleicht bin ich darum ganz froh, keine Theologin zu sein.

Ich weiß nicht, wie es Theologen gelingt, das Glaubensbekenntnis zu glauben, wenn sie es sprechen. Gott jedenfalls ist gewiss der Letzte, der uns zu einem Bekenntnis zwingt. Zu irgendeinem Glaubensbekenntnis.

Deutschland ist ein freies Land, Gott sei Dank, und jeder soll sagen, was er will. Aber niemand sollte meinen, dass das, was er sagt, auch immer stimmt. Niemand sollte andere nötigen, Dinge zu sagen, die sie nicht glauben. Wer beim Glaubensbekenntnis schweigt, weil er es nicht glaubt, ist nicht besser oder schlechter als der, der es spricht, weil er meint, es gehöre sich so. Er ist vielleicht nur ehrlicher. Sollte der Kirche an Menschen, die nicht alles glauben, sondern zweifelnd hinterfragen, nicht gelegen sein? Halten sie nicht die Kirche lebendig? Und: Sollte die Kirche nicht wollen, dass das rhetorische Fragen sind?

Der Ratsvorsitzende der EKD, Nikolaus Schneider, warnte am Reformationstag 2011 vor einem »toten Buchstabenglauben«. »Die Freiheit zum Zweifel«, sagte Schneider, tue »dem persönlichen Glauben, dem theologischen Lehren und Lernen und auch der Verkündigung und den Strukturen der Kirche gut«. Wie wohltuend das war. Wenn die Kirche Infragesteller nicht in ihren Reihen haben wollte; wenn sie voraussetzte, dass das, was sie vorgibt, für alle bindend ist, auch der Glaube; wenn sie mich zwänge, ihr Glaubensbekenntnis mitzusprechen, obwohl ich lügen müsste, dann gäbe es nur zwei Alternativen: der Glaube der Kirche oder meiner. Dann hätten Menschen wie ich, die die Kirche bejahen, aber nicht alles glauben, was sie sagt, in ihr keinen Platz. Was wäre das für eine Kirche?

Kirchgänger Jesus

Manchmal stelle ich mir Jesus in der heutigen Zeit vor, den Aktivisten in Sachen Gott, der sich nie darum scherte, was andere taten, dem es egal war, was andere sagten; der fest blieb bei dem, was er glaubte. Wäre für solch einen Mann in den Kirchen noch Platz? Was würde er sagen, wenn er einen Gottesdienst besuchte?

Die Lieder würden ihn sicher freuen, »Jauchzet, frohlocket!« zum Beispiel oder »Lobet den Herren«, »Herr, bleibe bei uns, denn es will Abend werden« oder »Sonne der Gerechtigkeit«. Das Vaterunser würde ihm gefallen, denn nach der Bibel stammt es von ihm. Auch die Hilfswerke der Kirchen wären ganz in seinem Sinn. Wie aber würde Jesus auf Strukturen und Regeln reagieren, auf Hierarchien und Mächte, auf Geld und Gewalten? Davon hielt Jesus schon zu seiner Zeit nichts, wenn man der Überlieferung Glauben schenkt. Sich in die Kirche einbinden lassen würde

Jesus ganz sicher nicht. Ob Jesus eine Kirche in heutiger Form überhaupt hatte gründen wollen, ist schon ungewiss.

Wenn Jesus, wie es im Glaubensbekenntnis heißt, »von dort« kommen wird, »zu richten die Lebenden und die Toten«, bin ich mir nicht sicher, was er täte. Ich schätze, er würde die Lebenden richten; die Lebenden, die aus dem »Reich Gottes« nicht gemacht haben, was ihm wohl vorgeschwebt hat. Jesus erteilte nach seiner Auferstehung zwar einen »Missionsbefehl«, wie es im Matthäusevangelium heißt. Ihm ging es aber stets um die Menschen, nie um Herrschaft. Den Menschen wandte er sich zu. Zu ihnen sprach er. Nicht zu irgendwelchen Institutionen.

Evangelium und Kirche können ein Widerspruch sein. Das Spannungsverhältnis jedenfalls ist offensichtlich: Das Wort Evangelium kommt aus dem Griechischen und heißt so viel wie »gute Nachricht«, »frohe Botschaft«. Jesus selbst verwendete den Begriff, als er sagte: »Die Zeit ist erfüllt, und das Reich Gottes ist herbeigekommen. Tut Buße und glaubt an das Evangelium.« (Markus 1, Vers 15) Das Evangelium rückt den Menschen in den Mittelpunkt. Es ist frei von Strukturen. Organisation und Regelwerke benötigt es nicht. Es ist die Kirche, die das braucht. Die Kirche aber ist kein Selbstzweck. Sie ist nicht um ihrer selbst willen da, sondern für die Menschen.

Um Gottes willen, wenn man so will.

Aberglaube und Talismane

Der Glaube steckt in den Menschen. Ich kenne Menschen, die behaupten, nicht zu glauben, und es trotzdem tun. Einige lesen Horoskope. Und was da steht, das gilt auch ihnen. Andere lassen sich Karten legen. Und was da liegt, ist für sie wahr. Etliche »klopfen auf Holz«. Einzelne sagen toi, toi, toi! und spucken dreimal dabei aus. Manche tragen ein Amulett, das Glück bringen soll. Man weiß ja nie.

Ich kenne Menschen, die bestehen darauf, an nichts und niemanden zu glauben. Aber Vorsicht, wenn ein Spiegel zerbricht. Sieben Jahre Unglück bedeutet das. Wehe, eine schwarze Katze kommt von links. Dann kommt das Pech. Wehe, ein Freitag der 13. rückt heran. Dann droht ein Unheil. Abergläubige würden an solchen Tagen am liebsten zu Hause bleiben. Sicher ist sicher.

Manchmal kommt es mir vor, als sei der Aberglaube mächtiger als der Glaube. Weil er so sinnbildlich ist und Gott so unsichtbar.

Mein Bruder starb an einem Freitag dem 13., damit sollte »erwiesen« sein, dass es kein Glückstag ist. Ein guter Freund indes, der lange arbeitslos war, fand just an jenem Tag eine neue Stelle. Glück und Unglück hatte der Tag gebracht.

Nun ist der Aberglaube das eine, das Greifbare, Sichtbare, der Alltag, wenn man so will. Das andere sind die großen Fragen. Die nach dem Leben und dem Tod. Die bewegen tatsächlich alle.

Ich kenne weder Atheisten noch Agnostiker oder religionslose Menschen, die sich nicht damit befassen. Es sind Menschen, die angeblich nichts glauben, aber nicht selten von »Schicksal« sprechen, wenn etwas geschieht. Die angeblich an nichts glauben, aber an die Liebe. Die von Zufällen nichts halten und dafür erstaunlich oft von »Zeichen« reden oder von »Fügung«. Die nicht doch auf etwas hoffen. Und sei es ein Wunder. Die nicht doch an etwas festhalten. Und sei es ein Talisman. Und die nicht trotzdem Ostern und Weihnachten feiern. Und sei es nur aus Tradition. Für viele ist die Religion bloß ein Vorwand, diese Feste zu feiern. Aber keineswegs für alle. »Die Religion ist der Seufzer der bedrängten Kreatur«, sagte Karl Marx, um anschließend seinen berühmten Satz zu verkünden: »Religion ist das Opium des Volkes.« Viele fühlen sich durchaus bedrängt. Gerade von den Fragen des Woher und Wohin, um die es an diesen Tagen geht. Ich kenne manche, die genau deshalb in den Gottesdienst gehen, obwohl sie an Gott nicht glauben (und der Kirche misstrauen). Sie wollen kein Opium, sie suchen Antworten. Wen lassen diese Dinge schon kalt?

Die Frage ist, was wir daraus machen, aus der Sehnsucht nach Halt und unserer Suche nach Glück. Aus der Hoffnung auf eine bessere Welt, die nicht nur auf uns gerichtet ist, sondern auf alle. Auf das Zusammenleben der Menschen, auf die Zukunft der Menschheit.

Eine Welt, ein Ethos

Der katholische Theologe Hans Küng hat etwas daraus gemacht. Anfang der 1990er-Jahre begann er, das Projekt »Weltethos« zu schaffen. Küng war der Überzeugung, dass es keinen Frieden zwischen den Nationen geben könne ohne Frieden zwischen den Religionen, und wer würde bestreiten, dass das stimmt. Denn obwohl die Religionen im Inneren die Suche nach Frieden eint, sind sie nach außen oft aufs Tiefste zerstritten. Nicht der eigene Glaube, sondern »unsere Ignoranz gegenüber den heiligen Schriften unserer Nachbarn verursacht Konflikte«, mutmaßte der Inder Sri Sri Ravi Shankar, einer der bekanntesten Hindus, 2011 in der *Zeit*. »Diese eine Welt braucht ein Ethos«, schrieb Küng, »diese eine Weltgemeinschaft braucht keine Einheitsreligion und Einheitsideologie, wohl aber einige verbindende und verbindliche Normen, Werte, Ideale und Ziele.«

1993 trafen sich in Chicago mehr als 6500 Religionsvertreter aus 125 Religionen und Glaubensgemeinschaften. Sie wollten die Menschenrechtserklärung von 1948 ethisch untermauern. Am 3. September 1993 verabschiedete das »Parlament der Weltreligionen« die »Erklärung zum Weltethos«. Darin bekräftigten die Unterzeichner, »dass sich in den Lehren der Religionen ein gemeinsamer Bestand von Kernwerten findet und dass diese die Grundlagen für ein Weltethos begründen«. Sie betonten, dass »Führer und Anhänger von Religionen Aggressionen, Fanatismus, Hass und

Fremdenfeindlichkeit schüren, ja sogar gewaltsame und blutige Auseinandersetzungen inspirieren und legitimieren« können. Dass Religion »oft für rein machtpolitische Zwecke bis hin zum Krieg« missbraucht wird: »Das erfüllt uns mit Abscheu.«

Welches Ausmaß religiöser Fanatismus erreichen kann, konnten sie 1993 nicht ahnen. Die Anschläge auf das World Trade Center in New York und das Pentagon in Washington erfolgten fast auf den Tag genau acht Jahre später: am 11. September 2001.

Die Unterzeichner der Weltethos-Erklärung waren »Männer und Frauen, welche sich zu den Geboten und Praktiken der Religionen der Welt bekennen«. Sie versprachen, ihre »Wahrnehmungsfähigkeit zu erweitern«, indem sie ihren »Geist disziplinieren durch Meditation, Gebet oder positives Denken«. – Von Gebeten war in dem Dokument die Rede. Das Wort »Gott« dagegen kam kein einziges Mal vor. Die Unterzeichner maßten sich nicht an, über Richtig und Falsch der Glaubensrichtungen zu urteilen. Auch Menschen, die nicht religiös sind, bezogen sie ausdrücklich ein.

Menschen mit Traditionen zum Beispiel. Oder mit Talismanen.

Ob Baum oder Buddha, Bibel oder Apps – das Gebet ist dasselbe

Was immer man davon hält, etwas ist richtig daran: Religionen haben einen gemeinsamen Kern – einen Kern, der Menschen eint. Menschen, die sich verantwortlich fühlen, nicht um ihrer selbst willen, sondern für die Welt. Menschen, die suchen – und glauben wollen.

Allein die Tatsache, dass sich die Menschheit, seit es sie gibt, mit dem Göttlichen befasst, hat mich immer aufhorchen lassen. Hat mich ahnen lassen, dass an der »Sache mit Gott« etwas dran ist. Dass es »Gott« vielleicht wirklich gibt.

Welche Rolle spielt es, wie man es nennt, ob man mit Albert Einstein von »kosmischer Religiosität« redet, der »kein menschenartiger Gottesbegriff entspricht«, oder eben doch von einem menschenartigen Glauben an Gott? Ob man es überhaupt Religion nennt, was wörtlich Rückbindung heißt, oder Lehre oder Bekenntnis oder anders – letztlich geht es um dasselbe.

Welchen Unterschied macht es, *zu wem* man betet, ob zu einem Baum, zu einem Guru, zu Buddha oder Jesus am Kreuz, zu Maria, zu Heiligen oder zu wem oder was auch immer? Es ist doch einerlei, *wie* man es tut, mit Gebetsmühlen, Kerzen oder Rosenkränzen, mit der Bibel in der Hand oder mit religiösen Apps auf dem Smartphone.

Es ist auch egal, *wo* man betet, ob in einer Kirche oder einer Moschee, in der Synagoge oder im Freien, unter dem Herrgottswinkel zu Hause oder unterwegs per Mausklick, ohne an dem Ort sein zu müssen, an dem man angeblich sein muss. Selbst zur Klagemauer müssen Juden nicht mehr gehen, auch das ist einem App zu verdanken, wie der Journalist Sven Behrisch herausfand. Wenn sie auf »sendyourprayertogod« (»sende dein Gebet an Gott«) klicken, ein Gebet schreiben und abschicken, können sie sich den mühsamen Weg durch die Gassen Jerusalems sparen. Ein Rabbiner vor Ort druckt das Gebet für sie aus, faltet den Zettel und steckt ihn in die Klagemauer. Nur das mit der virtuellen Beichte, das klappt noch nicht. Der Vatikan ist dagegen. Je nun.

Zu wem auch immer, wie auch immer, wo auch immer: Ist nicht das Gebet stets dasselbe? Eine Suche nach Antworten? Eine Bitte um Hilfe? Oder auch nur eine Art der Selbstvergewisserung?

Der evangelische Theologe Heinz Zahrnt erzählte in seinem Buch *Glaube unter freiem Himmel* von einem Pfarrer aus der DDR. »Jawohl, auch ich bete«, hatte dieser Pfarrer geschrieben, es war zwei Tage, nachdem er einen Menschen verloren hatte, der ihm »einer der liebsten auf Erden« gewesen war. »Auch ich bitte um all das, was mir am Herzen liegt, und ich danke für alles das, was mir das Leben zuteil werden lässt. […] Und doch glaube ich nicht, dass irgendjemand mein Gebet irgendwo hörte, ja diese Vorstellung scheint mir geradezu phantastisch zu sein. […] Geben wir uns aber doch ehrlich Rechenschaft darüber, dass das Schicksal für uns Christen genauso unabänderlich ist wie für alle anderen Menschen. Das ist schmerzlich, gewiss, aber es ist ehrlich. […] Warum beten wir ungeachtet dessen? Weil uns im Gebet eine Kraft geschenkt werden kann, mit deren Hilfe wir auch das Schwerste ertragen können.« Für den Pfarrer steckte allein schon darin eine göttliche Erfahrung. »Diese Tröstung widerfährt mir nicht von einem supranationalen höheren Wesen, und sie ist doch ganz wirklich. Sie vollzieht sich auf eine viel tiefere und geheimnisvollere Weise, nämlich, wenn man so will, als eine Selbstläuterung, die ich gleichwohl doch nicht selbst vornehme, sondern als Geschenk empfange.«

Was für ein schöner Gedanke.

Überall treiben die Menschen die gleichen Fragen um. Das ist es doch, was zählt. Nicht das, was Religionsgemeinschaften und Kirchen daraus machen. Solange die Menschen suchen, sind sie offen. Eine Kirche oder Religionsgemeinschaft dagegen, die nur *eine* Antwort weiß und auch nur diese duldet, verschließt sich. Sie öffnet sich nicht den Menschen, die mit den kirchlich-theologischen Antworten nichts anfangen können, die vielleicht nur einen Teil davon glauben und vieles nicht verstehen. Wer vorgefertigte Antworten liefert, macht sich verdächtig. Wer zu schnell und zu sicher redet, auch. Der schürt eher den Zweifel, als dass er überzeugt.

Es sei denn, man sucht nicht die Wahrheit, sondern den Schein.

»Die Religionen müssen sich von dem Gedanken verabschieden, die Wahrheit allein zu besitzen. Gott ist immer größer als unsere Wahrheitserkenntnis«, erklärte der EKD-Ratsvorsitzende Nikolaus Schneider beim Kirchentag in Dresden 2011. Es kommt selten vor, dass ein leitender Kirchenmann so etwas sagt. Als sei es schwach, so zu reden. Dabei stimmt genau das Gegenteil: Wer so spricht, macht die Kirche nicht schwach, sondern stark. Pastoren und Theologen, die nicht immer gleich Bescheid wissen, sondern eine Frage auch einmal mit »Ich weiß nicht« beantworten, sind allemal glaubwürdiger als jene, die behaupten, sie verträten »die Wahrheit«. Sie versuchen wenigstens, die Nichtbeweisbarkeit Gottes und die Spannung zwischen Evangelium und Freiheit auf der einen Seite und der Kirche als Institution auf der anderen hinzunehmen.

Zu einer solchen Kirche gehöre ich gern.

Vom theologischen Machtkomplex und einem kleinen Satz

Trotzdem hört man den Satz »Ich weiß nicht« von den Kirchen fast nie. Denn oft genug geht es ihnen nicht nur um Gott und die »Wahrheit«, sondern auch um sie selbst und ihre eigene Existenz. Um die Erhaltung der Kirche als Institution. »Die Kompliziertheit der Theologie ist eine Erfindung von uns Theologen«, hatte Heinz Zahrnt gesagt, davon war schon die Rede. Aber der Satz geht noch weiter: »vielleicht sogar unser eigener theologischer Machtkomplex«. Ein Machtkomplex, der um Einfluss fürchtet.

Nun bestehen auch Kirchen und Religionsgemeinschaften aus Menschen. Ihr Verhalten ist darum verständlich. Überzeugend aber ist es nicht. Nicht, wenn sie die Wahrheit für sich beanspruchen und das Suchen der Menschen damit letztlich negieren. Kirchen und Religionsgemeinschaften brauchen Mitglieder, um ihre Stellung zu rechtfertigen, um ihren Glauben zu verbreiten. Um ihre Macht zu erhalten, das ist wohl wahr. Da geht es ihnen nicht anders als den politischen Parteien. Umgekehrt jedoch gilt das nicht: Wie der Mensch keine Partei braucht, um sich eine politische Meinung zu bilden, braucht er keine Kirche, um seinen Glauben zu finden. Je autoritärer sich eine Kirche mit ihrer vermeintlichen »Wahrheit« gibt, desto mehr Mitglieder wenden sich von ihr ab. Wenn die Kirche mehr Vertreter hätte, die auch einmal zugeben würden, nicht alles zu wissen, würden die Menschen auch wieder zu ihr zurückkehren.

Oder sich überhaupt an sie wenden.

Als mein Bruder im Krankenhaus war und eine besonders heikle Operation anstand, hat ein Freund mich besucht. Er ist katholischer Priester und war eigens gekommen. Er sah, wie ich mich plagte mit der Frage nach dem Sinn und dem Zweck. Warum mein Bruder das alles erleiden musste und ich ihm nichts abnehmen konnte. Warum ich nichts für ihn tun konnte als einfach nur da zu sein. Mein Freund sah meine Verzweiflung und zündete eine Kerze an. Er wischte meine Hoffnungslosigkeit nicht mit frommen Sprüchen beiseite, sondern sagte nach einer Pause nur das: »Deine

Suche ist ein Teil deines Findens.« Zuerst verstand ich den Satz nicht, aber er tröstete mich gleich. Er nahm mir die Ungeduld. Meine Haltlosigkeit. Und damit einen Teil der Verzweiflung. Deine Suche ist ein Teil deines Findens, diese Worte. Sie gaben mir damals Mut, und sie tun es bis heute. Auch wenn sie so vage sind.

Wenn die Kirchen mehr solcher Menschen hätten, hätten sie weniger Sorgen um Austritte und Mitgliederschwund. Mein Freund hatte mir nichts vorschreiben wollen. Schon gar nicht seinen Glauben. Er hatte sein Herz sprechen lassen und nicht die Theologie.

Nicht der christliche Glaube, nicht der islamische, nicht der jüdische, nicht der Glaube an Buddha oder an die Natur: Keine Glaubensrichtung und keine Kirche können Gottes Existenz belegen. Aber was dahintersteckt, die Suche nach der Antwort auf die Frage des Woher und Wohin, die offenkundige Unfähigkeit der Menschen, darauf Antworten zu finden, lässt doch darauf schließen, dass es mehr gibt als nur uns.

Niemand ist besser oder schlechter, weil er Gott sucht. Niemand ist besser oder schlechter, weil er Gott verneint. Gottes Existenz lässt sich nicht beweisen. Seine Nichtexistenz aber auch nicht. Weder von denen, die an ihn glauben, noch von denen, die behaupten, es gäbe ihn nicht. Entscheidend ist der Respekt voreinander. Respekt vor Menschen mit Glauben. Respekt vor Atheisten. Respekt vor Agnostikern. Und Respekt vor den Zweiflern, die mittendrin stehen.

Nun aber bleibt Glaube, Liebe, Hoffnung, diese drei: Der Respekt aber ist der Größte unter ihnen.

Der göttliche Kommunist, dessen Worte »Glaube, Liebe, Hoffnung« der Apostel Paulus übermittelte, ist einer, der uns infrage stellt. Schaden kann das nicht.

Leben nach 9/11

Zeit bedeutet Wandel. Zeit unterliegt Veränderung. Historiker haben die Geschichte in Epochen eingeteilt. Um nur die zu nennen, die hier wichtig sind: die Aufklärung, die Moderne, das Zeitalter der Vernunft, das die früheren, engen Bindungen an die Religion ablöste, der Säkularisierung, die folgte, also der Trennung von Kirche und Staat. Von »postsäkularen Gesellschaften« sprach Jürgen Habermas, als er 2001 den Friedenspreis des Deutschen Buchhandels erhielt. Von einer Zeit also, in der Religion mehr und mehr zur Privatsache wird und nach und nach aus dem öffentlichen Bewusstsein verschwindet. Das galt vielen als Standard.

Bis zum 11. September 2001, den Anschlägen von New York. Etliche Wissenschaftler sahen darin eine Zäsur, eine Zeitenwende. Eine Zeitenwende auch in Sachen Religion.

»Seit 9/11 [...] verstehen Europäer, dass Religion zurück ist, obwohl sie in Europa rückläufig ist«, sagte etwa der Göttinger Politikwissenschaftler syrischer Herkunft, Bassam Tibi. »Und so entsteht mehr Interesse an Religion.« Auch der katholische Philosoph Charles Taylor knüpfte daran an. Mit dem Auftreten der Gotteskrieger sei ein neues Glaubensgefühl erwacht, der Glaube spiele seither wieder eine größere Rolle. In seinem bahnbrechenden Buch *Ein säkulares Zeitalter,* das 2009 auf Deutsch erschien (und für das er den Templeton-Preis erhielt), befasste sich der Kanadier ausführlich mit dem »Wandel, der von einer Gesellschaft, in der es praktisch unmöglich war, nicht an Gott zu glauben, zu einer Gesellschaft führt, in der dieser Glaube nur *eine* Möglichkeit neben anderen ist«. Die Religion ist wieder da. Und mit ihr der Glaube.

»Gott ist tot«, schrieb Friedrich Nietzsche 1882. »Ein bestimmtes Bild von Gott ist tot«, hielt später der spanische Soziologe José Casanova, der in den USA lebt und lehrt, dem entgegen. »Aber andere Bilder haben es ersetzt. Die Vorstellung von nur einem Gott ist tot. In diesem Sinne, dass es viele verschiedene Auffassungen von Gott gibt.«

Im Juni 2011 lud die Frankfurter Goethe-Universität zu einer internationalen Tagung ein, die sich mit just diesen Themen befasste. Anlass war die erwähnte Studie von Charles Taylor. Vertreter unterschiedlicher Disziplinen diskutierten darüber, welche Rolle die Religion in der globalisierten Welt spiele und ob wir in einer säkularen Welt leben oder nicht. Die Veranstaltung fand ein überraschend großes Echo, man war offensichtlich auf der Höhe der Zeit. Hochkarätige Denker aus der ganzen Welt waren gekommen. Das *Deutschlandradio* fasste das Ergebnis so zusammen: »Ob nun eine Renaissance der Religionen oder doch eher nicht: Die Glaubensformen der Gegenwart, dieser Konsens ließ sich herstellen in Frankfurt, können sich dann zeitgemäß nennen, wenn sie sich dem öffnen, was viele Zeitgenossen als vielleicht vornehmste Errungenschaft des Menschen betrachten: dem Zweifel.«

Auch ich bin ein Kind dieser Zeit. Ich bin froh, in einer Ära zu leben, in der es nicht nur möglich, sondern erlaubt ist, »seinen« Gott zu suchen. In einer Zeit, in der der Zweifel nicht nur angebracht ist, sondern erwünscht.

Niemand weiß, welchen Einfluss die Religionen in Zukunft haben werden. Der Glaube ist Privatsache, die Religionen sind es nicht. Denen muss man begegnen, wie nicht nur Hans Küng es vorgeschlagen hat: durch Offenheit und Dialog. Gerade wenn man von Gott etwas hält.

Heiliger Zweifel!

Gott ist nicht tot. Aber der Zweifel an ihm auch nicht.

Beim Ökumenischen Kirchentag in München sollte ich eine Bibelarbeit halten, zwei Jahre nach dem Tod meines Bruders. Ich sollte mich mit einer Bibelstelle auseinandersetzen, die ich vorher nicht kannte. Bibelarbeiten sind so etwas wie Laienpredigten, auch wenn das nicht ganz stimmt, denn auch Pfarrer halten sie. Regelmäßig lädt der Kirchentag Menschen ein, eine knappe Stunde über einen vorgegebenen Text zu sprechen. Theologen sind ebenso gefragt wie Künstler,

Politiker, Ärzte, Naturwissenschaftler, Kabarettisten, Journalisten, Schriftsteller oder Sportler. Menschen, von denen man wissen will, was sie glauben. Nicht bloß Theorien will man hören, sondern Eigenes, eigene Erfahrungen, eine persönliche Auslegung des Textes.

Es war das erste Mal, dass ich in Worte fasste, was schon lange in mir vorging, seit dem Tod meines Bruders noch stärker als zuvor. In mir, der Zweiflerin. Es war das erste Mal, dass mir bewusst wurde, was der Zweifel bedeuten kann. Dass der Zweifel nicht nur zerstören, sondern auch helfen kann. Auch zum Glauben – obwohl er Gott ständig hinterfragt. Gerade weil er Gott ständig hinterfragt.

Der Bibeltext stammte aus dem 8. Römerbrief, Verse 16–25. Die Stelle, die mir am rätselhaftesten schien, steht in den Versen 24 und 25:

»Denn wir sind zwar gerettet, doch auf Hoffnung. Die Hoffnung aber, die man sieht, ist nicht Hoffnung; denn wie kann man auf das hoffen, was man sieht? Wenn wir aber auf das hoffen, was wir nicht sehen, so warten wir darauf in Geduld.«

Da war sie wieder, die Hoffnung, die schon im Korintherbrief vorkommt. Die Hoffnung, die doch angeblich jeder kennt, die doch angeblich so selbstverständlich erscheint. Im Lichte dieser Bibelstelle aber war sie auf einmal alles andere als klar. Was ist das für eine Hoffnung, die man nicht sieht?

Ich bin ein ungeduldiger Mensch. Wie kann ich mein Leben damit verbringen, auf etwas zu hoffen, das ich nicht sehe, und bis ich es sehe, »in Geduld« darauf warten? Hoffnung war für mich bis dahin, was sie wohl für die meisten ist: absehbare Hoffnung. Wenn man einen schwierigen Tag vor sich hat, hofft man, dass er gut werde. Wenn man Ärger hat, hofft man, dass er verfliege. Wenn jemand krank ist, hofft man auf Gesundung. Wenn man vor einer Schulaufgabe steht, hofft man auf leichte Fragen. Wenn man vor einem komplizierten Gespräch steht, hofft man auf einsichtige Gesprächspartner. Manchmal hofft man auf eine Eingebung. Die Hoffnung ist etwas, was manche umschreiben mit den Worten: »Es wird schon gut gehen.« Man redet sich gut zu, man macht sich Mut. »Die Hoffnung stirbt zuletzt« ist eine gängige Redewendung, auch wenn der Spruch letztlich nichts anderes sagt, als dass alles stirbt, auch die Hoffnung. Bei einem »hoffnungslosen Fall« ist nichts mehr zu retten. Wenn wir hoffnungslos verloren sind, finden wir den Weg nicht mehr.

Und doch geben wir nicht auf. Irgendetwas in uns sagt immer: Da muss es doch eine Lösung geben, eine Rettung, einen Ausweg. Wir hoffen bis zuletzt.

Die Losung des Münchner Kirchentages hieß: »Damit ihr Hoffnung habt.« Jeder konnte damit etwas anfangen. Die Hoffnung kennen alle, ob sie an Gott glauben oder nicht. Hoffnung ist etwas, was sich erfüllt oder auch nicht – und zwar zu unseren Lebzeiten. Erkennbar, greifbar, sichtbar.

Doch das ist nicht die Hoffnung, von der der Apostel Paulus spricht. Das ist nicht die Hoffnung, auf die wir geduldig warten und warten sollen. Die Hoffnung, die im Römerbrief gemeint ist, ist die große Hoffnung. Es ist eine Hoffnung, die weit über die alltäglichen Dinge hinausgeht. Eine Hoffung, die über das Leben selbst hinausgeht. Diese Hoffnung stammt nicht von uns. Es ist tatsächlich eine Hoffnung auf das, was man nicht sieht, auf etwas, das man nicht sehen kann. Eine Hoffnung, die noch nicht erfüllt ist. Eine Hoffnung, die sich zu unseren Lebzeiten auch nicht erfüllen wird. In dieser Hoffnung, sagt Paulus, in dieser Hoffnung sind wir gerettet. Sie trägt uns in unserem Alltag.

Das ist doch eigentlich ein tröstlicher Gedanke. Er tröstet uns in unserem Leben, das schön, aber auch grausam sein kann, einem Leben, das der Vergänglichkeit unterworfen ist, einem Leben, in dem »die ganze Schöpfung … mit uns seufzt und sich ängstet«, wie Paulus schreibt. In dem auch wir Menschen seufzen. »Bis zu diesem Augenblick«, dem Augenblick der Erlösung. Ja, das ist tröstlich, das ist ein Trost.

Aber wenn das so ist, warum sollten wir dann noch leben? Wenn es darum geht, geduldig zu warten, bis sich die Hoffnung erfüllt? Warum, um es drastisch zu formulieren, dann abwarten, bis man stirbt, geht doch erst dann das in Erfüllung, auf das wir hoffen? Denn es handelt sich ja um eine Hoffnung, die wir nicht sehen, deren Erfüllung wir nicht sehen können, solange wir leben. Also: Warum geduldig abwarten, bis es so weit ist? Ist der Text im Römerbrief, der uns Trost gibt im Leben, in Wahrheit eine Vertröstung? Eine Vertröstung auf später? Eine Vertröstung auf irgendwann? Eine Vertröstung auf das Jenseits?

Ja, so klingt es. Aber es stimmt nicht.

Denn die Hoffnung ist schon da. Das war mir auf einmal sonnenklar. Und das kam so:

Die Sternschnuppe und die Ewigkeit

Nach dem Tod meines Bruders fragte ich mich wieder und wieder, wo er jetzt ist. Wohl am verzweifeltsten war ich an meinem ersten Geburtstag ohne ihn, nur wenige Wochen nach seinem Tod. Wie so viele andere, die das kennen, schaute ich in den Himmel. Es war Mitternacht, und ich rief (natürlich leise): Wo bist du!? Ich wurde 50, und er war nicht dabei. Älter werden ohne ihn war unvorstellbar, zwei Jahre später sogar älter zu sein, als er werden konnte, war mir fast noch unerträglicher. Und was geschah? Genau in dem Moment? Ich sah eine Sternschnuppe. Ich konnte es nicht fassen! Ich lachte, und ich weinte. War er das? Hatte er mir geantwortet? War das gar ein Zeichen Gottes? Mein Bruder war plötzlich da. Davon war ich überzeugt. Es war eine unbeschreibliche Situation, ein unglaubliches Gefühl, wie ein Kindergefühl. Ein Kinderglaube, ungetrübt und nicht hinterfragt.

Doch ich bin kein Kind. Der Zweifel kam wieder. Im Gottesdienst zum ersten Jahresgedächtnis sprach ein katholischer Pfarrer. Er wusste natürlich nichts von dem Ereignis, nichts von meinem Gefühl, nichts von meinem Zweifel. Er sprach vom Tod und der Ewigkeit. Und dann sagte er wie nebenbei einen Satz, der sich mir bis heute tief eingeprägt hat: »Die Ewigkeit ist schon da.« Es war dieser Satz, der mich erlöste. Ein kleiner Satz, der nur die Blickrichtung änderte, der sie umkehrte.

Immer denken wir in die eine Richtung, vom Leben über den Tod in die Ewigkeit. Der Pfarrer hatte diesen Weg umgedreht: von der Ewigkeit nach dem Tod in die Ewigkeit des Lebens, eine Ewigkeit, die nicht getrennt ist durch den Tod, egal von welcher Seite man es sieht. Seine Worte hatten meinen Bruder auf einmal zurückgeholt, fast wie die kleine Sternschnuppe. Doch diesmal blieb das Gefühl, und aus dem Gefühl wurde Gewissheit.

Die Ewigkeit ist schon da, sie verbindet meinen Bruder und mich.

Beim Schreiben der Bibelarbeit dachte ich wieder an diese Geschichte. Und auf einmal verstand ich die Sache mit der Hoffnung, von der Apostel Paulus schrieb. Von der Hoffnung, die uns rettet, von der Hoffung, die wir nicht sehen. Von der Hoffnung, auf die wir geduldig warten. Liegt diese Hoffnung tatsächlich erst in der Zukunft? Liegt sie wirklich erst im Jenseits? Ist diese Hoffnung nicht jetzt schon da? Ist sie nicht bereits ein Teil von uns? Haben wir nicht deshalb die Kraft, auf sie zu warten, und zwar »in Geduld«?

Wenn die Ewigkeit schon da ist, um wie viel mehr gilt das dann für die Hoffnung. Wir müssen sie nicht herbeireden. Sie ist schon da. Eine Hoffnung, die es uns ermöglicht, in der Gegenwart zu leben. Es ist keine Hoffnung, die uns vertröstet, auch kein Trost, der uns vertröstet, sondern eine Hoffnung und ein Trost, die schon da sind, hier auf dieser Welt, jetzt, in jedem von uns. Es ist ein Trost, der Kräfte freisetzt. Die Hoffnung, von der Paulus schreibt, macht uns frei. Sie erlöst uns von dem Zweifel, sie erlöst uns von dem Grübeln, sie befähigt uns zum Leben.

Bis der Zweifel wiederkommt.

Bis dass der Tod euch scheidet?

Die Ewigkeit ist schon da. Diese Worte waren ein Schlüsselsatz in meinem Leben, ein Schlüsselsatz für meinen Glauben. Denn nichts trennt mich mehr von den Toten.

Natürlich vermisse ich meinen Bruder nach wie vor; er fehlt mir Tag für Tag. Wie oft suche ich seinen Rat; wünschte, er könnte mich hören; wünschte, ich könnte ihn sehen. Wie oft vermisse ich seine Stimme, seinen Blick, sein Schmunzeln. Ich gehe häufig zum Grab, weil ich bei ihm sein will. Ich schaue in den Himmel, wenn ich ihn suche. Und wenn ich im Flugzeug sitze, stelle ich mir vor, dass er, der Bildhauer, all die irren Wolken geformt hat, die Esel ohne Beine, die Elefanten mit vier Ohren, die skurrilen Schiffe in den Wellen, die Fratzen mit offenen Mäulern, die verschneiten Berge, auf denen wir Ski fahren – was immer ich da sehe, immer denke ich: Phantasie ohne Ende! Wie typisch für ihn! Manchmal erteile ich meinem Bruder auch »Befehle«, wenn jemand krank ist zum Beispiel. Dann soll er sich kümmern, die Engel in Marsch setzen, damit sie für Ordnung sorgen, für Gesundheit, für Gerechtigkeit. Dann lache oder weine ich, oder ich staune einfach nur. Dann fühle ich mich ihm ganz nah.

»Ihr Bruder lebt in Ihnen weiter«, hatte ein kluger Mann mir kurz nach dem 13. Juni 2008 geschrieben. Ich begriff nicht, was er meinte. »Sie werden es später verstehen«, meinte der Freund. Doch es sagte mir nichts. Niemand lebt in einem anderen weiter. Es mag Ähnlichkeiten geben, die man teilt, Humor und Launen, Sprache und Witz, Tiefgründigkeit und Abgründe – das hatte man auch schon zu Lebzeiten. Man kann sich nahe fühlen und verbunden sein. Aber keiner lebt in einem anderen weiter. Was hieße denn das: Dass der, der keine Familie hat, nicht weiterlebt? Dass dieses Weiterleben nur für die gilt, die Geschwister, Kinder oder Freunde haben? Wenn die Ewigkeit schon da ist, ist sie für alle da. Der Tod trennt niemanden vom Leben. Jedes Leben geht weiter. In welcher Form auch immer.

Der Tod scheidet keinen von seinen Nächsten.

Und doch wird genau das immer wieder gesagt, vor allem in Momenten, in denen Menschen sich freuen und gewiss an alles denken, nur nicht an Trennung und Tod. »Bis dass der Tod euch scheidet«, dieser Satz ist ausgerechnet ein Hochzeitssatz.

Schon als Kind fürchtete ich mich vor der Formel. Schon damals dachte ich: Wenn der Tod die beiden scheidet, warum sollten sie heiraten? Warum eine Ehe eingehen, wenn sie doch ein Ende hat, ein so radikales, dass selbst die Kirche es an den Anfang der Beziehung stellt? Natürlich weiß ich, warum man das sagt: damit im Fall des Todes der andere wieder heiraten darf. Und natürlich wünscht man jedem, der einen Menschen verliert, dass er einen anderen findet, mit dem er glücklich wird. Es ist doch klar, dass dieses Paar dann zusammen sein und auch heiraten soll, wenn beide es wollen.

Mag der Satz auch sinnvoll sein – er bleibt eine Qual. Was mein Kopf versteht, erschüttert trotzdem mein Herz. Was für ein trostloser Beginn eines Lebens zu zweit.

Zu meiner Erleichterung hört man die Floskel immer seltener. Es ist stattdessen von einem Leben die Rede, das Gott dem Paar geschenkt hat. Denn um das Leben geht es und nicht um den Tod.

Der Tod trennt uns nicht vom Leben. Denn die Ewigkeit ist schon da. Sie wird nicht erst kommen mit dem Tod.

Das Leben ist nicht sinnlos, weil ich sterbe, sondern sinnvoll, weil ich lebe. Das ist das Fundament meines Glaubens.

Nicht: »In Ewigkeit, amen?«

Sondern: »In Ewigkeit, amen.«

Bedenke, vielleicht ist es wahr

Doch so fest mein Glaube auch scheint, er wird immer vom Zweifel geplagt. Vom Verstand zum Beispiel, der nicht begreifen kann, dass es Gott gibt, der aus Menschen Atheisten oder Agnostiker macht, die entweder denken, dass es keinen Gott gibt, oder meinen, dass Glauben zwar möglich, die Frage aber, ob es Gott gibt, ungeklärt oder nicht zu klären sei.

Dabei ist offen, wer eigentlich stärker glaubt: die Gläubigen mit ihrem Glauben an Gott oder die Atheisten mit ihrem Glauben an Nicht-Gott, dessen Existenz sie ebenso wenig beweisen können wie die Gläubigen ihren Gott. Weder die einen noch die anderen wissen, ob es Gott gibt, sie glauben es nur – oder eben nicht. Selbst wer nicht an Gott glaubt, glaubt. Wo ist da der Unterschied? Auch wenn Atheisten von Überzeugung statt von Glauben reden. Tut der, der glaubt, das zuweilen nicht auch?

Martin Walser hat in seinem Buch *Muttersohn* eine wunderbare Passage über Gott geschrieben, über die Existenz Gottes: »Wenn es Gott nicht gäbe, könnte man nicht sagen, dass es ihn nicht gibt. Wer sagt, es gebe ihn nicht, hat doch schon von ihm gesprochen. Eine Verneinung vermag nichts gegen ein Hauptwort.« Anders gesagt: Wenn es Gott nicht gäbe, gäbe es auch das Wort »Gott« nicht. Weil es aber das Wort gibt, gibt es auch Gott. Nur darum kann man auch sagen, es gibt ihn nicht. Es ist der Beweis des Beweises durch das Gegenteil. Großartig!

Zuweilen scheinen mir die Agnostiker die Ehrlichsten zu sein; Menschen, die die Wahrheit am wahrhaftigsten suchen, sie aber nicht finden und darum beide Überzeugungen so lassen, wie sie sind. Das imponiert mir. Einerseits. Andererseits erscheint es mir wieder zu leicht. Agnostiker sind Leute ohne Standpunkt, Leute, die sich letztlich nicht auseinandersetzen mit dem, was auch sie nicht verstehen, Menschen, die in dieser Frage den Weg des geringsten Widerstands gehen. Ein Agnostiker muss sich nicht entscheiden, ein Agnostiker muss sich an nichts halten, er muss auch nichts aushalten. Er bleibt im Vagen, und er wagt auch nichts. Er bleibt auf der sicheren Seite der Toleranz. So ist er unangreifbar.

Eine solche Haltung wäre nichts für mich. Ich suche nach Wahrheit, auch wenn ich weiß, ich finde sie nicht. Selbst wenn ich versuche, das nicht zu tun, macht mein Kopf das von allein, und zuweilen auch mein Herz. Es drängt mich nach Antworten, gerade wenn es keine zu geben scheint. Eine Antwort, die lautet: »Kann sein ja, kann sein nein«, ist für mich keine Option, sondern Plage. Also suche ich weiter. Ich muss. Wie viel gäbe ich manchmal darum, anders zu sein, in Frieden und zufrieden mit dem, was ist. In Frieden und zufrieden damit, dass es Antworten nicht gibt. Doch ich bin nicht so.

Wenn mein Herz mich zu sehr drängt und ich nicht weiß, was ich glauben soll, fällt mir manchmal die Geschichte von Rabbi Levi Jizchak ein, die einst der jüdische Religionsphilosoph Martin Buber erzählte. Die Geschichte des Rabbiners, der seinem zweifeln- dem Gegenüber, der alles gelesen und alles gehört hat, einst sagte: »Alle Gelehrten haben dir Gott und sein Reich nicht auf den Tisch legen können, und auch ich kann es nicht. Aber bedenke, mein Sohn, vielleicht ist es wahr.«

Das ist es doch: Vielleicht ist es wahr …

Träume und Glauben

Mein Glaube wird ständig infrage gestellt. Zum Beispiel von Träumen. Dann können Geist, Intellekt und Verstand, dann kann jede Brillanz zerbrechen – und auch der Glaube kann leiden. Ein Traum kann mir alles entziehen, Wissen und Gewissheit. Ich kann zwar versuchen, ihn zu ignorieren, aber es nützt mir nichts. Der Traum gehört zu mir. Ihm gehört die Nacht.

Ich träume oft von meinem Bruder. Nie schaut er nur zu, nie steht er bloß abseits. Stets ist er mittendrin, zum Greifen nah. Es sind die schönsten Träume, die ich kenne, und die traurigsten Albträume zugleich. Gott ist nie in diesen Träumen.

Von drei Träumen will ich berichten, von Träumen, die mir jede Gewissheit nahmen, die ich schon hatte.

In einem Traum waren wir bei unserer Großmutter in Lindau, ein Theaterstück sollte aufgeführt werden, natürlich von Familienmitgliedern, wie es Tradition bei ihr war. Mein Bruder war da, wie immer. Alle waren aufgeregt, Kinder und Erwachsene, das Spiel sollte beginnen, je in Doppelrollen gespielt. Einige saßen schon, der Bruder in der ersten Reihe, er strahlte mich an. Er winkte mir zu mit leuchtenden Augen, ich sollte mich neben ihn setzen. Ich freute mich sehr. Ich ging zu ihm und setzte mich – da war die Reihe, in der er gerade noch saß, auf einmal hinter mir. Ich drehte mich um, wir sahen uns an, aber es war mir nicht möglich, mich zu ihm zu setzen. Es war, als sei eine Wand zwischen uns, unsichtbar und undurchdringlich. Unser glückliches Lächeln blieb, nur in meines mischte sich Verzweiflung. Aber das ließ ich mir nicht ansehen. Er sollte nichts merken.

In einem anderen Traum waren wir in der Klinik. Neben seinem Bett stand ein Aquarium. In dem Aquarium schwammen kleine wunderschöne bunte Fische. Ich fütterte und pflegte sie, und am anderen Morgen waren sie tot. Dann gab es wieder Fische, neue, kleine, lebendige, schöne, bunte. Ich fütterte und pflegte sie, und über Nacht starben auch sie. So ging das tagelang. Wochenlang verfolgte mich der Traum. Ich konnte meinen Bruder nicht retten.

Wenn ich an diesen Traum denke – er verfolgt mich noch immer –, denke ich manchmal auch an eine kleine Geschichte, eine Geschichte, die der Philosoph Moses Mendelssohn einst erlebte; und ich wünschte, ich hätte gekonnt, was er in der Legende tat.

Die Geschichte, von Sebastian Hensel erzählt, geht so: 1761 war Mendelssohn in Hamburg beim Kaufmann Guggenheim zu Gast und verliebte sich in dessen Tochter Fromet. Sie war irritiert von Mendelssohns Aussehen, der durch das nächtliche Studium und die schlechte Ernährung klein und verwachsen war und bucklig obendrein. Mendelssohn war schüchtern, er traute sich nicht, ihr seine Liebe zu gestehen.

Gleichwohl ging er vor der Abreise noch einmal in ihr Zimmer, er wollte mit ihr reden und nahm eine jüdische Legende zu Hilfe. Hensel schreibt: »Er ging herauf in die Wohnung und setzte sich zu der Tochter, die nähte. Sie sprachen gut und schön miteinander, aber das Mädchen sah nicht von der Arbeit auf, vermied, Mendelssohn anzusehen. Endlich, da dieser das Gespräch geschickt so gewendet, fragte sie: ›Glauben Sie auch, dass die Ehen im Himmel geschlossen werden?‹ Mendelssohn daraufhin: Gewiss, und mir ist noch was Besonderes geschehen. Bei der Geburt eines Kindes wird im Himmel ausgerufen: Der und der bekommt die und die. Wie ich nun geboren wurde, wird mir auch meine Frau ausgerufen, aber dabei heißt es: sie wird, leider Gottes, einen Buckel haben, einen schrecklichen. ›Lieber Gott‹, habe ich da gesagt, ›ein Mädchen, das verwachsen ist, wird gar leicht bitter und hart, ein Mädchen soll schön sein, lieber Gott, gib mir den Buckel und lass das Mädchen schlank gewachsen und wohlgefällig sein.‹ Kaum hat Moses Mendelssohn das gesagt, als ihm das Mädchen um den Hals fiel – und sie ward seine Frau, und sie wurden glücklich miteinander.«

Wenn ich doch Ähnliches hätte tun können. Hätte ich doch Gott bitten können: »Gib mir die Qualen, lass ihn gesund sein.« Aber so etwas gibt es ja bloß in Legenden. Und so fütterte ich im Traum die Fische, und sie starben. Und ich zweifelte an Gottes Gerechtigkeit, so es sie gibt. Bei meinem Bruder gab es sie nicht.

In dem dritten Traum saßen ein Freund und ich in

einem Saal, es waren noch andere Menschen dort, aber die kannte ich nicht; ein paar Fernseher liefen. Mein Handy klingelte. Er war es: »Ich bin wieder da!« – Ich konnte mein Glück nicht fassen. »Wann können wir uns sehen?«, fragte ich. – »Morgen muss ich in die Klinik, du weißt ja, ich werde den ganzen Tag untersucht, aber vielleicht kannst du ja mitkommen, da ist immer Zeit zwischendurch, wenn ich warten muss.« Ich hörte seine Stimme so klar und nah, so stark und froh wie lange nicht, und verließ den Saal, still und leise, um die anderen nicht zu stören. Als wir noch sprachen, wie wir das machen würden am anderen Tag, dämmerte mir, dass etwas nicht stimmte. Ich sagte dem Bruder: »Darüber reden wir noch«, und ahnte bereits, dass daraus nichts würde. Der Freund schaute mich an. Er war von Rauch umhüllt. Er hasste das Rauchen. Er hatte mitbekommen, dass es der Bruder war, obwohl er wusste, dass er es nicht gewesen sein konnte, und war mir aus dem Saal gefolgt. Er sagte nichts und schaute mich nur an. Er sah, wie ich rauchte und die Welt nicht mehr verstand. »Ich könnte ihn morgen besuchen«, sagte ich unsicher und wusste, dass es nicht stimmte. Der Freund ließ mich in dem Gedanken, er sah mir zu, wie ich rauchte, und sagte auch dazu nichts.

Da realisierte ich zum ersten Mal, dass mein Bruder fort war.

Ein Jahr nach seinem Tod starben viele Künstler, die mich an ihn erinnerten. Monica Bleibtreu, die bewunderte Schauspielerin, im Mai 2009, Michael Jackson mit seinem Überlebenskampf-Lied »Beat it!« am

25. Juni, dem Geburtstag meines Bruders, und schließlich, zwei Wochen später, Pina Bausch, die verehrte
Choreographin und Tänzerin. Sie alle folgten ihm –
und mir in meine Träume. Immer war er dabei, der
Bruder – auch zwei Jahre später, nach Amy Winehouse'
Tod, in Form eines Faxes, verteilt auf dem Boden, das
niemand erkannte außer mir.

And I said: No, no, no!

Zum Teufel mit Gott!

Wann ist der Mensch ein Mensch? Wenn er wach ist
und Herr seiner Sinne? Wenn er im Schlaf ist und
Opfer seiner Träume? Wer bin ich: die Wache, die
Denkende oder die Schlafende, Träumende?

Die alten Kulturen verstanden Träume als Boten der
Götter, als göttliche Ratschläge, Warnungen oder Pro-
phezeiungen. Auch in der Bibel kommen sie vor. Jakob
sah im Traum eine Himmelsleiter, auf der Engel »auf
und nieder« stiegen. Und »der Herr stand oben« und
verhieß ihm, Vater eines großen Volkes zu werden (1.
Buch Mose, die sogenannte Genesis, 28, Vers 12 – 13);
der ägyptische Pharao träumte von sieben fetten Kühen
und sieben mageren, die die fetten fraßen; er verstand
seine Träume nicht und ließ sie von Joseph auslegen.
Der deutete sie als Vorhersage sieben fetter und sieben
magerer Jahre (Genesis 41). Auch im Neuen Testament spielen Träume eine Rolle. Im Matthäusevangelium (Kapitel 1, Verse 20 – 21) erschien Gott in Josephs

Traum und erklärte ihm, dass Maria Jesus, Gottes Sohn, gebären werde. Es waren prophetische Träume, von denen berichtet wird.

Siegmund Freud, der Begründer der Psychoanalyse, sah die Sache ganz anders. Mit ihm verschwand der Traum als göttliche Botschaft.

Analytiker können mit Träumen viel anfangen, sie brauchen sie für ihre Therapie. Sie deuten sie und damit uns. Sie erklären sie, und das hilft uns. Der Proband fängt an zu begreifen, woher etwas kommt, wohin etwas führt. Aber wehe, Gott kommt ins Spiel. Dann wird es schnell schwierig. Der Glaube entfernt uns von uns, heißt es dann. Er verstellt den Blick auf das Leben. Gott sei bloß eine Vaterfigur und der Glaube die Sehnsucht nach ihm, sagte Freud. Ein Vater, der tadelt, und ein Vater, der tröstet; ein Vater, der straft, und ein Vater, der schützt. Wie ein Kind den Vater fürchte und brauche, sei es auch mit den Erwachsenen und Gott. Der irdische Vater werde zum überirdischen.

Aber wenn man an Gott doch glaubt? An einen, der anders ist? An einen, der nicht moralisch ist? Der nicht demütigt und züchtigt und nur belohnt, wenn man sich benimmt? Vor dem man sich nicht verbiegen muss? Vor dem man keine Angst hat? Dem man sich nicht anbiedern muss, um geliebt zu werden? Sondern einen, der einen nicht nur so sieht, wie man ist, sondern einen auch so nimmt? Bedingungslos? So ist er doch, mein Gott!

Eugen Drewermann, auch er ein Psychoanalytiker,

bezog sich zwar auf Freud, sah die Sache mit Gott aber wieder anders. »Wer Gott findet, wer ein Gegenüber hat, dem er absolut vertrauen kann, und damit aufhört, irgendetwas auf der Welt sonst noch zu ›fürchten‹, der reift wie ein blühender Baum, und die Schönheit seines Wachsens und die Fülle seiner Früchte sind das, was wir weise nennen«, schrieb der frühere Katholik und suspendierte Priester in seinem Buch *Ein Mensch braucht mehr als nur Moral*. Nur in der Liebe zu Gott könne der Mensch seine Angst überwinden.

Gott also nicht als Vater, sondern jetzt als Therapeut?

Träume als Ratschläge, Träume als Warnungen, Träume als unbewusste Wünsche (als hätte ich mir je gewünscht, meinem Bruder nicht helfen zu können!), Träume als »Gehirnaufräumer« (als sei mein Gehirn nach solchen Träumen je »aufgeräumt«), Träume als ein Nachtkino, das uns fit macht für den Tag (als sei ich je fit nach solchen Träumen), Träume, die Erinnerungen von Emotionen »entkleiden«, um sie neu »einzukleiden« (bitte: wie?) – zum Teufel mit der Traumdeuterei!

Gott als Vater, Gott als Therapeut – zum Teufel mit dem Glauben, der mir das Leben nur schön machen will! Zum Teufel mit Gott, der mich tagsüber hält und nachts versinken lässt!

»Wenn ich dachte, mein Bett soll mich trösten, mein Lager soll mir meinen Jammer erleichtern, so erschreckest du mich mit Träumen und machtest mir Grauen durch Gesichte, dass ich mir wünschte, erwürgt zu sein

und lieber den Tod hätte als meine Schmerzen«, rief
Hiob, dieser gläubige, gottesfürchtige Mann, der nicht
nur Prüfung um Prüfung erdulden musste, sondern
auch noch unter Albträumen litt. »Lass ab von mir,
denn meine Tage sind nur noch ein Hauch.« (Hiob 7,
Verse 13 – 16) Seine Zweifel an Gott waren grenzen-
los. Sein Glaube war zerrüttet: »So machst du die
Hoffnung des Menschen zunichte. Du überwältigst
ihn für immer, dass er davon muss.« (Hiob 14, Verse 19
und 20)

Doch hat Gott überhaupt etwas mit meinen Träumen zu tun? Ist er tagsüber da und macht sich nachts
aus dem Staub? Kann Gott anwesend und abwesend
zugleich sein? Was hat es auf sich mit diesem seltsamen
Gott?

Den Zweifel heiligen

Der Zweifel ist ein hartnäckiger Bursche. Er kommt
immer wieder. Er kommt in der Nacht als ein Albtraum und bleibt am Tag als Verzweiflung. Der Zweifel kommt immer wieder, denn Grund zum Zweifeln
gibt es überall. Was, wenn der Kopf nicht aufhört, uns
zu quälen mit unseren Zweifeln an der Hoffnung, mit
unseren Zweifeln am Glauben, mit unseren Zweifeln
an Gott, den es bei all unserem Unglück, bei all den
Katastrophen auf der Welt doch gar nicht geben kann?
Was, wenn die Träume uns immer wieder verzweifeln
lassen, weil alle Wach-Worte doch nichts als bloß

Worte sind? Auch ein Fundament kann erschüttert werden, selbst das Glaubensfundament. Was dann?

Dann klage ich Gott an wie einst Hiob in der biblischen Dichtung. »Wie kannst du das zulassen? Warum lässt du mich so grauenvoll träumen? Warum ausgerechnet mein Bruder? Warum hast du nicht mich statt ihn genommen?« Das verschafft mir Luft. Doch es bringt mich nicht weiter. Ich kann und ich will es bei der Klage nicht belassen. Nicht, weil die Klage schlecht ist, denn »was raus muss, muss raus«. Nicht, weil (nicht nur) das Sprichwort sagt: »Lerne leiden, ohne zu klagen.« Sondern weil ich nicht glauben kann und will, dass es meinen Gott nicht gibt.

Manchmal denke ich an den Satz »Bedenke, vielleicht ist es wahr«, und das hilft mir. »Dass wir einen Gott ahnen, ist nur ein unzulänglicher Beweis für sein Dasein«, schrieb der österreichische Erzähler und Dramatiker Arthur Schnitzler (1862–1931). Ich aber suche zulängliche Beweise. Da ich die jedoch nicht finde, weil es Beweise nicht gibt, versuche ich es zuweilen mit listiger Logik: Wie kann ich glauben, dass es Gott am Tage gibt, in der Nacht aber nicht? Warum zweifele ich überhaupt an meinem Glauben und an Gott? Ist nicht mein Zweifel ein Beleg für meinen Glauben?

Würde ich an Gott nicht glauben, würde ich auch nicht an ihm zweifeln. Wer nicht glaubt oder hofft, den kümmert der Zweifel nicht. Denn er glaubt ja nicht an Gott, er glaubt ja nicht an den Glauben, er glaubt auch nicht an die Hoffnung. Wenn es aber weder die Hoffnung auf Gott noch den Glauben an ihn gibt: Warum sollte ich dann daran zweifeln? »Dass wir fähig sind, an [Gott] zu zweifeln«, schrieb Schnitzler, sei ein stärkerer Beweis für sein Dasein als nur die Ahnung von Gott. Das ist mehr als listige Logik.

Der Zweifel ist mir heilig. Für mich ist er in der Tat der Beleg meines Glaubens. Ein Beleg, kein Beweis. Das Unbegreifliche bleibt. »Glauben heißt: Die Unbegreiflichkeit Gottes ein Leben lang aushalten«, schrieb der deutsche Theologe Karl Rahner (1904–1984). Der Mann hat recht. Thomas von Aquin, Dominikaner und Philosoph (1225–1274), hatte das Jahrhunderte vorher so gesagt: »Der Zweifel ist die einzig angemessene Form des Glaubens.«

In dieser Mischung aus Zweifel, Beleg, Hoffnung, Glaube, Unbegreiflichkeit und wieder Zweifel lebe ich. Das hält mich nicht ab von meinem Glauben, sondern bestärkt mich in ihm. So anstrengend es ist, so beglückend ist es auch.

Der Zweifel ist so alt wie die Bibel selbst: Hiob

Der Zweifel ist auch der Bibel bekannt: Bei Matthäus heißt es im Auferstehungs-Kapitel 28, Verse 16 und 17: »Aber die elf Jünger gingen nach Galiläa auf den Berg, wohin Jesus sie beschieden hatte. Und da sie ihn sahen, fielen sie vor ihm nieder; etliche aber zweifelten.« Der größte Zweifler des Neuen Testaments ist Thomas. Als Jesus, der Auferstandene, seinen Jüngern zum ersten

Mal erscheint, mit Wundmalen an Händen und Füßen, war Thomas, »der Zwölfte«, nicht dabei. Als die anderen Jünger ihm erzählten, »wir haben den Herrn gesehen«, glaubte Thomas ihnen nicht. Vielmehr sagte er: »Wenn ich nicht in seinen Händen sehe die Nägelmale und lege meinen Finger in die Nägelmale und lege meine Hand in seine Seite, kann ich's nicht glauben.« Thomas *wollte* glauben, aber er *konnte* es nicht. Er brauchte ein Zeichen, er suchte »Beweise«. Wer könnte Thomas nicht verstehen?

Acht Tage später zeigte sich Jesus abermals seinen Jüngern, darunter war diesmal auch Thomas. Jesus wies auf seine Wunden und forderte Thomas auf, sie zu berühren. Da antwortete Thomas: »Mein Herr und mein Gott!« Und Jesus sprach: »Weil du mich gesehen hast, so glaubst du. Selig sind, die nicht sehen und doch glauben!« (Johannes 20, Verse 24–28)

Am Zweifel ist nichts übel. Er so alt wie die Bibel. Von Anfang an gehörte er zum Glauben dazu. Nicht allen gelingt es zu glauben, ohne zu »sehen«, viele wollen ein Zeichen, wie Thomas. Mögen auch jene, »die nicht sehen und doch glauben«, selig sein, jene, die Beweise suchen, sind darum nicht schlechter.

Auch Hiob überwand am Ende seinen Zweifel. Als er erkannte, dass er nichts wusste – außer dem: »Ich weiß, dass mein Erlöser lebt, und als der Letzte wird er über dem Staub sich erheben. Und ist meine Haut noch so zerschlagen und mein Fleisch dahingeschwunden, so werde ich doch Gott sehen. Ich selbst werde ihn sehen, meine Augen werden ihn schauen und kein

Fremder.« (Hiob 19, Verse 25–27) Hiob erkannte, dass es *Gott* war, mit dem er in der Zeit seiner Prüfung in Kontakt hatte kommen wollen, und nicht seine vermeintlichen Freunde, die über Gott bloß sprachen. Er hatte erkannt, dass er keine Mittler brauchte, um zu Gott zu finden, dass die Mittler ihn eher behinderten. *Seine* Augen würden Gott »schauen und kein Fremder« (für ihn). »Darum habe ich unweise geredet, was mir zu hoch ist und ich nicht verstehe«, sagte er im Kapitel 42, Vers 3. »Ich hatte von dir nur vom Hörensagen vernommen; aber nun hat mein Auge dich gesehen.« (Vers 5)

Am Ende konnte Hiob die Frage, wie Gott all seine Prüfungen hatte zulassen können, nicht beantworten. Aber seinen Gott, den hatte er gefunden.

Vom Hörensagen und Umwegen

Die Geschichte von Hiob, diese Dichtung des Alten Testaments, ist mir ungeheuer vertraut. Das Ringen um den Glauben, die Verzweiflung in der Prüfung, die Überwältigung durch Träume. Aber auch das: Das »Hörensagen«, das stört, der »Umweg«, der behindert.

Das »Hörensagen« von Gott über den (Um-)Weg der Religionen hilft mir selten weiter. Religionen, die meinen, die Wahrheit zu kennen, eine Wahrheit, die ich glauben soll, weil sie sie für wahr halten, irritieren mich eher, als dass sie mich stärken. Die Religion kann mir helfen, und das tut sie auch. Die Worte der Theologen können mir helfen, und das geschieht auch oft. Wie viele Theologen haben mir schon geholfen, wenn ich nicht weiterwusste. Die meisten taten das, ohne es je zu erfahren. Doch so sehr mir Religionen und Gottesdienste, Ratschläge von Theologen und Gespräche mit anderen auch helfen: Wie Hiob suche ich letztlich den direkten Zugang zu Gott. Wie Hiob brauche ich das direkte Gebet, das direkte »Gespräch«, dem nichts und niemand im Weg steht.

Noch deutlicher wird die Diskrepanz beim buchstäblichen »Umweg« über Jesus, bei der Anbetung des Gekreuzigten. Ich kenne viele Christen, die das Gespräch mit Jesus suchen und brauchen, ein »Gespräch«, das sie »wahres Gebet« nennen. Nie sage ich etwas dazu. Ich will nicht, dass sie meinen, ich achte ihren Glauben oder ihr Gebet zu Jesus nicht. Ich verstehe sie nur nicht. Denn die Anbetung Jesu, das »Gespräch mit dem Gekreuzigten«, verschafft mir nur eins: Verwirrung.

Ich bin überzeugte Protestantin, und ich empfinde mich als Christin. Aber zu Jesus beten, das kann ich nicht.

Der fremde Gottessohn

Wenn im Gottesdienst Fürbitten gesprochen werden, bin ich immer »dabei«, wenn die Gemeinde sagt: »Herr, erbarme dich.« Und immer »auf Abstand«, wenn es heißt, »Christus, erhöre uns«. Ich spreche das zwar

mit, aber nur leise, denn stets sagt es in mir: »Nein!«
Laut will ich rufen: »*Gott* erhöre uns!«

Die Geschichten von Jesus sind die unglaublichsten,
die ich kenne. Mit Christus, dem Messias, aber kann
ich nichts anfangen. Vieles von dem, was Jesus sagte
und was er tat, bestimmt mein Denken, mein Handeln.
Vieles beeinflusst meinen Glauben. Christliche Werte
sind elementar für mein Leben, sie entsprechen meinem inneren Bedürfnis; sie sind so normal für mich, als
gehörten sie schon immer zu mir. Doch der Gedanke,
zu Jesus zu beten, ihn anzubeten, mit ihm zu reden
und das ein Gebet zu nennen, befördert meinen Glauben nicht, es ebnet nicht meinen Weg zu Gott, es verstellt mir den Zugang zu Gott und meinem Glauben.

Nach christlichem Verständnis war Jesus von Naza-
reth Gottes Sohn. Er war kein auserwählter Mensch,
den Gott mit besonderer Gnade bedacht hatte. Er war
auch kein Kind Gottes, wie wir alle Gottes Kinder
sind. In Jesus ist Gott Mensch geworden. Die Weihnachtsgeschichte soll dafür bürgen: »Siehe, ich verkündige euch große Freude«, sagte der Engel, »denn
euch ist heute der Heiland geboren, welcher ist Christus, der Herr.« Im Johannesevangelium, das die Weihnachtsgeschichte nicht erzählt, heißt das so: »Und das
Wort ward Fleisch und wohnte unter uns, und wir
sahen seine Herrlichkeit als des eingeborenen Sohns
vom Vater, voller Gnade und Wahrheit.« (Kapitel 1,
Vers 14) Jesus war »menschgewordener« Gott, also
Gott.

So schön der Gedanke auch ist, es erscheint mir unvorstellbar, dass Gott vor 2000 Jahren Mensch geworden sein soll. Wie sollte das funktionieren: ein Mensch als Gott, ein Gott als Mensch, ohne dass der Mensch das Menschliche und Gott das Göttliche verloren hätte? Wie hätten sich die göttliche und die menschliche Natur in die jeweils andere verwandeln können, ohne dass die menschliche zur göttlichen Natur geworden wäre und die göttliche zur menschlichen? Hätte nicht ein Drittes entstehen müssen, nicht Gott, nicht Mensch, halb Gott, halb Mensch?

Hatte Gott sich durch Jesus verändert? Und was war vorher: kein Gott? Ein anderer Gott? Wenn Gott erst durch Jesus zu dem geworden ist, für den die Christenheit ihn heute hält, was war Gott dann davor? – Wann ist der Mensch entstanden? Vor sechs Millionen Jahren, vor sieben Millionen oder mehr? Wer, wo und was war Gott damals? Was wird er in Zukunft sein? 2000 Jahre sind kurz. Angeblich werden die Folgen der Atomkatastrophe von Fukushima noch in 20 000 Jahren zu spüren sein. 20 000 Jahre sind zehn Mal Christenheit. Wird sich Gott in dieser Zeit noch einmal zeigen, noch einmal Mensch werden? Oder ein anderer?

Selbst wenn Gott Mensch geworden wäre, hätte er dann nicht gegen das erste Gebot verstoßen: »Ich bin der Herr, dein Gott [...] Du sollst keine anderen Götter haben neben mir« (2. Mose 20, Verse 2 und 3)?

Theoretisch kann ich mir alles vorstellen. Nur glauben kann ich es nicht. Ich halte es eher mit Philipp Melanchthon: »Die Geheimnisse der Gottheit sind besser anzubeten als zu erforschen.« Mein Gott jedenfalls ist nicht Jesus. Mein Gott ist nicht am Kreuz gestorben. Mein Gott ist lebendig und überall.

In seinem Buch *Solar* schilderte Ian McEwan eine Frau, die frei war von jeder Religion. »Da war sie eisern«, schrieb McEwan. »Sie sei nicht mal Atheistin, sagte sie, die Sache sei ihr so egal, dass sie nicht mal Gottes Existenz leugne. Der käme bei ihr einfach ›nicht vor‹.«

Der historische Jesus ist mir alles andere als egal. An Jesus als einem, der Gott anders sah als die Menschen vor ihm, der Gott als »Vater« erschloss, als einen, der seine Geschöpfe bedingungslos liebt, zweifele ich nicht. Ich kann mir Jesus als Propheten vorstellen. Er selbst nannte sich einmal so (Markus 6, Vers 4). Auch seine Geschichten leugne ich nicht – vielleicht bis auf diese (die Wandlung von Wasser in Wein), jene (der sonderbare Fischzug) oder andere (wie das Wandeln auf dem Wasser), die Wunder generell. Aber Jesus als »Angebeteter« kommt bei mir »einfach nicht vor«.

Maria hat ein Gesicht

In Martin Walsers Buch *Gottessohn* steht eine Stelle, an der ich schmunzeln musste: »Ich sag' es eher zu Maria als zu Gott. Gott ist keine Adresse. Hat keine Adresse. Maria hat ein Gesicht.« Ja, Gott hat keine Adresse mit Postleitzahl und alledem. In Romanen und Serien kommt das Gespräch mit Jesus oder Maria oft vor. Da steht Pfarrer Braun vor dem Kruzifix und sagt: »Und? Was soll ich jetzt machen?« Wunderbar auch Schwester Hanna aus der Serie *Um Himmels willen,* die sich regelmäßig den Gekreuzigten vorknöpft: »Da hast du mir ja etwas Schönes eingebrockt!« Das amüsiert mich, das gefällt mir. Und manchmal beneide ich sie um ihre Gabe. Jesus finde ich einzigartig. Aber anbeten kann ich ihn nicht. Da liegt mir Maria schon eher – nicht als »Heilige Mutter Gottes«, sondern als Mensch – mit ihrer Liebe, mit ihrer Zuversicht und ihrer Demut. Mit ihrem schönen Gesicht. Maria ist anbetungswürdig. Aber anbeten kann ich auch sie nicht.

Der »Heilige Geist« ist mir gleichfalls fremd. Ich finde den Gedanken zwar schön, die Sache aber zu schwärmerisch. Die Worte »im Namen des Vaters und des Sohnes und des Heiligen Geistes« sagen mir wenig. Die Trinität ist mir suspekt. An Gott als Einheit von Vater, Sohn und Heiligem Geist glaube ich nicht. An einen Gemeinschaftsgeist glaube ich, an einen Geist, der das Gewissen prägt, das auch. Aber nicht an die Dreifaltigkeit. Für mich gibt es nur einen: Gott.

Das macht meinen Glauben nicht beliebig, das bestärkt ihn eher noch. Ich brauche Menschen, Theologen und Pfarrer, Christen und Nichtchristen, die mir helfen, wenn ich verzweifele. Oder Natur. Und natürlich Musik. »Alle Menschen haben Zugang zu Gott«, schrieb Martin Buber, »aber jeder einen anderen.« Joseph Ratzinger antwortete auf die Frage, wie viele

Wege es zu Gott gebe, im Sommer 2000, er war noch Kardinal, ganz ähnlich: »So viele Wege, wie es Menschen gibt.«

Mein Gott ist kein personifizierter Gott. Wie Hiob will ich Gott selbst schauen.

Bin ich deshalb keine Christin? Oder eine schlechte Christin? Ich, die ich so viel von Jesu Worten halte? Ich, die so überzeugt seine Werte teilt? Nur weil ich es nicht schaffe, zu Jesus zu beten und an den »Heiligen Geist« zu glauben?

Ist da denn keiner?

Ich »spreche« nicht mit Jesus, ich preise Maria nicht an und vom »Heiligen Geist« verstehe ich nichts.

Und trotzdem ist da jemand. Ich bete doch! – Bloß: zu wem? Wer ist denn mein Gott? Und wo ist er? Was ist überhaupt mein Gebet? Ein Selbstgespräch? Wen bitte ich denn? Wen klage ich an? Wen rufe ich, wen flehe ich an? Doch keinen luftleeren Raum! Mit wem hadere ich? Mit wem ringe ich? Doch nicht mit einer Idee! Ist da denn nichts? Ist denn da niemand? Oder ist Gott vielleicht doch ein »Jemand«?

Mein Gott ist weder Vater noch Mutter. Er ist auch keine Göttin, sondern Gott. Ich habe großen Respekt vor der feministischen Theologie und den Frauen (und Männern), die die »Bibel in gerechter Sprache« übersetzen. Aber es ist mir eine fremde Welt. Die Frage, ob die Bibel zu männerdominiert ist, weil traditionell von

Gott-Vater und nicht von Gott-Mutter die Rede ist, ob es für Frauen vielleicht zu wenige biblische Identifikationsfiguren gibt, kann ich verstehen. Aber sie berührt mich nicht. Sie lenkt mich nur ab von dem, was mir wichtig ist: Wer bist du, mein Gott? Siehst du mich? Hast du Zeit für mich? Und: Wo bist du? Bist du da oben, im Himmel, bei den Sternen? Bei meinem Bruder?

Allein an den Fragen merke ich, dass mein Gott jemand ist: ein Gegenüber. Und kein abstrakter Gedanke.

Mitten in meiner Suche kam auf einmal ein Vers daher, den ich vorher nicht kannte und der mein Taufspruch ist. Aus einem plötzlichen Verlangen heraus wollte ich ihn wissen – nicht als Kind, sondern als Erwachsene, die sich die Frage »Ist da jemand?« stellte. Das ist der Satz: »Siehe, ich sende meinen Engel vor dir her, der deinen Weg vor dir bereiten soll.« (Matthäus 11, Vers 10 in der Luther-Übersetzung von 1912)

Was für ein wunderbarer Gedanke! Doch ist das auch die Antwort? Engel kann ich mir vorstellen, wenn auch nicht bildlich wie ein Kind. Ich bitte meinen Bruder, die Engel zu mobilisieren, wenn es jemandem schlecht geht. Es gibt die schönsten Bibelstellen über Engel. In der Offenbarung (Kapitel 10, Vers 1) sah Johannes einen »starken Engel vom Himmel herabkommen; der war mit einer Wolke bekleidet und hatte den Regenbogen auf seinem Haupt und ein Antlitz wie die Sonne und Füße wie Feuersäulen«. Nach Psalm 91 (Verse 11 und 12) hat Gott »seinen Engeln befohlen, dass sie dich behüten auf allen deinen Wegen, dass sie dich auf den Händen tragen und du deinen Fuß nicht an einen Stein stoßest«. Die Weihnachtsgeschichte ist ohne Engel undenkbar. Bei Jesu Geburt war es ein Engel, der zu den Hirten kam und sprach: »Fürchtet euch nicht! Siehe, ich verkündige euch große Freude, die allem Volke widerfahren wird.« Und als »die Engel von ihnen gen Himmel fuhren, sprachen die Hirten untereinander: Lasst uns nun gehen nach Bethlehem und die Geschichte sehen, die da geschehen ist, die uns der Herr kundgetan hat.« Der Engel gab Elias Gaben und Gabe, damit er essen und aufstehen konnte. Das ist für mich eine der wichtigsten biblischen Geschichten. Von ihr wird noch die Rede sein.

»Denn siehe, ich sende meinen Engel vor dir her ...« Wie er aussieht, weiß ich nicht. Dass er da ist, glaube ich.

Vom Geheimnis des Auferstehens und Dableibens

Die Geschichte von Hiob, vom Ringen und Träumen, gehört zu den tröstlichsten Abschnitten der Bibel. Die Geschichte über die Auferstehung Jesu dagegen ist ihr unheimlichstes, irritierendstes Kapitel. Es ist das Kapitel, das am stärksten vom Glauben zeugen soll und mich am stärksten am Glauben zweifeln lässt. Wen kann es wundern, dass selbst einige Jünger Jesu an dessen Auferstehung zweifelten? Dass sie nicht glauben konnten, was sie sahen?

Jahr für Jahr versetzen mich Karfreitag und Ostern in

Angst und Schrecken, statt mir Trost zu geben. Trost gibt mir allenfalls, dass ich mit meiner Angst nicht allein bin. Schon von den drei Frauen, die zum Grab gingen, um Jesus zu salben, und ihn nicht fanden, von Maria Magdalena, von Maria, der Mutter des Jakobus, und von Salome heißt es bei Markus 16, Vers 8: »Und sie gingen schnell heraus und flohen von dem Grabe; denn es war sie Zittern und Entsetzen angekommen. Und sie sagten niemand etwas; denn sie fürchteten sich.«

Wovor fürchteten sie sich, wovor fürchte ich mich? Zunächst einmal verwirrt mich die Geschichte selbst: die leibhaftige Auferstehung von den Toten. Nie hat jemand, der einen Toten sah, so etwas je erlebt. In Bayern gibt es den schönen Brauch, die Fenster zu öffnen, wenn der Tod gekommen ist. Die Seele soll hinausfliegen können aus der Enge des Körpers, aus der Enge des Raumes, und der Fassbarkeit der Menschen entgehen. Aber dass ein Körper »aufersteht«? Wer glaubt das schon.

Doch spielt das überhaupt eine Rolle? Entscheidend ist doch, dass etwas anders wird, dass etwas anderes kommt. Dass der Mensch sich verwandelt. Nicht mehr das ist, was er war. Nicht mehr so ist, wie er war. Nicht mehr da ist, wo er war. Und doch bei uns bleibt. Unsichtbar zwar, aber untrennbar von uns. Das Geheimnis der Auferstehung ist nicht das Rätsel über das Wiederkommen, sondern das Geheimnis vom Dableiben.

Viele Menschen stellen sich vor, was nach dem Tod wohl kommt. Sie haben Theorien entwickelt. Die meisten Religionen gehen davon aus, dass ein Wesen weiterexistiert, ob durch Wiedergeburt oder in einem ewigen Leben im Himmel, in welcher Form auch immer. Vielleicht aus Überzeugung, vielleicht aber auch aus Angst vor dem Nichts. Wer könnte das nicht verstehen?

Wenn aber die Religionen so unterschiedliche Antworten geben, warum sollte ich nur *einer* glauben, an die christliche Geschichte von der Auferstehung zum Beispiel, einer Geschichte, die auch bloß von Menschen kommt, auch wenn sie meinten, das Göttliche zu spüren? Muss ich mich an ihre Zeugnisse halten, weil ich derselben Religion angehöre? Muss ich überhaupt auf Menschen hören und ihnen »gehorchen«, um glauben zu können? Wenn ich beispielsweise die Geschichte vom Auferstandenen nicht glauben kann und doch muss, bringt mich das von meinem Glauben eher ab.

Von Bevormundung und Freiheit

In einem Interview mit dem Magazin *chrismon* (08/2011) gab Michel Friedman auf die Frage »An welchen Gott glauben Sie?« die interessante Antwort: »An keinen. […] Ich wäre auch nicht gern gläubig, das würde mich einengen. Ich möchte nicht nach Geboten und Verboten leben, die irgendwelche Menschen aufgeschrieben haben.«

Das geht mir kaum anders. Von Freiheit halte ich viel, von Bevormundung nichts. Doch wer sagt denn, dass man nach Geboten und Verboten leben muss, die

»irgendwelche Menschen« aufgeschrieben haben? Nur sie, diese »irgendwelchen Menschen«. Niemand muss sich an ihre Gebote und Verbote halten, wenn es um den Glauben geht.

Ist der Mensch denn fehlerfrei? Haben wir nicht deshalb Gesetze für das tägliche Leben, weil wir fehlbar sind? Vorschriften, die das Zusammenleben regeln und dabei den Einzelnen und den Einzelfall im Blick haben? Normen, die wir ändern, wenn sich etwas ändert? Ein geordnetes Zusammenleben in einer Gesellschaft, einer demokratischen zumal, ist ohne Gesetze nicht möglich. Die Vorschriften gelten für alle, nur so funktioniert das System, nur so funktioniert ein Staat. Das sind »Gebote und Verbote« von »irgendwelchen«, in diesem Fall gewählten Menschen, nach denen wir leben müssen.

Auch die Kirche kennt Gesetze. Vorschriften braucht jede Organisation. Die Normen mögen bestimmen, welche Arbeitszeiten gelten, was ein Vorgesetzter darf oder was auch immer. Daran muss sich halten, wer in der Kirche beruflich tätig ist. Das steht außer Frage. Es gilt aber nicht, wenn es zum Glauben kommt. Wenn »irgendwelche Menschen«, in diesem Fall Kirchenleute, Verbote und Gebote aufstellten, an die man sich halten muss für den Fall, dass man glaubt, muss sich niemand daran halten. Der Glaube ist kein Gesellschaftssystem, er ist kein Staat und auch keine Ordnung, sondern eben: Glaube. Niemand kann anordnen zu glauben, oder vorschreiben, wie man zu glauben hat. Wer aus eigener Machtkompetenz dafür Regeln aufstellt, stellt sich nicht nur über Menschen, sondern in Wahrheit auch über Gott. Der engt tatsächlich ein.

Sieht Gott eigentlich die Gebote und Verbote, »die irgendwelche Menschen aufgeschrieben haben«, wie sich Friedmann ausdrückte? Weiß Gott von der Theologie? Unterscheidet er Religionen? Kennt er die Bibel? Interessiert ihn die Lehre, die die Menschen aus ihm gemacht haben, überhaupt? Wohl kaum. Gott lässt sich nicht vorschreiben, wie er ist. Gott engt nicht ein. Menschen engen ein.

Es ist verständlich, dass Menschen Menschen glauben. Dass Menschen glauben wollen, was Menschen aufschreiben. Es ist auch verständlich, dass sich Menschen an religiöse Vorgaben halten wollen, die vermeintlich von Gott kommen – in Wahrheit aber von Menschen. Wir haben ja bloß das Wort dieser Leute. Nur das können wir lesen. Doch niemand ist Gott, niemand weiß alles. Darum darf auch keiner für sich reklamieren, dass sein Glaube, seine Gebote und Verbote für alle gelten, kein Mensch darf das und auch keine Religion. Nicht nur, wenn es ums Leben geht, sondern auch und erst recht, wenn es den Tod betrifft – und das, was dann kommt. Wer da etwas vorschreibt, lädt nicht ein, der schreckt ab.

Die Angst vor der Unsterblichkeit

»Im Augenblick scheinen die meisten von uns nicht mehr an ein Leben nach dem Tod zu glauben«, schrieb der Journalist Hans Conrad Zander in der *Frankfurter Allgemeinen Sonntagszeitung* im Mai 2011. »Das wirkt aufgeklärt. Vielleicht ist es aber das Gegenteil. Vielleicht ist es Verdrängung. Vielleicht sind wir nur auf der Flucht. Wie einst die drei Frauen im Evangelium nach Markus, als sie entsetzt flohen aus dem leeren Grab des Auferstandenen.« Tief in unseren Herzen, so der Autor, sitze die Angst vor der Unsterblichkeit.

Welch ungewöhnliche Umkehrung der herkömmlichen Gedanken. An die Stelle der Hoffnung auf das ewige Leben tritt nach Zanders Beobachtung die Angst vor dem ewigen Leben. Aus Angst vor Strafe? Wer weiß das schon. Es ist, warum auch immer, eine Sehnsucht nach einem klaren Ende anstelle einer diffusen Unsterblichkeit, einer Unsterblichkeit, die vor allem Kirche und Religionen propagieren. Tief in unserem Herzen sitzt also womöglich nicht nur die Angst vor der Unsterblichkeit, sondern vielleicht auch die Angst vor der Kirche, die Ostern um Ostern die Unsterblichkeit verkündet, die Auferstehung.

Auch ich kenne die Angst vor der Unsterblichkeit, wenn auch aus ganz anderem Grund. Mit der Kirche und der Auferstehung hat sie nichts zu tun. Die Angst kam mit einem Albtraum. Den hatte ich nicht um die Osterzeit, und auch mein Bruder war noch gesund. In diesem Traum wurde nicht er, sondern ich unheilbar krank. Angst vor dem Tod hatte ich nicht. Aber Angst vor dem Tot*sein*. Vor dem Leben als Tote, vor dem Alleinsein als Tote, in einer Welt, in der es niemanden mehr gab außer mir. Auch Gott nicht. Es war die Angst vor dem Nichts. Panik überfiel mich im Traum, und die Panik hielt lange. Obwohl ich inzwischen den Satz kenne, den der Pfarrer zum Jahresgedächtnis meines Bruders sprach und der mir den Bruder auf einmal zurückholte – »Die Ewigkeit ist schon da« –, verfolgt mich der Traum zuweilen noch immer.

Angst vor dem Tod, Angst vor dem Sterben. Angst vor der Sterblichkeit, Angst vor der Unsterblichkeit. Angst vor der Einsamkeit als Tote: Der Tod ist angstbesetzt. Der eigene zumal.

Während die einen das ewige Leben erhoffen und die anderen Angst vor der Unsterblichkeit haben, basteln Dritte längst an einer anderen Art von Unvergänglichkeit. Nichts ist ihnen ferner als die Angst vor dem Tod, auch fürchten sie nicht die Unsterblichkeit. Ihnen geht es weder um den Glauben noch ein himmlisches »ewiges Leben«. »Gebote und Verbote« von »irgendwelchen Menschen« engen sie mitnichten ein. Ganz im Gegenteil: Frei von jeder Religion, fern von Geboten und Verboten der Kirche, setzen sie nicht auf eine göttliche Macht, sondern auf die Kraft von Computern. Einer von ihnen ist der vielfach ausgezeichnete US-amerikanische Informatiker Raymond Kurzweil, der Erfinder der »Kurzweil Reading Machine«, einer Lesemaschine für Blinde, die Worte in akustische Signale umsetzt.

Raymond Kurzweil versteht viel von künstlicher Intelligenz und ist fest überzeugt, dass schon in absehbarer Zeit Computer und Gehirne verschmolzen sein werden. Die Angst vor der künstlichen Intelligenz, vor einem Rechner, der bald mehr weiß als wir selbst, kennt er nicht. Sie versetzt ihn nicht in Panik. Ganz im Gegenteil: Er freut sich auf die Zeit, in der nicht mehr unterschieden werden kann zwischen menschlichem und menschengemachtem Gehirn. Nicht im Gegeneinander von Mensch und Maschine, sondern im Miteinander der beiden sieht er die Lösung (und wohl auch seinen Profit als Erfinder). Grenzen des Lebens gäbe es nicht mehr. – Der Tod wäre überwunden. Was sonst sollte man schlussfolgern?

Raymond Kurzweils Theorie ist durchaus attraktiv: für Menschen, die den Tod fürchten, denn der käme ja nie, und auch für jene mit Angst vor der Unsterblichkeit, denn das, was dann angeblich kommt und vor dem man sich fürchtet, käme ebenfalls nie. Weil das Leben nicht endet.

Ich finde das im Wechsel furchterregend und amüsant, aber letztlich hoffe ich, dass nichts davon gelingt. Was immer technisch machbar ist, es reizt mich zwar intellektuell, aber eher wie ein Spiel. Ich will kein unendliches Leben auf Erden mithilfe von Computern. Wo bliebe denn da meine Seele? Ich habe keine Angst vor dem Tod – trotz meiner wiederkehrenden Panik vor dem »Leben« als Tote. Ich will nicht künstlich auf Erden sein, auch nicht als gesunde, computergesteuerte Uralte. Macht nicht die Einmaligkeit das

Leben erst aus? Macht nicht das Unwiederbringliche den Augenblick erst wertvoll? Auch wenn uns der Tod, die Erkenntnis der Endlichkeit, mit Freude *und* Wehmut erfüllt: Was wäre das Leben in einer Endlosschleife, in der alles reproduzierbar wäre, beliebig wiederholbar? Alles wäre wertlos.

Ich will auch nicht künstlich am Leben gehalten werden, wenn Maschinen das zwar können, es aber Menschen verzweifeln lässt und alles durcheinandergerät, weil mein Gott mich doch ruft.

Ich traue weder dem ewigen Menschen-Computer-Dasein noch der Auferstehung, wie die Bibel sie erzählt. Aber ich glaube an ein Weiterdasein nach dem Tod. Dazu brauche ich weder die Religion noch einen Laptop. Denke ich an die, die mir fehlen, sind sie bei mir und nicht fort. Ohne den Glauben an ihr Weiterdasein könnte ich ihren Tod nicht ertragen. Man mag mir das als Schwäche auslegen. Dann bin ich eben schwach.

… endlich glücklich sein

Seit dem Tod meines Bruders denke ich über das Leben und Sterben ganz anders nach. Man meint zwar, man sei auf alles gefasst, und man könne die Dinge auch irgendwie einordnen, aber es stimmt nicht. Seit ich gesehen habe, wie er gerungen hat, maße ich mir kein Urteil mehr an.

Auch nicht über Menschen, die sich das Leben nehmen. Wie verzweifelt muss einer sein, der so etwas tut.

Wie einsam. Wie allein. Im November 2011 nahm sich der österreichische Liedermacher Ludwig Hirsch das Leben. Er sprang aus dem Fenster eines Krankenhauses. Er hatte Krebs wie mein Bruder – und ein Lied hinterlassen, das mich schon als Jugendliche umgetrieben hat.

»*Komm großer schwarzer Vogel, komm jetzt!*
Schau, das Fenster ist weit offen,
schau, ich hab Dir Zucker aufs Fensterbrett g'straht.

Komm großer schwarzer Vogel, komm zu mir!
Spann' Deine weiten, sanften Flügel aus
und legs' auf meine Fieberaugen!
Bitte, hol mich weg von da!

Und dann fliegen wir rauf,
mitten in Himmel rein,
in a neue Zeit, in a neue Welt,
und ich werd' singen, ich werd' lachen,
ich werd' ›das gibt's net‹ schrei'n,
weil ich werd' auf einmal kapieren,
worum sich alles dreht.

Komm großer schwarzer Vogel, hilf mir doch!
Press' Deinen feuchten, kalten Schnabel
auf meine wunde, auf meine heiße Stirn!

Komm großer schwarzer Vogel,
jetzt wär's grad günstig!

Die anderen da im Zimmer schlafen fest
und wenn wir ganz leise sind,
hört uns die Schwester nicht!
Bitte, hol mich weg von da!

Und dann fliegen wir rauf,
mitten in Himmel rein,
in a neue Zeit, in a neue Welt,
und ich werd' singen, ich werd' lachen,
ich werd' ›das gibt's net‹ schrei'n,
weil ich werd' auf einmal kapieren,
worum sich alles dreht.

Ja, großer schwarzer Vogel, endlich!
Ich hab' Dich gar nicht reinkommen g'hört,
wie lautlos Du fliegst,
mein Gott, wie schön Du bist!

Auf geht's, großer schwarzer Vogel, auf geht's!
Baba, ihr meine Lieben daham!
Du, mein Mädel, und du, Mama, baba!
Bitte, vergesst's mich nicht!

Auf geht's, mitten in den Himmel eine,
nicht traurig sein, na, na, na, ist kein Grund
zum Traurigsein!
Ich werd' singen, ich werd' lachen,
ich werd' ›das gibt's net‹ schrei'n.
Ich werd' endlich kapieren, ich werd'
glücklich sein!

Ich werd' singen, ich werd' lachen,
ich werd' ›das gibt's net‹ schrei'n.
Ich werd' endlich kapieren, ich werd'
glücklich sein!
Ich werd' singen, ich werd' lachen,
ich werd' endlich glücklich sein!« *

… endlich glücklich sein. Da verschlägt es mir immer
die Sprache.

Der Suizid und die Kleingläubigen

Ein Freitod lässt niemanden kalt. Er überfordert alle.
Da versagen wir. Da versagen auch Religionen und
Kirchen. Brutal stellt er die Schuldfrage, gnadenlos
verstellt er den Weg zur Versöhnung. Ein Suizid wirft
nicht nur den »Täter« aus der Bahn, sondern uns
gleich mit dazu. Nicht zuletzt auch die Kirchen. Doch
statt hinzuschauen, statt Verständnis zu wagen, ver-
rennen sich Religionen und Kirchen in absurde Theorien.
　　In der Bibel findet sich an keiner Stelle ein ausdrück-
liches Verbot der Selbsttötung. Viele Jahre hatte auch
die christliche Lehre keine klare Haltung dazu. Erst
Augustinus (354–430), der kirchliche Lehrmeister,
verurteilte den Suizid in aller Schärfe. Er verwies auf
das sechste der zehn Gebote, die Moses auf dem Berg

---

* © Edition Karl Scheibmaier Wien

Sinai erhalten hatte: »Du sollst nicht töten.« Der »Kirchenvater« sah darin nicht nur das Verbot, andere zu töten, sondern auch sich selbst. Da Jesus Christus habe leiden müssen, so Augustinus, dürften sich auch seine Nachfolger, also die Christen, dem Leid nicht entziehen.

Von »Sünde« sprach später die katholische Kirche, und auch die evangelische, die durch Martin Luthers Reformation 1517 entstand, verurteilte den Freitod. Wer sich das Leben nahm, wurde nicht auf Friedhöfen begraben. Bis ins 20. Jahrhundert hinein durften »Selbstmörder« nicht kirchlich beerdigt werden, sondern wurden in anderen, ungeweihten Böden verscharrt. »Eselsbegräbnisse« nannte man das, in Anlehnung an das Alte Testament, in dem steht: »Er [der König von Juda, der den Bund des Herrn verlassen hatte] soll wie ein Esel begraben werden, fortgeschleift und herausgeworfen vor die Tore Jerusalems.« (Jeremia 22, Verse 9 und 19)

Der Freitod passte nicht zum Bild eines Menschen, der sein Leben von Gott bekommen hat und dessen Leben deshalb auch nur von Gott genommen werden darf. Dem es darum verboten ist, über sein Leben zu verfügen.

Wer so denkt, macht es sich leicht. Denn es ist einfacher, den Suizid theologisch zu ächten, ihn gar zu verbieten, als sich mit ihm zu befassen und nach Gründen zu fragen. Um den, der sich das Leben nahm, vielleicht doch zu verstehen und ihn nicht gleich zu verdammen.

Schnelle Antworten nehmen uns das Denken ab.

Wir stellen uns dem Freitod nicht, weil wir ihn fürchten. Wir schieben das Unglück beiseite. Wir negieren schon die Option, weil der Suizid mehr ist, als wir ertragen können.

Aber es gelingt nicht. Erstens verhindert kein Verbot auch nur einen Suizid. Zweitens ist es unmöglich, den Freitod wegzuschweigen. Wer schafft es schon, über den Tod hinwegzusehen, vor allem einen selbst gewählten? Verfolgt es nicht jeden, der nur davon hört, wenn er gar jemanden kannte, der diesen Weg beschritt? Wenn man nicht helfen kann und nichts tun. Wenn man in die Zwickmühle gerät aus Moral und Mitleid, einer Moral, die von außen kommt und uns sagt, das ist verwerflich, und dem Mitleid, das in uns steckt und Verständnis zeigt. Ja, es *ist* schwer, sich dem Suizid zu stellen. Darum ist die Sehnsucht nach schnellen Antworten ja auch so groß. Darum sind wir ja auch bereit, den Suizid zu tabuisieren. Wir wollen heraus aus dem Dilemma.

Wer so denkt, macht es sich nicht nur zu leicht. Wer so denkt, ist auch kleingläubig. Denn Gott ist anders.

Wenn wir nicht mehr weiterwissen und uns in Religionen und Kirchen flüchten, fängt Gott erst richtig an. Gott ruft die Mühseligen und Beladenen. Er ist nicht nur in der vorübergehenden Not bei ihnen, in der ein »Happy End« noch möglich ist. Er ist auch bei ihnen, wenn es kein »Happy End« mehr gibt. Warum sollte Gott, der die Schwachen und Kranken doch sucht, mit denen hadern, die es nicht schaffen, am Leben zu bleiben? Was wäre das für ein Gott?

Gott nimmt uns, wie wir sind. Mit unseren Stärken und mit unseren Schwächen. Den Freitod, so viel Stärke er auch verlangt, sieht er nicht als Schwäche oder gar Sünde, sondern als einen Teil von uns. Gott urteilt nicht nach unseren Maßstäben. Gott urteilt überhaupt nicht über uns. Das tun nur wir, die Menschen.

»Wer […] bist du, dass du über deinen Nächsten richtest?«, fragt Jakobus, der zum Kern der Urgemeinde in Jerusalem gehörte (Kapitel 4, Vers 12 nach der Einheitsübersetzung). Mit anderen Worten: Wer glauben wir eigentlich, wer wir sind, dass wir andere Menschen verurteilen? Welche Anmaßung ist es, uns an Gottes Stelle zu setzen und in seinem Namen über Gut und Böse, Richtig und Falsch zu entscheiden? Gleichsam ihn durch uns über den Freitod urteilen zu lassen?

Gott ist niemand, der am Ende unseres Lebens sagt: Ja, du hast es geschafft, du hast Krisen überwunden und wieder Lebensmut gefasst, dich nehme ich an. Aber dich, der du es nicht geschafft hast, deinen Lebensmut verloren und dich umgebracht hast, dich nehme ich nicht an. Dich lehne ich ab.

Nur wir Menschen brauchen Klarheit und Regeln, um das Leben und den Tod zu bestehen. Gott braucht solche Ordnungen nicht. Wir reden vom liebenden Gott und vom Glauben an ihn und sind selbst ziemlich engstirnig. Denn wer sagt uns denn, dass Gott so denkt wie wir? Woher wissen wir denn, dass Gott einen Menschen verstößt, der nicht mehr weiterweiß und sich das Leben nimmt? Die Wahrheit ist: Wir wissen es nicht.

Ohne das Wagnis des Gottvertrauens, ohne die Gewissheit, dass Gott nicht nur die Schwachen, sondern auch die Verzweifelten annimmt, haben wir Gott nicht verstanden. Wer in blanker Ablehnung des Suizids stecken bleibt, wird nie erfahren, dass Gott auch bei denen ist, die anders sind, die nicht mehr weiterwissen und darum den letzten Schritt selbst vollziehen. Der wird nie verstehen, dass es einen Unterschied gibt zwischen dem Kleinmut der Menschen und der Barmherzigkeit Gottes. Dass Gott gnädiger ist als wir.

Sünde ja, Sünder nein –
You can't have the cake and eat it

Die christlichen Kirchen lehnen den Suizid ab, weil sie sagen, das Leben gehöre nicht uns. Sie missbilligen den Freitod, weil sie sagen, niemand dürfe sich zum Herrn über sein Leben machen. Aber den, der sich das Leben nimmt, ächten inzwischen beide nicht mehr. Das ist ein bisschen paradox.

Die Kirchen versuchen je auf ihre Weise, mit dem Dilemma umzugehen: mit dem Unterschied zwischen Theorie und Praxis, dem theoretischen Suizid und dem tatsächlichen Freitod. Die katholische Kirche verurteilt ihrem Katechismus zufolge zwar »die Sünde des Selbstmords«, »nicht aber den Menschen, von dem man nicht sicher ist, ob er wirklich ein Selbstmörder ist«. Nach katholischer Überzeugung darf man dem, der sich das Leben genommen oder es versucht hat, »nicht von vornherein die volle Verantwortung für sein Tun« zuschreiben. Als sei ihm nicht bewusst, was er tue, als sei er nicht zurechnungsfähig, als sei er krank. Mit kranken Menschen geht man mitleidvoll um – sie können ja nichts dafür. Anders gesagt: Man nimmt sie nicht ernst.

Im evangelischen Erwachsenenkatechismus (in seiner Erstauflage von 1975) steht ein ähnlicher Satz, der dem »Selbstmörder« allerdings nicht unterstellt, dass er nicht wisse, was er tue. Der Satz heißt kurz und knapp und ohne jeden Kommentar: »Die Kirche verurteilt den Selbstmord, aber nicht den Selbstmörder.« Klarer wird es dadurch nicht.

Es ist ein merkwürdiger Versuch, Theorie und Praxis voneinander zu trennen und sie gleichzeitig in Einklang zu bringen. Was ist das für eine Sünde, die man nicht begehen kann, weil der »Täter« gar kein »Täter« ist? Wie geht das, Sünde: ja, Sünder: nein?

Warum ist der Suizid eine Sünde, wenn der »Täter« kein Sünder ist? Niemand nimmt sich das Leben aus Spaß. Jeder hat Gründe. Darum ist das, was er tut, nicht von vornherein schlecht, darum ist der, der das tut, nicht gleich ein Übeltäter. Er ist überhaupt kein Täter. Trotzdem nennt man den Freitod »Sünde«. Warum? Zur Abschreckung?

Soll das Wort »Sünde« vielleicht diejenigen abschrecken, die (fest oder fast) entschlossen sind? Wie sollen die, die sich tatsächlich umbringen wollen, oder jene, die »nur« auf sich aufmerksam machen wollen, weil niemand ihnen glaubt, es denn schaffen, die Hilfe einer Kirche anzunehmen, die ihre beabsichtigte Tat, den Freitod, ausdrücklich missbilligt? Was kann jemand von einer Kirche erwarten, die ihm zwar sagt, er selbst sei kein Sünder, aber die Tat, die er plane, sei Sünde? Wie soll er da offen sein? Wie kann er Vertrauen entwickeln?

Und was ist mit denen, die mit dem Gedanken an den Freitod nur »spielen«, vielleicht weil sie Eindruck machen wollen oder nur einmal testen, wie das so ist; vielleicht weil sie es irgendwie »cool« finden? Wie sollen sie eine Abschreckung ernst nehmen, wenn da nichts ist, was ihnen droht?

Es passt nicht zusammen. Zwischen »Selbstmord« und »Selbstmörder« zu unterscheiden ist eine hilflose Konstruktion. Kein Täter, aber eine Tat; kein Sünder, aber eine Sünde: Das ist ein Widerspruch. Das ist nicht heilig, sondern scheinheilig. Es heilt nichts und hilft niemandem. Vor allem jenen nicht, die an Suizid denken. Um *sie* muss es doch gehen, nicht um eine Theorie.

Im Englischen gibt es den schönen Satz »You can't have the cake and eat it«. Man kann einen Kuchen nicht behalten *und* essen. Entweder Sünde *und* Sünder oder keine Sünde, kein Sünder. Beides zusammen ist Unsinn.

Schauen wir uns die Bibel doch an und denken sie weiter: »Selig sind, die da Leid tragen, denn sie sollen getröstet werden«, heißt es in der Bergpredigt (Matthäus 5, Vers 4). Und was ist mit denen, die es nicht schaffen, ihr Leid zu tragen, die es nicht mehr *ertragen* können, die keinen Trost finden, bei nichts und niemandem? Statt den Gedanken der Seligpreisung fortzudenken, verachten wir ihre Tat. Als könne nicht selig sein, wer sich das Leben nimmt, als dürfe er nicht selig sein, als dürfe er nie getröstet werden. Stattdessen reden wir kleingläubig von »Sünde« und gnadenlos von »Selbstmord«.

Wer sich selbst tötet, ist schon juristisch kein Selbst-»Mörder«. Nicht nur, weil ein Mord die Tötung eines anderen verlangt, sondern auch, weil sich niemand aus Mordlust, Habgier oder »sonst aus niederen Beweggründen« umbringt. Das aber müsste er tun, um ein Mörder zu sein. Wer sich tötet, ist kein Selbst-»Mörder« – weder vor Gott noch dem Gesetz.

»[...] unser keiner lebt sich selber, und keiner stirbt sich selber«, schrieb der Apostel Paulus in seinem ersten Brief an die Römer (14, Verse 7 und 8). »Leben wir, so leben wir dem Herrn; sterben wir, so sterben wir dem Herrn. Darum: wir leben oder sterben, so sind wir des Herrn.« Man kann daraus schließen, dass allein Gott über Leben und Tod befinden darf. Man kann aber daraus auch folgern, dass Gott gnädig und barmherzig ist; dass wir immer, auch im selbst gewählten Tod, »des Herrn« sind oder Gott »gehören«, wie es in der Einheitsübersetzung heißt. Zu wissen, dass Gott immer bei uns ist, auch in noch so großer Not; zu wissen, dass wir selbst in der Stunde des (Frei-)Todes Gott gehören und »des Herrn« sind, also nicht allein: Darauf kommt es an. Und nicht auf das, was Menschen denken oder Religionen und Kirchen aus all dem machen.

Es gleicht einem kirchlichen Wunder, dass es nach dem Freitod von Hannelore Kohl im Juli 2001 zu einer Totenmesse im Speyerer Dom kam, deren Predigt ein katholischer Priester, Monsignore Erich Ramstetter, hielt. Es gleicht einem kirchlichen Wunder, dass es nach dem Suizid des Fußballers Robert Enke im November 2009 eine ökumenische Trauerfeier gab, mit der evangelisch-lutherischen Landesbischöfin Margot Käßmann und dem katholischen Pfarrer Heinrich Plochg, und das nicht in einer Kirche, sondern in einem Fußballstadion.

Alle drei sprachen von Gott und dem Glauben. »Wir glauben und beten, dass Gott sie seine Herrlichkeit schauen lässt«, sagte der Monsignore im Hinblick auf Hannelore Kohl, und die Bischöfin betonte, »wir dürften der Zusage vertrauen dass Robert Enke […] bei ihm geborgen ist«, bei Gott. Ähnlich äußerte sich Plochg. Keiner sprach von Sünde, keiner verurteilte die Tat. Manche nannten das später Heuchelei; aber den dreien war offensichtlich klar: Es geht nicht um Sünde, es darf keine Verwürfe geben, wenn Menschen verzweifeln. Sie wussten, ob wir leben oder sterben, gehören wir Gott, ob wir leben oder sterben, sind wir »des Herrn«. Alle drei wussten, und Margot Käßmann sagte es auch: »Du kannst nie tiefer fallen als in Gottes Hand.« *Das* machte ihre Predigten so gut, und dass sie nichts von Sünde und Verfehlung sagten.

»Du kannst nicht tiefer fallen als nur in Gottes

Hand« ist ein Liedtext (aus dem Evangelischen Gesangbuch für Bayern und Thüringen), den der Erzieher und Theologe Arno Pötzsch 1941 angesichts des Schreckens und des unmenschlichen Leids, die der Zweite Weltkrieg mit sich brachte, schrieb. Er übersetzte die Worte des Apostel Paulus, »wir leben oder sterben, so sind wir des Herrn« auf eine Weise, die tröstlicher kaum sein könnte:

> *»Du kannst nicht tiefer fallen*
> *als nur in Gottes Hand,*
> *die er zum Heil uns allen*
> *barmherzig ausgespannt.*
>
> *Es münden alle Pfade*
> *durch Schicksal, Schuld und Tod*
> *doch ein in Gottes Gnade*
> *trotz aller unsrer Not.*
>
> *Wir sind von Gott umgeben*
> *auch hier in Raum und Zeit*
> *und werden in ihm leben*
> *und sein in Ewigkeit.«*

Vom Leben und Sterben lassen

Wenn Gott jene annimmt, die nicht mehr leben können und darum den Freitod wählen, wie ist es dann mit denen, die anderen helfen wollen, ihr Leben zu beenden? Menschen, die nicht mehr leben wollen, es aber nicht schaffen, sich das Leben zu nehmen, und darum immer mehr und mehr verzweifeln? Dürfen wir denen dann helfen? Wäre es nicht barmherziger, ihnen zu helfen, als sie in ihren Qualen zu lassen?

Die Frage der Sterbehilfe gehört wohl zu den schwierigsten, die es gibt. Niemand sollte geächtet werden, weil er Menschen hilft. Ebenso aber sollte keiner verachtet werden, der das ablehnt. Es gibt gute Gründe für beides. Und es gibt schlechte Motive für beides. Für einen Gesetzgeber, der hierfür Regeln aufstellen muss, ist es ein fast unlösbares Dilemma. Er muss differenzieren zwischen aktiver und passiver Sterbehilfe, er muss vermeiden, dass jemand Geschäfte damit treibt, er muss aber auch jene im Blick haben, deren Weg aussichtslos und nur noch qualvoll ist.

Die Frage, ob man jemandem hilft, sein Leiden zu beenden, muss aber letztlich jeder selbst beantworten – vor seinem Gewissen und mit seinen Überzeugungen, ob sie wissenschaftlich begründet, vom ärztlichen Eid geprägt oder vom Glauben bestimmt sind. Kein Staat kann diese Frage für Einzelne beantworten, und seien die Gesetze auch noch so gut gemeint. Vor dieser Frage steht jeder allein. Ich habe vor kaum jemandem mehr Respekt als vor jenen, die darum ringen.

Theoretisch mag es einfach klingen: Sind die Qualen zu groß und eine Heilung nicht in Sicht, warum dann nicht helfen? Oft wünschen sich das die Patienten, und es leuchtet doch ein! So dachte auch ich lange Zeit.

Bis zu jenem Tag im Krankenhaus, in dem mein
Bruder lag. Es war der 10. Juni 2008. Nie werde ich
diesen Tag vergessen. Den Tag, an dem der Bruder
keine Kraft mehr hatte. An dem er nicht mehr konnte
und auch nicht mehr wollte. An dem er verzweifelt
war wie lange nicht. An dem ich ihm versprach, immer
zu ihm zu halten, egal was er wolle, auch wenn er sterben wolle. An dem nach einigen Minuten eine Ärztin
das Zimmer betrat. Und der Blick des Bruders. Seine
Augen, in denen der Lebenswille auf einmal so plötzlich wie gnadenlos leuchtete. »Gibt es etwas Neues?«,
diese Frage. Und: »Nein«, diese Antwort. Die Ärztin,
die das Zimmer verließ. Und die Augen, die erloschen.
Es hatte nichts Neues gegeben. Es hatte sich nichts verändert.

Aber ich. Seit diesem Tag hüte ich mich davor zu
behaupten, ich wisse, was jemand meint, der sagt, er
wolle sterben.

Am nächsten Tag bat mich mein Bruder um Verzeihung. Er entschuldigte sich für seine Verzweiflung, die
er gezeigt hatte, als ich da war. Er war ruhig und entspannt, ja fast fröhlich gestimmt. Wir aßen Früchte,
erzählten von früher und lachten. Zwei Tage später
war er tot.

Sterne …

Das Sternzeichen Kassiopeia ist geformt wie ein »W«.
Dort sind sie versammelt, an die ich denke. Im Weiz-

säcker-W, wie ich die Kassiopeia heimlich immer nenne, leben sie fort. Nicht nur die Weizsäckers, sondern alle, die ich vermisse. Nachts kann ich sie sehen.

Nur mich sehe ich dort nicht. Es ist dieser verflixte Albtraum vom Leben als Tote, der mich immer wieder daran hindert; es ist diese Angst, dass da niemand ist, wenn ich tot bin; die Angst vor dem Nichts. Obwohl ich die Toten in den Sternen sehe und weiß, dass sie dort sind. Obwohl ich die Worte in der Bibel lese, die versprechen, dass im Hause des Herrn viele Wohnungen sind (Johannes 14, Vers 2), obwohl ich mir nichts sehnlicher wünsche, als dass da auch für mich ein Plätzchen sei: Denke ich an andere, sehe ich sie dort. Denke ich an mich, gelingt mir das nicht. Da sehe ich mich nicht »im Hause des Herrn«, sehe ich mich nicht als Stern neben den anderen. Da fürchte ich nichts als die Einsamkeit. Nicht immer ist das so, aber oft.

Traue ich dem lieben Gott nur zu, für die, die mir nah sind, zu sorgen, für mich aber nicht? Was wäre das für ein Gott? Mein Misstrauen ist unlogisch, ich weiß.

Schlimmer aber ist die Überheblichkeit in meinem Denken. Wenn die anderen doch da sind, solange ich lebe, wie könnten sie fort sein, bloß weil ich tot bin? Hängt ihr Dasein etwa von meinem Dasein ab, von meiner Erinnerung und von meinen Gedanken? Werden sie verschwinden, wenn ich nicht mehr da bin, nur weil ich nicht mehr lebe? Hängt ihre Existenz denn von mir ab? Von mir, einem Erdenmensch? Wer bin ich eigentlich zu sagen, solange es mich gibt, gibt es sie auch? Und wenn ich fort bin, sind sie weg? Denn nur so würde mein Albtraum ja wahr. Nur so wäre ich als Tote allein. Wenn niemand mehr da wäre. Nicht einmal Gott.

Wenn *sie* aber immer da sind, warum sollte es bei mir anders sein?

Es ist ein bisschen wie bei meinem Zweifel, der mir Beleg meines Glaubens ist: Warum sollte ich glauben, die anderen seien im Weizsäcker-W, nur ich würde den Weg zu den Sternen nie finden? Was ist daran konsequent? Nichts. »Dass wir fähig sind, an [Gott] zu zweifeln«, schrieb Schnitzler, sei ein stärkerer Beweis für sein Dasein als nur die Ahnung von Gott. Diesen Satz noch einmal zu zitieren, ist mir wichtig. Denn auch hier, wie beim Zweifel, geht es um mehr als um Logik.

Das ist ein tröstlicher Gedanke. Ein Gedanke, der mich hält. Auch wenn ich ihn argwöhnisch betrachte. Denn wer weiß schon, was kommt?

… und Märchen

Viele Menschen kennen den Wunsch, nicht nur im Leben und nach dem Tod, sondern auch *im* Tod miteinander verbunden zu sein. Durch das Leben und den Tod für immer vereint zu sein und niemals allein. Wie viel leichter wäre das Leben, wenn man wüsste, man wird niemals getrennt.

Die schönste Todesgeschichte, die ich kenne, stammt aus einem Buch von Jan-Philipp Sendker. Es ist ein

Märchen und wird doch wahr. In seinem Roman *Das Herzenhören* erzählt der Vater seiner Tochter eine Geschichte. Es ist das Märchen von einer Prinzessin, einem Prinzen und einem Krokodil. Das Märchen geht so: Es war einmal eine wunderschöne Prinzessin, die lebte auf der einen Seite des Flusses. Das Mädchen hatte weder Brüder noch Schwestern und fühlte sich am Hofe sehr einsam. Auf der anderen Seite des Flusses lebte ein König, der für seine Strenge im ganzen Land bekannt war. Manchmal gelang es seinem Sohn, sich aus dem Schloss zu stehlen, um an den Fluss zu gehen. Dort sah er eines Tages am anderen Ufer die Prinzessin. Noch nie hatte er ein schöneres Mädchen gesehen. Doch zwischen den Königreichen gab es keine Brücke, keinen Steg und keinen Fährmann, der ihn ans andere Ufer hätte bringen können. Die beiden Könige waren verfeindet und erlaubten niemandem, einen Fuß über den Fluss zu setzen.

Da bat der Knabe ein Krokodil, ihm zu helfen. Das Krokodil hatte Mitleid mit ihm, der so oft einsam am Flusse saß. Und so brachte er den Prinzen Tag für Tag zur Prinzessin. Eines Tages war der Fluss voller böser Krokodile. Versteck dich in meinem Maul, sagte das gute Krokodil zu dem Prinzen, so kann ich dich sicher hinüberbringen. Der Prinz voller Sehnsucht und Hoffnung tat, wie ihm befohlen. Doch als sie am anderen Ufer ankamen, lebte der Prinz nicht mehr. Als die Prinzessin das sah, brach sie zusammen. Sie starb an gebrochenem Herzen.

Die beiden Könige beschlossen, ihre Kinder zu verbrennen, jedes auf seiner Seite des Ufers. Wie es der Zufall wollte, geschah dies am selben Tag und zur selben Stunde. Es dauerte nicht lange, und die Flammen loderten lichterloh. Es war windstill, und zwei große, mächtige Rauchsäulen stiegen senkrecht zum Himmel. Mit einem Mal wurde es ganz ruhig. Selbst die Könige verstummten. Da fingen die Tiere an zu singen. Zuerst die Krokodile, dann die Elefanten und die Schlangen, die Eidechsen und die Hunde, die Löwen und die Leoparden, die Affen, die Pferde und natürlich die Vögel. Die Tiere sangen so schön, wie sie noch nie zuvor gesungen hatten. Und plötzlich, niemand wusste warum, neigten sich die Rauchsäulen langsam aufeinander zu. Je lauter und heller die Tiere sangen, desto näher kamen die Rauchsäulen sich, bis sie sich umarmten und eins wurden.

Immer, wenn ich an dieses Märchen denke, überzieht mich eine Gänsehaut. Wer würde nicht gern so sterben? Eins werden im Tod, eins sein im Tod? Was zählte da noch die Angst?

Das Geheimnis des Todes ist das Geheimnis des Beieinanderbleibens. Auch darum geht es bei diesen dreien: Glaube, Hoffnung, Liebe.

Glaube und Wahnsinn

Glaube, Hoffnung, Liebe. Ist vielleicht der Glaube der Größte unter ihnen?

Ein Glaube, der uns glauben lässt, dass wir alles

können; ein Glaube, der uns in den Wahnsinn treiben kann, weil er es angeblich erlaubt, andere zu verfolgen und in Massen zu töten, ein solcher Glaube ist vielleicht mächtig, aber gewiss nicht groß. Wer den Glauben überhöht, macht sich unangreifbar. Der hebt sich ab von der Welt. Der stellt sich über sie.

Aber auch Menschen, die nicht zum Extremen neigen, kann der Glaube überheblich machen. Wer biblische Grundlagen dafür sucht, der findet sie. Selbst in der Bergpredigt kann man Sätze entdecken, die so klingen, als dürften wir das: überheblich sein und selbstherrlich.

»Darum sage ich euch: Sorget nicht um euer Leben, was ihr essen und trinken werdet; auch nicht um euren Leib, was ihr anziehen werdet«, heißt es bei Matthäus im Kapitel 6, das »Vom Schätzesammeln und Sorgen« handelt. »Ist nicht das Leben mehr als die Speise und der Leib mehr als die Kleidung? Sehet die Vögel unter dem Himmel an: sie säen nicht, sie ernten nicht, sie sammeln nicht in die Scheunen; und euer himmlischer Vater nährt sie doch. Seid ihr denn nicht viel mehr als sie? [...] Und warum sorget ihr für die Kleidung? Schaut die Lilien auf dem Feld an, wie sie wachsen: sie arbeiten nicht, auch spinnen sie nicht. [...] So denn Gott das Gras auf dem Felde also kleidet, das doch heute steht und morgen in den Ofen geworfen wird: sollte er das nicht viel mehr euch tun, o ihr Kleingläubigen? Darum sollt ihr nicht sorgen und sagen: Was werden wir essen? Was werden wir trinken? Womit werden wir uns kleiden? [...] Denn euer himmlischer Vater weiß, dass ihr des alles bedürfet.«

Als ich das zum ersten Mal las, dachte ich: Was ist das eigentlich für ein anmaßender Text? Wie soll das funktionieren: Sorgt euch nicht? Wie kann man sich denn nicht sorgen auf dieser Welt? Was ist das für eine Zumutung? Wer sagt: »Sorgt euch nicht!« kann nur ein Zyniker sein. Nicht nur, wenn wir in die große weite Welt schauen, sondern auch, wenn wir auf uns, auf unser Land schauen, kann man nicht anders, als sich sorgen. Wie gehen wir mit Andersdenkenden um? Wie mit Andersgläubigen? Wie mit jenen, die im sozialen Abseits stehen? Wie mit Alten und Gebrechlichen? Und was ist mit unseren persönlichen Sorgen: Wie schaffe ich meinen Alltag? Wovon soll ich leben? Was mache ich, wenn ich krank werde? Werde ich in Würde alt werden können? Reichen Geld und Kraft, um mich und die Meinen zu versorgen? Das sind doch reale, berechtigte Sorgen. Wer die negiert, stellt sich über das Leben.

Damals, zur Zeit der Bergpredigt, war die Not noch viel größer: Mehr als 90 Prozent der Menschen waren arm, zum Teil sehr arm. Heute würden wir sagen: Sie lebten unter dem Existenzminimum. Eine Mittelschicht gab es nicht. Die Leute lebten im Elend. Wie sollten sie da Jesu Worte verstehen? Die Sorgen um Nahrung, um Kleidung waren viel mehr als heute tägliche Sorgen. Es ging um das eigene Überleben. Und da sagt Jesus: »Sorget nicht um euer Leben, was ihr essen und trinken werdet; auch nicht um euren Leib, was ihr anziehen werdet. Ist das Leben nicht mehr als die Speise und der Leib nicht mehr als die Kleidung?« Wenn man sich ums Allernötigste sorgt, klingt das wie Hohn und Spott!

Als ich die Verse zum zweiten Mal las, kam ich zu keinem besseren Ergebnis. Denn auch das steckt in dem Text: Wenn wir uns also nicht sorgen sollen, dann lassen wir es eben und machen es uns stattdessen bequem. Wenn Gott für uns sorgt und überdies auch noch weiß, was wir brauchen: Warum sollten wir uns dann noch um etwas kümmern? Sorgt Gott schon für die Vögel und die Blumen, um wie viel besser kümmert er sich dann um uns, die wir doch viel mehr sind als sie, wie es in der Bergpredigt heißt? Was für eine vortreffliche Einladung, nichts zu tun, faul zu sein und das Leben zu genießen. Was für ein großartiger Freibrief!

Doch nichts von beidem ist in der Bergpredigt gemeint. Weder werden wir verhöhnt, wenn wir uns sorgen. Noch sollen wir träge sein und selbstgerecht, wie dieses »Sorgt euch nicht« vermuten lässt. Denn es gibt zwei Arten des Sorgens: das Sorgen *um* und das Sorgen *für*. Die englische Sprache zum Beispiel kennt zwei Worte für diesen Begriff: to worry und to care. Jemand, der »worries«, sorgt sich *um* jemanden. Jemand, der »cares«, sorgt *für* jemanden.

»Um« oder »für« – in diesen kleinen Worten, dem Sorgen hinzugefügt, zeigt sich, dass Selbstherrlichkeit, Spott und Zynismus fehl am Platz sind, wenn wir die Bergpredigt lesen. Diese kleinen Worte »um« und »für« zeigen, dass sie beides im Blick hat: das Sorgen und das Kümmern. Wenn es in der Bergpredigt heißt, »sorget nicht um euer Leben, was ihr essen und trinken werdet; auch nicht um euren Leib, was ihr anziehen werdet«, bedeutet das nichts anderes als: Sorgt euch nicht *ängstlich* um euch selbst, denn Gott sorgt für euch. Gott will, dass wir den Blick von uns ab- und anderen zuwenden, anderen Menschen, anderen Problemen. Er will, dass wir uns kümmern. Seine Zusage, für uns zu sorgen, soll uns halten und versichern, dass wir es schaffen, auf dieser Welt zu leben. Seine Zusage gibt uns Freiheit. Freiheit zum Leben, Freiheit zum Handeln. Und zu tun gibt es genug.

Dürfen wir uns nun nicht mehr sorgen? Natürlich dürfen wir das. Wenn es diesen Gott tatsächlich gibt, kennt er unsere Sorgen. Auch in der Bergpredigt steht nicht, dass wir uns nicht sorgen dürfen.

Dass wir uns sorgen, ist nicht schlimm. Das sollte uns nicht irritieren. Ich sorge mich nicht um das Sorgen. Denn das Sorgen macht mich demütig. Es hält mich davon ab, überheblich zu werden. Es hält mich davon ab zu glauben, dass ich alles kann. Dass es um *mich* geht im Leben und nicht um die anderen. Das Sorgen erinnert mich an das Wesentliche des Lebens: das Leben selbst; das Leben, das Jesus in der Bergpredigt der Plage entgegensetzt.

Sich zu sorgen ist nicht falsch, sondern gut. Gott will, dass wir uns sorgen. Aber nicht ängstlich, sondern getrost. So versorgt bin ich schwach und stark zugleich: Die Sorge, die mich umtreibt, macht mich demütig. Die Zuversicht, dass Gott für mich sorgt, macht mich stark – stark für ein Leben, das nicht in meiner Hand liegt.

Wenn wir aufhören, uns zu sorgen, und aufhören zu zweifeln, verlieren wir unsere Maßstäbe für unsere Welt. Wer aufhört, sich zu sorgen und (auch an sich) zu zweifeln, läuft Gefahr, zum Ideologen zu werden und seinen Glauben zu missbrauchen. Der hört auf, nach Lösungen und Antworten zu suchen, die die Welt braucht und nicht zerstört. Der macht sich dickhäutig, undurchlässig, unzugänglich. Wer sich nicht mehr sorgt und nicht mehr zweifelt, vergisst, was Demut ist. Und was Verantwortung heißt. Verantwortung, und nicht Wahnsinn.

Glaube, Hoffnung, Liebe. Ein Glaube, der uns in den Wahnsinn treibt, ist nicht der Größte unter ihnen. Ein Glaube, der uns überheblich macht, auch nicht. Der Glaube aber, der die Sorge kennt und den Zweifel, der ist groß.

II

Von Grundlagen:
Bibel und Kirche

2 Selig sein? – Schön wär's!

Was mich ausmacht und was das aus mir macht (II) /
Matthäus 5, Vers 8

Das reine Herz und die wütende Seele

Als mein Bruder starb, wählten unsere Eltern diesen
Spruch für ihn aus: »Selig sind, die reinen Herzens
sind; denn sie werden Gott schauen.« (Matthäus 5,
Vers 8)

Ich fand ihn sofort richtig. Die Sache mit dem reinen
Herzen hat mich schon als Kind fasziniert. Vielleicht
lag das an dem Gebet, das meine Mutter mit mir abends
sprach: »Schaffe in mir, Gott, ein reines Herz und gib
mir einen neuen gewissen Geist. Verwirf mich nicht
von deinem Angesicht und nimm deinen Heiligen
Geist nicht von mir.« (Psalm 51, Verse 12–13) Und
nun, Jahrzehnte später: »Selig sind, die reinen Herzens
sind; denn sie werden Gott schauen.« Die Seligpreisung
hatte etwas Tröstliches bei aller unendlichen Trauer.
Mein Bruder würde Gott schauen. Gott, den ich so oft
suche, Gott, an dem ich so viel zweifele. Gott, von dem
ich gar nicht weiß, ob der Bruder je an ihn glaubte.

Aber hatte mein Bruder überhaupt ein reines Herz?

Er war der wunderbarste Mensch, den ich kannte. Alle mochten ihn. Er war Bildhauer. Er sah Dinge, die andere nicht sahen. Er sah mit dem Herzen, und das sah man seinen Werken an. Er spürte Ungerechtigkeiten, bevor sie geschehen waren. Er setzte sich für andere ein, oft ohne dass sie es merkten. Doch war sein Herz tatsächlich rein? Er hatte doch Laster, wie wir alle Laster haben!

Hat bloß der ein reines Herz, der nur das Gute denkt und tut? Der frei von Fehlern ist? Der ein glattes Leben ohne Zweifel führt? Kann nur so jemand selig sein? Bekommt nur er die in der Bergpredigt versprochene »Belohnung«, dass er Gott schauen wird? Was ist mit denen, deren Leben voller Brüche ist? Die in Krisen geraten, oft unverschuldet, ihre Arbeit verlieren zum Beispiel, und darum verbittert sind? Die krank werden und darum an sich, an Gott und der Welt zweifeln, verzweifeln? Die sich als Menschen zweiter Klasse empfinden, aus welchen Gründen auch immer? Die aufgebracht sind und aus der Haut fahren, weil sie sich ungerecht behandeln fühlen? Wer hat denn eigentlich keine Brüche im Leben? Der Mensch ist doch ein Mensch und kein künstliches Wesen. Können wir darum alle miteinander, die wir oft Gründe haben, verzweifelt und wütend zu sein, nicht reinen Herzens sein und darum auch nicht selig?

Der Satz auf der Anzeige, der mir auf Anhieb so einleuchtend schien, ließ mich auf einmal stutzig werden. Denn mein Bruder konnte zornig sein. In seiner Seele konnte es wüten, dass es nur so krachte. Er konnte aus der Haut fahren, böse denken und andere verfluchen. Und wie! Und doch war der Spruch genau richtig für ihn. Nicht der Satz hat mich davon überzeugt, sondern er, der Bruder.

Denn ob wir ein reines Herz haben, hängt nicht von anderen und anderem ab, sondern von uns. Wir wissen doch selbst am besten, ob unser Herz rein ist, ob wir mit uns im Reinen sind. Oder anders gesagt: ob wir ein gutes oder schlechtes Gewissen haben.

Als mein Bruder krank wurde, wollte er vor allem eines: mit sich und den anderen im Reinen sein. Der Gedanke, dass da etwas übrig sei an Missstimmungen und Missverständnissen, dass da etwas offen sei in seinem Leben, war ihm unerträglich. Je mehr sich die Dinge für ihn klärten, desto friedlicher wurde er. Da habe ich zum ersten Mal verstanden, was es heißt, mit sich im Reinen zu sein.

Mit sich im Reinen zu sein heißt, dass das, was wir sagen und tun, mit dem übereinstimmt, was wir tief im Innern fühlen und denken. Mit sich im Reinen zu sein heißt, dass Innen und Außen zusammenpasst.

Das Herz lässt sich nicht in die Irre leiten, auch nicht von noch so gut gemeinten Worten, egal ob man an Gott glaubt oder nicht. Es weiß genau, wann wir uns betrügen. Das Herz ist nicht nur ein Ort des Fühlens, sondern auch des Verstehens. Es lässt uns keine Ruhe, bis wir den Ursachen der Unruhe auf den Grund gehen und sie ausräumen. Das kennt jeder von sich: ein Streit, eine falsche Anschuldigung hier, ein böses Wort, ein ungerechtes Verhalten dort – auch wenn kein anderer merkt, wie es uns damit geht, unser Herz spürt es genau. Wer mit sich, mit seinem Gewissen, mit Gott, wenn er denn glaubt, nicht im Reinen ist, der merkt das. Genauso wie das Gegenteil, wenn man mit sich, mit seinem Gewissen, mit seinem Gott im Reinen ist.

Natürlich ist das ein Ideal. Wie schnell gerät man in Gewissenskonflikte. Es gibt Situationen, in denen das, was ich für richtig halte, dem Wohl von anderen, von Familie, von Freunden entgegensteht. Was ist dann wichtiger, was ist dann richtig? Wer kennt solche Situationen nicht? Sind das – wie manche sagen würden – die Prüfungen, die Gott uns auferlegt und die uns an ihm und seiner Güte zweifeln lassen? Am Ende bleibt nur das Herz, das wir fragen können. – Und unsere Entscheidung, mit der wir leben müssen.

Ein reines Herz ist kein Dauerzustand, dafür sind wir zu fehlbar. Aber einer, auf den hinzuwirken sich lohnt. Denn ein reines Herz macht frei.

Mit sich, mit Gott, mit seinem Gewissen im Reinen zu sein, ist die größte Freiheit, die ich kenne. Sie gibt Kraft zum Leben. Das ist es vielleicht, was gemeint ist, wenn es in der Seligpreisung heißt, Gott zu schauen. Nicht erst in Zukunft, sondern jetzt.

Diese Freiheit hat nichts mit Überheblichkeit zu tun. Diese Freiheit bedeutet nicht: Ich bin stark und unangreifbar. Sie bedeutet: Ich bin schwach und anfechtbar. Die Freiheit, die aus dem reinen Herzen kommt, ist eine demütige Freiheit. Denn das Herz weiß, wie unvollkommen wir sind. Nur wer auf sein Herz hört, erkennt, dass er Fehler hat und Fehler macht.

Das reine Herz und die Sehnsucht
nach Versöhnung

Wer auf sein Herz hört, weiß, dass er andere um Vergebung bitten und auch selbst verzeihen muss, dass nur so Versöhnung möglich ist. Auch das kennt jeder von sich selbst. Um Vergebung zu bitten und selbst zu verzeihen, ist alles andere als leicht. Doch Versöhnung zu leben, das ist zuweilen noch schwerer.

Umso mehr bewundere ich Menschen, die das können. Es gibt berühmte Beispiele wie Mahatma Gandhi oder Mutter Teresa, Martin Luther King oder Nelson Mandela. Und es gibt Menschen, die weniger berühmt sind. Zwei von ihnen will ich erwähnen. Weil sie etwas taten, was alles andere als üblich war.

Einer von ihnen ist Ismael Khatib. Zu einiger Bekanntheit kam er durch den Dokumentarfilm *Das Herz von Jenin*. Es ist die Geschichte eines Palästinensers aus Jenin im Westjordanland, dessen zwölfjähriger Sohn Ahmed im November 2005 mit einem Plastikgewehr gespielt hatte und erschossen wurde. Ein israelischer Soldat hatte gedacht, die Waffe sei echt. Der Vater des Kindes, Ismael Khatib, schwor daraufhin nicht Rache, sondern spendete die Organe seines Sohnes. Er tat dies in dem Wissen, dass unter den kleinen Empfängern auch ein Beduinensohn, eine Tochter drusischer Eltern und ein Kind aus einer jüdisch-orthodoxen Familie waren – Kinder aus Israel. Ismael Khatib war kein frommer Mann. Er handelte aus Menschlichkeit – um Kindern zu helfen: »In ihnen lebt Ahmed weiter.« Das war sein Trost. Die Geschichte von Ismael Khatib wurde zu einem Symbol einer Versöhnung zwischen Palästinensern und Israelis.

Der andere Mann wurde nie berühmt: Es ist Uwe Holmer, ein Pfarrer aus Lobetal in Brandenburg. Am 30. Januar 1990, also kurz nach der Friedlichen Revolution, hatte er Erich Honecker und seiner Frau Margot »Asyl« gewährt, Asyl im eigenen Land. Holmer leitete die Hoffnungsthaler Anstalten, die Friedrich von Bodelschwingh 1905 für Obdachlose gegründet hatte. Nun, Jahrzehnte später, waren es die Honeckers, die obdachlos geworden waren. In Berlin konnten sie nicht bleiben, die Politbürosiedlung war aufgelöst worden, und eine Wohnung nehmen, das wollten sie nicht, zu groß war die Angst vor der aufgebrachten Bevölkerung. Es war Rechtsanwalt Wolfgang Vogel, der für sie den Kontakt zur Kirche hergestellt hatte. Und Uwe Holmer, der ihnen half. Ein Mann, dessen Kinder in der DDR nicht das Abitur machen durften. Ein Mann, der seinem Glauben folgte. »Wir konnten doch nicht beten ›Vergib uns unsere Schuld, wie auch wir vergeben unseren Schuldigern‹ und danach nicht leben«, schrieb Holmer Jahre später. »Wir dachten an das Außergewöhnliche der Stunde und den Auftrag von uns Christen, Vergebung zu üben, Versöhnung zu leben.« Wenn überhaupt, so Holmer, sei »hier, mitten in der christlichen Gemeinde, der Ort« gewesen, »wo man der Rache von Menschen begegnet und ein Zeichen setzen könnte: Vergebung besiegt Hass«. Und das in einer Zeit, in der die Friedliche Revolution zwar friedlich gewesen war, die Stimmung gegen die »Bonzen« dagegen keineswegs. Auch die Geschichte von Uwe Holmer ist das Symbol einer Versöhnung, einer Versöhnung zwischen Ost und Ost.

Uwe Holmer in Lobetal, Ismael Khatib in Jenin – die beiden einte eins ganz gewiss: das reine Herz.

Die Friedfertigen und die Sache mit der Schuld

Das Vaterunser, aus dem Uwe Holmer zitierte, ist das zentrale Gebet der Christen. Und seine wichtigste Botschaft ist vielleicht tatsächlich die von Schuld und Vergebung. Denn wer von uns ist schon frei von Schuld? Wer von uns braucht keine Vergebung? Wer von uns erträgt es lang, wenn er im Streit mit anderen liegt? Wer bekommt denn kein schlechtes Gewissen, wenn er einen anderen zu Unrecht beschuldigt, beschimpft, ihm Unrecht tut? Wer von uns sucht denn nicht den Weg zurück?

Und natürlich wünschen wir, die wir glauben, dass auch Gott uns vergibt. Doch muss er das denn? Muss Gott uns verzeihen? Ist das überhaupt die richtige Frage? Nein. Die richtige Frage lautet: Klagt er uns an?

»Gott vergibt uns nicht, weil er uns gar nicht erst verdammt«, lässt der Regisseur des schwedischen Films *Wie im Himmel,* Kay Pollak, eine der Hauptdarstellerinnen sagen. Der Film erzählt in feinen Strichen von der Rolle der Kirche in einem kleinen Ort, die durch einen Dirigenten und seine Musik ins Wanken gerät. Inga gibt sie den Mut, sich aus den Zwängen der Kirche zu befreien. Gott kenne die Sünde nicht, sagt Inga, deren Mann der Pfarrer ist, lapidar. Die Sünde sei eine Erfindung der Kirche. Anders gesagt: der Menschen. »Gott vergibt uns nicht, weil er uns gar nicht erst verdammt.« Was für ein Satz!

Der Wunsch, dass Gott uns verzeiht, ist verständlich, weil wir von ihm genauso angenommen sein wollen, wie wir von Menschen angenommen werden wollen. Aber Gott ist keine Person; er verstößt uns nicht, selbst wenn wir schuldig werden. Er nimmt uns, wie wir sind. »Euer Vater weiß, was ihr bedürfet, ehe denn ihr ihn bittet«, heißt es im Neuen Testament bei Matthäus an der Stelle, an der es um das Vaterunser geht. Im Alten Testament, im Psalm 139, steht das noch konkreter: »Herr, du erforschest mich und kennest mich. Ich sitze oder stehe auf, so weißt du es; du verstehst meine Gedanken von ferne. Ich gehe oder liege, so bist du um mich und siehst alle meine Wege. Denn siehe, es ist kein Wort auf meiner Zunge, das du, Herr, nicht schon wüsstest. Von allen Seiten umgibst du mich und hältst deine Hand über mir.«

Mit anderen Worten: Gott muss uns nicht vergeben. Er braucht unser Flehen nicht. Wir sind es, die es brauchen.

Unsere Bitte an Gott, uns zu vergeben, ist letztlich nichts anderes als die Bitte, *uns* dabei zu helfen, unser schlechtes Gewissen loszuwerden und uns selbst zu verzeihen, unser reines Herz wiederzufinden. Ein reines Herz bekommen wir nur durch uns selbst. Wenn wir ehrlich zu uns sind, unsere Fehler bei uns suchen und zu ihnen stehen. Ein Fehler wird nicht dadurch zum »Nichtfehler«, dass wir beten. Ein Fehler wird zum »Nichtfehler«, wenn wir ihn erkennen und abstellen. Dann ist unser Herz wieder rein – wenn natürlich auch nicht gefeit vor neuen Fehlern. Ein Gebet dient zwar immer der Suche nach Gott und der Bitte um Hilfe. Es dient aber auch der Selbstvergewisserung, der Selbstläuterung, wenn man so will. Es dient nicht Gott, sondern uns.

Wenn es stimmt, dass Gott uns nimmt, wie wir sind, müssen wir ihn auch nicht um Vergebung bitten. Da sind wir selbst gefragt. Denn wir sind es, die andere verdammen, andere kränken, die in »Versuchung« geraten, die »Böses« tun. Die »schuldig« werden und »Vergebung« brauchen, um in der Sprache des Vaterunsers zu bleiben. So wenig wir das Böse in der Welt und in uns auf Gott abwälzen können, so wenig können wir ihm die Vergebung aufbürden. Ein Gott, der weiß, was wir benötigen, noch ehe wir ihn darum bitten, der weiß auch, dass wir Vergebung brauchen. Aber weder beim »Bösen« noch bei der »Vergebung« können wir uns unserer Verantwortung entziehen. Auch nicht beim Thema Versöhnung.

»Selig sind die Friedfertigen«, heißt es in der Bibel, »denn sie werden Gottes Kinder heißen.«

Es ist gar nicht so einfach, ein Kind Gottes zu sein.

Vom Erden- und vom Himmelreich

Es ist ohnehin nicht leicht, die Bibel zu verstehen. Schauen wir nur auf zwei andere Seligpreisungen. Wenn vom »Erdreich« die Rede ist oder vom »Himmelreich«. »Selig sind die Sanftmütigen; denn sie werden das Erdreich besitzen«, heißt es bei Matthäus 5, Vers 5. Und in Vers 10: »Selig sind, die um Gerechtigkeit willen verfolgt werden; denn das Himmelreich ist ihr.«

Für beides fallen einem Menschen ein: Mutter Teresa zum Beispiel. Wie kaum ein anderer stand sie für Sanftmut. Und sie wirkte auf Erden, keine Frage. Oder die Geschwister Scholl. Sie wurden verfolgt wie alle, die sich in der Zeit des Nationalsozialismus gegen Hitler stellten. Sie glaubten an Gott und vielleicht auch an das Himmelreich.

Aber: Mutter Teresa arbeitete nicht, um das Erdreich zu besitzen, nichts war ihr fremder, als von Besitz zu sprechen. Die Widerstandskämpfer wiederum setzten ihr Leben nicht dafür aufs Spiel, um in den Himmel zu kommen, sondern um ihr Land zu verändern.

Nach der Bibel ist das Erdreich den Sanftmütigen vorbehalten, der Himmel dagegen den Verfolgten. Entspricht das überhaupt deren Willen? Ist nicht das Gegenteil genauso wahrscheinlich? Wollen nicht gerade die Sanftmütigen vielleicht lieber den Himmel besitzen, weil es auf Erden so unsanft zugeht und sie nicht gerne streiten? Wollen nicht gerade die Verfolgten vielleicht lieber auf Erden bleiben, weil sie nur hier für ihre Rechte kämpfen können, weil sich nur hier Politik verändern lässt?

Weiter gefragt: Wären diese Verfolgten dann nicht selig? Könnten Sanftmütige, die lieber den Himmel als die Erde »besitzen« wollen, nicht selig sein?

Das ist Unsinn, und das liegt auf der Hand. So schön die Seligpreisungen auch sind, so einleuchtend, ja einfach sie klingen: Etwas stimmt mit ihnen nicht.

Was ist zum Beispiel mit denen, die nicht an das Vorbildliche der Bergpredigt herankommen? Können die, die ein reines Herz (also ein reines Gewissen) haben wollen, es aber nicht schaffen, weil es ihnen nicht gelingt, um Vergebung zu bitten, vielleicht weil ihr Schmerz zu groß ist, nicht Gott schauen? Sind die, die friedfertig sein wollen, es aber nicht können, weil das Leben sie bitter gemacht hat, keine Kinder Gottes? Ist das Himmelreich nicht auch derer, die an Gerechtigkeit nicht mehr glauben, weil sie so viel Ungerechtigkeit erfahren haben? Werden nur die getröstet sein, »die da Leid tragen«, aber die nicht, die ihr Leid nicht ertragen und vielleicht darum auch nicht tragen können? Sind die, die nicht barmherzig sein können, weil sie mit ihrer Barmherzigkeit vielleicht schlechte Erfahrungen gemacht haben, nicht selig? Wenn doch Gott niemanden verdammt, wenn doch Gott alle annimmt, wie sie sind, so sind doch alle auch selig.

Oder nicht?

Und was ist mit denen, die in den Seligpreisungen gar nicht verkommen, wie die Glaubenden, die Hoffenden, die Liebenden aus dem Korintherbrief? Oder die Gütigen, die Helfenden, die Kümmerer, die Geduldigen? Und die Zweifler, die Suchenden, die Ungeduldigen, die Wartenden: Sind die nicht selig?

Die Bibel, das Menschenbuch

Die Bibel ist ein Menschenwerk, und Menschen schreiben auf, was ihnen einfällt: was sie glauben, woran sie denken, was sie erleben oder tun. So ist es kein Wunder, dass nur ein paar »Selige« genannt sind. Was aber wäre mit ihnen, wenn sie nicht in der Bergpredigt stünden, sondern woanders? Wenn etwa die Barmherzigen nicht in der Bibel vorkämen, sondern in einem anderen Schriftstück? Auf einem verrottenden Papier? Auf einem harten Stein? In einer weichen Baumrinde? Wären sie dann ausgeschlossen von der Seligkeit?

Die Bibel kommt nicht von Gott, sie ist kein Gotteswerk. Die Bibel ist kein Buch Gottes, sondern ein Buch von Menschen, die über ihre Erfahrungen mit Gott und ihrem Glauben geschrieben haben. Die »Heilige Schrift« ist nicht heilig, auch wenn sie vielen heilig ist. Die Bibel ist ein Abbild ihrer Zeit. Sie ist ein großes Bekenntnis dieser Zeit, ein großartiges und unverwechselbares. Aber eben nicht göttlich oder heilig.

Es ist ein Irrtum zu glauben, dass alles, was in der Bibel steht, auch wahr ist, und das, was nicht darin steht, nicht dazugehört. In der Bibel steht nicht Gottes Wort, sie besteht aus Wörtern der Menschen. Es ist falsch zu meinen, die Bibel sei ein Beleg für die Existenz Gottes. Die Bibel ist ein Beleg für die Existenz von Menschen, die an Gott glaubten. Sie ist ein Beleg für die nie endende Suche der Menschen nach dem Sinn – eine ewige Suche über alle Zeiten und Grenzen hinaus. Das macht sie so besonders. Darum könnte sie auch ohne Probleme fortgeschrieben werden.

In gewisser Weise wird sie das auch. Nicht nur von Menschen, die davon beruflich etwas verstehen, wie Pfarrer und Theologieprofessoren, sondern auch von Nichttheologen aller Art. Sie wird nicht nur fortgeschrieben in theologischen Vorträgen und philosophischen Vorlesungen, sonntäglichen Predigten und täglichen Gebeten, sondern auch in der Architektur, der Bildhauerei, in Filmen und der Malerei, in der Kunst allgemein, in der Musik, wie in Opern oder Instrumentalstücken (man denke nur an Bach!), und in Büchern.

Manchmal sagen schon Kinder Sätze, die einen staunen und die Bibel weiterdenken lassen. Es sind vor allem die Kinder, die uns hellhörig machen. Kinder, die angeblich so wenig wissen.

»Selig sind, die da geistlich arm sind«, heißt es in der Bergpredigt, »denn das Himmelreich ist ihr.« Mit diesem Satz beginnen die Seligpreisungen. In diesem Vers ist eigentlich alles gesagt.

Geistlich arm bedeutet, arm vor Gott zu sein. Geistlich arm, so deuten es viele, sind Menschen in höchster Not, die am Boden sind und verzweifelt, die nicht mehr weiterwissen. Die ihren Gott nicht mehr verstehen; deren Hoffnung, deren »Geist« zerschlagen ist, wie es bei Jesaja 57, Vers 15 heißt: »Denn so spricht der Hohe und Erhabene, der ewig wohnt, dessen Name heilig ist: Ich wohne in der Höhe und im Heiligtum und bei denen, die zerschlagen und demütigen Geistes sind, auf dass ich erquicke den Geist der Gedemütigten und das Herz der Zerschlagenen.«

Keine Frage: Die sind selig.

Aber auch Menschen, denen es besser geht, können geistlich arm sein. Arm vor Gott ist nicht (nur) der, der arm im Wortsinne ist. Arm vor Gott ist, wer bescheiden ist und nicht überheblich. Wer »demütigen Geistes« ist, wie es bei Jesaja heißt.

Man muss nicht Theologie studieren, um etwas von Gott zu verstehen, auch wenn das sicher helfen kann. Der Glaube an Gott hängt auch nicht von der Bibel ab. Aber die Bibel hilft, etwas über den Glauben zu lernen, etwas von ihm zu begreifen. Das Buch der Bücher mit seinen unglaublichen Geschichten ist wie kaum ein anderes geeignet, die Menschen zu verzaubern, aber auch zu verwirren. Es sind gerade die unglaublichen Geschichten, die einen glauben lassen und wieder stutzig machen; mit anderen Worten: nicht träge, sondern wach.

Das macht mir die Bibel unersetzbar.

Die Kirche, das Menschenhaus

Wenn aber schon die Bibel ein Menschenwerk ist, um wie viel mehr trifft das für die Kirche zu? Für die Kir-

che im doppelten Wortsinn: die Kirche als Gemeinschaft, als Organisation, und die Kirche als Gebäude.

Die Kirche als Gebäude ist ein Raum, mag das ein
Dom, eine Kapelle, eine Kathedrale, ein Münster, eine
Basilika oder das sein, was wir als Oberbegriff dafür
kennen: eine Kirche eben. Sie ist kein Gotteshaus, das
Gott gehört, sondern ein Menschenhaus, das den Menschen gehört. Sie bezahlen dafür, sie bauen es. Die Kirche ist kein Haus, in dem Gott wohnt, sondern ein
Haus, in dem Menschen sind. Es mag als Gebäude von
Menschen für Gott gedacht sein, in Wahrheit aber ist
es ein Bauwerk von Menschen für Menschen. In ihm
suchen sie Gott, dort beten sie zu ihm, da preisen sie
ihn.

Wäre ein Gotteshaus auf einen Kirchenbau beschränkt, hieße das, dass nur dort auch Gott ist. Wer
die Gotteserfahrung kennt, der weiß, dass das nicht
stimmt. Lässt sich das Paradies in einem Garten nicht
viel leichter erkennen als in einem Gebäude? Wie viel
intensiver kann einem Gott begegnen, wenn man drau-
ßen ist und nicht drinnen; wenn man in der Natur ist
und nicht in einem Raum; wenn man frische Luft atmet
statt schweren Weihrauch; wenn man Vögel singen
hört statt eines Pastors. Wenn man im Licht ist und
nicht im Dunkeln tappt. Wenn man die Sonne sieht
und nicht das Kreuz. Wenn man das Leben spürt und
nicht den Tod. Wer den Glauben kennt, für den ist das
ganze Erdreich ein Gotteshaus – weil sich die Schöpfung, anders als jede noch so ergreifende Architektur,
dem Menschen entzieht.

Trotzdem möchte ich auf Kirchen nicht verzichten; ich gehe gern dorthin, denn sie verändern mich. Ob ich in der Frauenkirche in Dresden, in einer katholischen Dorfkirche in Bayern oder in der Gedächtniskirche in Berlin bin, stets ergreift mich die Ehrfurcht. Wenn ich in Dresden Versöhnung erahne, in Bayern den Weihrauch rieche – ja, ich mag den Geruch – oder in Berlin die blauen Fenster des Franzosen Gabriel Loire sehe, dazu die Christusfigur des Münchner Künstlers Karl Hemmeter, stets verstumme ich.

Ich kann verstehen, dass Menschen Kirchen erhalten wollen, vor allem im Osten des Landes, wo die Mitgliederzahl lange schrumpfte. Gott war dem Sozialismus ein Feind. Die Jugendweihe verdrängte die Konfirmation. Die jahrzehntelange Entfremdung von der Kirche hatte System. Die Bauten zerfielen. Abwanderung und Überalterung taten später das Ihre. Eine Gemeinde – ein Pfarrer, das gibt es in den meisten Gegenden schon lange nicht mehr. Mag die Kirche als Religionsgemeinschaft den Menschen auch fern sein, die Gebäude wollen sie nicht missen. Es gibt viele Initiativen im Osten, die sich um die Erhaltung, den Um- oder Ausbau kümmern, zum Beispiel in Mecklenburg-Vorpommern, einem besonders dünn besiedelten Bundesland. Es sind Architekten, Denkmalpfleger und Kunsthistoriker, die sich kümmern, Glasmaler, Kirchenmusiker und natürlich Theologen. Aber der eigentliche Wunsch, die Kirchen zu retten, kommt nicht von außen, sondern von innen, von den Menschen, die dort leben. »Wäre die Kirche weg, wäre auch der letzte Ort und das letzte Zeichen der Zusammengehörigkeit verloren«, schrieb Arvid Hansmann einst in der *FAZ*. Wäre die Kirche weg, wäre auch ein Ort zum Innehalten verloren, ein Raum zur Einkehr, den es im hektischen Alltag kaum noch gibt.

Ich kenne viele Menschen, die von »der Kirche« nichts halten und wohl auch nicht von Gott. Aber sie besuchen Kirchenhäuser, um innezuhalten. Sie suchen das Echte, Erbauung, ihren »Seelenfrieden«. Und erfahren Geistiges, »Überirdisches«, wie manche sagen. Vielleicht also doch etwas Göttliches? Ihnen kommen die Tränen, ohne zu wissen warum. Sie kommen zu sich, ohne zu ahnen wieso. Das gilt in Ost und in West. Das Bedürfnis nach dem Raum ist überall dasselbe.

Auch mir ist die Kirche aus diesem Grund wichtig. Wo immer ich bin, gehe ich in eine Kirche. Wo immer es geht, zünde ich eine Kerze an, mag das nun katholisch sein oder nicht, das ist mir egal. Es ist der Raum, der mich bewegt, die Stille, die Ruhe, der »organisierte Gott«, wenn man so will. Wenn ich selbst eingeladen bin, in einer Kirche zu sprechen, rede ich anders als an jedem anderen Ort. Ob Andacht, Vortrag oder Bibelarbeit: der Ort macht den Unterschied. Er prägt.

Aber die Kirche ist eben nicht alles. Wie die Bibel nicht die Existenz Gottes beweist, sondern die Existenz von Menschen, die an ihn glaubten, so ist auch ein kirchliches Bauwerk kein Beweis für die Existenz Gottes, sondern für die Existenz von Menschen, die ihn anbeten. Das macht Kirchengebäude nicht unwichtig, das macht sie nicht klein. Das beschränkt sie nur auf das, was sie sind: Kirchen. – Die einen packen können.

Vom Priestertum aller Menschen

In Kirchen lässt sich viel von Gott erfahren, natürlich, dafür sind sie schließlich da. Gottesdienst nennen wir die Stunde, die wir dort feiern. Dabei ist das eigentlich das falsche Wort. Denn ein Gottesdienst ist kein Dienst Gottes, kein Dienst von Gott, sondern ein Dienst des Menschen. Von Menschen für ihren Gott, aber vor allem für Menschen. Wie die Bibel und die Kirchen ist auch der Gottesdienst von Menschen gemacht. Ob wir ihn Messe, Andacht, Hochamt oder wie auch immer nennen: Gottesdienst ist Menschendienst. Das macht ihn wunderbar. Das gefährdet ihn aber auch.

Im Gottesdienst wird Gottes Wort verkündet, darum geht man ja auch hin. Predigt heißt der Vortrag, den der Pfarrer hält. Worte, in einer Predigt gesprochen, haben ein besonderes Gewicht. Worte von professionellen Gottesdienern haben generell ein anderes Gewicht, auch wenn sie nicht in einer Kirche fallen. Darum sollte der, der sie spricht, behutsam sein. Wer über das Wort Gottes redet, sollte seine Worte mit Bedacht wählen. Weder die Kanzel noch einen anderen Ort darf man im Namen Gottes missbrauchen, um Menschen in die Enge zu treiben, wie das leider immer wieder geschieht. Menschen zum Beispiel, die in Not geraten und nicht (nur) nach göttlicher Hilfe suchen, sondern (auch) nach tatsächlichen Auswegen. So ist es unerträglich, wenn etwa der eine Gottesmann Frauen »Gebärmaschinen« nennt, wenn es um staatliche Förderungen für Mütter und Kinder geht, oder ein anderer kurz nach der Atomkatastrophe im japanischen Fukushima, einem nuklearen Supergau also, von Schwangerschaftsabbrüchen als einem »täglichen Supergau« spricht.

Gewiss, das sind Extreme, und Gott sei Dank kommen sie selten vor. Aber immer denke ich, wie viel überzeugender es sein kann, Gottes Wort von Menschen zu hören, die Gottes Wort nicht studiert haben, sondern schlicht daran glauben. Müssen das immer Pfarrer, immer Theologen sein?

Es war Martin Luther, der den Pastoren das alleinige Recht absprach, eine Predigt zu halten. Er widersetzte sich dem katholischen Prinzip, das nur geweihten Priestern die Predigt erlaubt. Nach Luthers Lehre sind die Getauften direkt mit Gott verbunden, sie brauchen darum keine Kirche im verfassten Sinn, sie sind vielmehr selbst die Kirche. Nach Luther ist die Kirche überall da, wo Christen sind. Christen, so Luther, brauchen auch keinen Priester, der ihnen den Weg zu Gott vermittelt oder weist. Sie brauchen noch nicht einmal eine theologische (Aus-)Bildung, geschweige denn die Ordination, um über Gott zu sprechen. »Alle Christen sind wahrhaft geistlichen Standes«, sagte er 1520. »Demnach so werden wir allesamt durch die Taufe zu Priestern geweiht. [...] Was aus der Taufe gekrochen ist, das mag sich rühmen, dass es schon zum Priester, Bischof oder Papst geweiht sei, obwohl es nicht jedem ziemt, dieses Amt auch auszuüben.« Der Katholik Luther propagierte das »Priestertum aller Getauften«, das Protestanten das »Priestertum aller Gläubigen« nennen, also das Priestertum der Laien. Das war ein Kernstück der Reformation. Die Kirchenspaltung, die darauf folgte, hatte Luther nie gewollt.

Seither sind 500 Jahre vergangen. Hat die Welt sich nicht verändert? Sind wir inzwischen nicht weiter? Was ist mit den vielen Ungetauften, die das Land mittlerweile hat, nicht zuletzt durch die deutsche Einheit? Können sie nicht glaubhaft von Gott sprechen? Viele interessieren sich für Gott und seine Wunder mehr als so mancher Bischof, Pfarrer, Theologe oder getaufte Christ. Weil sie die Kirche und ihre Geschichte(n) kaum kennen und mehr darüber wissen wollen; weil für sie Gott und Glauben nicht selbstverständlich sind und sie darum mehr hinterfragen; weil viele zwar vielleicht nicht glauben, sie aber letztlich doch die Ehrfurcht packt vor dem, das auch sie nicht erklären können. Weil sie sich wundern. Und wer weiß: Ist diese Ehrfurcht, dieses Wundern nicht vielleicht auch eine Art des Glaubens?

Beim Kirchentag ist es üblich, die unterschiedlichsten Menschen um Bibelarbeiten zu bitten. Die Vorträge der Laien sind mitnichten schlechter besucht als die der Profis, der Theologen also, der Professoren oder Pfarrer, sondern oft sogar besser. Bei den Laien kann man zuweilen mehr über Gott und den Glauben erfahren als bei beruflichen Gottesdienern. Man muss nicht einmal getauft sein, um eine Bibelarbeit zu halten, auch nach einer Mitgliedschaft wird nicht gefragt. Beim Kirchentag ist aus dem »Priestertum aller Gläubigen« längst ein »Priestertum aller Menschen« geworden.

Würde es sich nicht auch für die Kirchen lohnen, die Predigt allen Menschen zu öffnen, die dem christlichen Glauben offen gegenüberstehen? Denn was ist denn eine Predigt anderes als eine Rede über Gott? Das schmälerte den Dienst von Pastoren keineswegs. Es zeigte nur, dass Gott größer ist als alle, die über ihn reden. Es öffnete die Kirchen für jeden. Das wäre nicht nur für jene interessant, die die Kirche suchen, das bekäme vielleicht auch den Kirchen gut, die die Menschen suchen.

Schon in der ersten Hälfte der 1970er-Jahre diskutierten Katholiken während der Gemeinsamen Synode der Bistümer der Bundesrepublik Deutschland über die Zulassung der Laienpredigt. Ihre Begründung hieß damals: Priestermangel. Das ist ein verständlicher Grund, trifft aber den Kern der Sache nicht. Eine Kirche, die die Laienpredigt bloß um ihrer selbst willen erlaubt, zieht Menschen nicht an, denn es geht ihr offensichtlich nur um sich, die Kirche. Eine Kirche aber, die nicht zur Sekte werden will, muss sich allen öffnen: jenen, die mitmachen wollen, und jenen, die die Kirche selbst braucht: Konservative wie Progressive, Gläubige wie Ungläubige. Zweifler ziehen Zweifler an, Wunderer locken Wunderer an.

Das machte die Kirchen nicht zu einem beliebigen Ort und auch den Gottesdienst nicht zu einer beliebigen Stunde. Es kräftigte die Kirchen vielmehr in ihrem Tun, gerade bei Gottesdiensten.

Auf Gottesdienste möchte ich nicht verzichten. Weil sie von Menschen kommen. Und weil sie Menschen versammeln. Weil sie es mir ermöglichen, von Gott zu hören und dabei nicht allein zu sein. Weil ich mit anderen singen und beten, andächtig oder traurig sein kann oder mich freuen. Das macht mir Gottesdienste unersetzbar.

Die Kirche, die Menschenorganisation

Es sind die Gemeinschaft, die Fröhlichkeit und Ernsthaftigkeit mit anderen, die eine Kirche überzeugend machen. Auch die Kirche als Institution – eine Einrichtung, die natürlich wie die Bibel, der Gottesdienst und das Gotteshaus nicht von Gott kommt, sondern von Menschen.

Die Kirchen als Institutionen sind nicht wegzudenken aus dieser Welt. Kaum eine andere Organisation schafft es wie sie, soziale Dienste zu tun, in Not zu helfen, nicht nur mit Rat in der Seelsorge, sondern auch mit Tat, sei es in Krankenhäusern oder Schulen, Altenheimen oder in der Gefangenenhilfe, in Kindergärten und Pflegeeinrichtungen, Waisenhäusern oder anderen Werken. Ohne die kirchlichen Einrichtungen stünde es schlecht um die Welt; ohne sie wäre das Leben vieler

Menschen viel schwerer. Ohne sie wäre das verfassungsrechtlich garantierte Sozialstaatsprinzip nicht zu halten.

Doch Kirchen und Menschen, die in ihrem Namen arbeiten, sind fehlbar. Das Bekanntwerden von Missbrauch, körperlicher und psychischer Gewalt auch in kirchlichen Einrichtungen hat das »gute« Bild schwer erschüttert, und das wird sich so bald wohl nicht ändern. Die »Aufarbeitung« hat begonnen, immerhin. Aber es steht viel auf dem Spiel. Denn was den Dienst der Kirchen so einzigartig machte, gilt noch immer: Die meisten Menschen, die dort arbeiten, verstehen sich selbst ganz anders als andere. Mit ihrem »Dienst am Menschen« wollen sie auch ihrem Gott dienen. Ihnen sind Werte wichtig, die anderswo weniger zählen: Nächstenliebe, Barmherzigkeit, Fürsorge, Wohltätigkeit, Geduld, Hingabe – eben »Karitas«. Deshalb sind kirchliche Einrichtungen so beliebt, deshalb sind sie denen des Staates oft überlegen. Im »Dienst am Nächsten«, im Katastrophenschutz, in der Entwicklungshilfe oder auf anderen Gebieten.

Dieses Wirken der Kirchen, ob nah oder fern, ist oft der einzige Grund, warum Menschen in der Kirche bleiben. Umso größer ist die Verantwortung, die daraus erwächst. Um der Menschen willen, um die sich die Einrichtungen kümmern, aber auch um der Kirche willen. Kirchliche Einrichtungen sind Einrichtungen von Menschen. Das macht sie so fabelhaft, darin lauert aber auch die Gefahr.

Wer sich im Namen Gottes um Menschen kümmert,

sollte vorsichtig sein, wie er sich gibt. Denn sein Anspruch ist groß. Er vertritt nicht nur sich und »das Gute«, sondern auch den gnädigen Gott, den »himmlischen Vater«, wie es oft heißt. Ein Vater schützt seine Kinder, er kümmert sich um die Seinen. Umso schauerlicher ist jede Form von Missbrauch in kirchlichen Räumen.

Wem es ernst ist um seine Kirche, um seinen Glauben und seinen Gott, der weiß, dass der »Besitz« einer Kirche, ob in Form eines Baus oder einer Organisation, und das Studium der Bibel keine Rechtfertigung für Machtkonzentration und Missbrauch sind. Der will das auch nicht. Denn er weiß: Wer die Kirchen missbraucht, zweckentfremdet nicht nur die Idee, er tut auch der Institution keinen Gefallen. Denn er verschreckt ihre Mitglieder.

Wie weit es damit inzwischen gekommen ist, zeigt ein Blick ins Internet. Gibt man bei Google den Begriff »Kircheneintritte« ein, schlägt die Suchmaschine sogleich das Wort »Kirchenaustritte« vor, selbst wenn man die Vokabel »Kircheneintritte« schon zu Ende geschrieben hat. Das sagt zwar nichts über die Zahl der Ein- oder Austritte aus, aber darüber, was Menschen im Internet suchen: nicht den Zugang zur Kirche, sondern den Fortgang aus ihr.

Enge und Weite: von der Schwierigkeit, Mitglieder zu halten

Eine Kirche, die sich eng macht, verliert leicht ihre Mitglieder. Wer mit den kirchlichen Glaubensgrundsätzen nicht zurechtkommt, der tritt aus. Das bekommt vor allem die katholische Kirche zu spüren, denn ihre Dogmen sind streng. Als Papst Benedikt XVI. im September 2011 in Deutschland war, plädierte er ausdrücklich für eine enge Kirche, die ganz auf ihre Bekenntnisse und ihre Mission ausgerichtet sein sollte. Er nannte das nicht »eng«, er sprach von »Entweltlichung«. Die katholische Kirche, sagte der Papst in Freiburg, dürfe sich in der Welt nicht einrichten und sich den Maßstäben der Welt nicht angleichen. »Um ihrem eigentlichen Auftrag zu genügen«, müsse sich die Kirche anstrengen, »sich von dieser Verweltlichung zu lösen und wieder offen auf Gott hin zu werden«. Nur in weltlicher Armut, so Benedikt XVI., könne man sich »auf wahrhaft christliche Weise der ganzen Welt zuwenden, wirklich weltoffen sein«. Der Papst sprach über die Befreiung von »materiellen und politischen Lasten« und die »Streichung von Privilegien«, was bei den deutschen Bischöfen gleich zu besorgten Debatten führte: Müsse man nun die Kirchensteuer abschaffen? – Aber das ist ein Streit unter katholischen Experten.

Kleiner Exkurs eins: Ist nicht der Wunsch, sich von der Welt abzuwenden, ein Widerspruch zum Missionsauftrag? Steht nicht im Matthäusevangelium ein

Kapitel mit der Überschrift »Der Missionsbefehl«? Hießen die Worte Jesu nach seiner Auferstehung nicht: »Gehet hin und machet zu Jüngern alle Völker: Taufet sie auf den Namen des Vaters und des Sohnes und des Heiligen Geistes und lehret sie halten alles, was ich euch befohlen habe« (Matthäus 28, Verse 19–20)? Das ist doch eine klare Botschaft. – »Das missionarische Zeugnis der entweltlichten Kirche tritt klarer zutage«, sagte dagegen der Papst, »die missionarische Pflicht [...] wird deutlicher sichtbar.« Wie aber will die Kirche ihren Missionsauftrag erfüllen, wenn sie sich »in der Welt nicht einrichtet«? Ist das nicht Resignation? Wer sich resigniert »entweltlicht«, gibt den Missionsbefehl letztlich auf.

Kleiner Exkurs zwei: Tritt die wahre Entweltlichung nicht erst ein, wenn man stirbt, wenn man die irdische Welt also verlässt? Um seine These biblisch zu untermauern, zitierte Benedikt XVI. das Johannesevangelium (17, Vers 16), wonach Jesus sagte: »Sie sind nicht von dieser Welt, gleich wie ich nicht von dieser Welt bin.« Was heißt das für die Menschen, die der Kirche angehören? War Jesus kein Mensch? Lebte er, leben sie nicht in dieser Welt? Muss man sich, weil man zwar *in* dieser Welt lebt, aber nicht *von* dieser Welt ist, auf die Enge einlassen, nicht nur auf die materielle, sondern auch auf die Enge der Glaubensgrundsätze, um die es dem Papst letztlich geht?

Wenn Benedikt XVI. von einer solchen »Entweltlichung« spricht, nähert *er* sich vielleicht *seinem* Gott. Der katholischen Kirche aber droht damit, dass sich

Menschen abwenden, weil sie diesen Gott nicht (mehr) verstehen. Einen Gott, der doch für die Menschen da ist und nicht für die Kirche.

Auch die evangelische Kirche ist vor Mitgliederschwund nicht gefeit, nur aus einem ganz anderen Grund. Sie macht sich nicht eng, sondern weit. Zwar darf man nicht glauben, was man will, »es soll ja nicht beliebig sein«, wie der Münchner Landesbischof Johannes Friedrich kurz vor Beginn seines Ruhestands der *Süddeutschen Zeitung* sagte. Aber eine bindende Lehrmeinung gibt es nicht. Die damit verbundene Freiheit geht auf die Reformation zurück, auf ihr fußt die protestantische Kirche. Evangelisch zu sein heißt für Friedrich, »dass es keine verbindliche Instanz in unserer Kirche gibt, die sagt, das musst du glauben oder das musst du nicht glauben«. Jeder Christ sei vielmehr selbst »vor seinem Gewissen und vor Gott verantwortlich, dass er die Bibel für sich liest und auslegt und für sein Leben daraus seine Konsequenzen zieht«. Diese Freiheit birgt Risiko. Denn wer nicht bindet, kann Bindungen verlieren. Das zeigt sich an der immer kleiner werdenden Zahl von Gottesdienstbesuchern.

Für viele sind gerade die Enge und Deutlichkeit, die »Entweltlichung«, der Grund, in der *katholischen* Kirche zu bleiben. Enge und Deutlichkeit können aber auch abschrecken. Für viele sind gerade die Weite und Freiheit, die Hinwendung zur Welt, der Grund, in der *evangelischen* Kirche zu bleiben. Weite und Freiheit können aber auch das Gegenteil bewirken.

Eine Kirche, die es ernst meint mit der Enge, muss

erdulden, dass Menschen gehen. Eine Kirche, die es ernst meint mit der Freiheit, auch.

Mir ist eine Kirche, die nicht bindet, allemal lieber als eine Kirche, die mir Vorschriften macht. Ich gehöre gern zu meiner Kirche, weil ich frei bin und frei sein kann – auch wenn ich nicht alles teile, was man von der evangelischen Kirche so hört.

Die Kirche als Weinstock: das tiefe Mysterium

Als der Papst bei seinem Deutschlandbesuch die Messe im Berliner Olympiastadion hielt, sprach er über das Gleichnis vom Weinstock. Er zitierte die Worte Jesu aus der Bibel: »Ich bin der Weinstock, ihr seid die Reben. Wer in mir bleibt und in wem ich bleibe, der bringt reiche Frucht; denn getrennt von mir könnt ihr nichts vollbringen. Wer nicht in mir bleibt, wird wie die Rebe weggeworfen, und er verdorrt. Man sammelt die Reben, wirft sie ins Feuer, und sie verbrennen.« (Johannes 15, Verse 5 und 6 nach der Einheitsübersetzung)

Für den Papst war es keine Frage, wer der Weinstock ist. »Das ist die Kirche, diese Lebensgemeinschaft mit ihm [Jesus Christus] und füreinander.« Ihm ging es um die »Zugehörigkeit zu diesem Weinstock ›Kirche‹«. Er sprach von der »unerhörte(n) Identifikation des Herrn mit uns« und vom »große(n) und tiefe(n) Mysterium der Kirche«.

Was will er damit sagen? Dass die Kirche (der Weinstock) Menschen (die Reben), die sich von ihr abwenden, wegwirft und verbrennt? Was ist das für eine Kirche? Was ist das für ein »Mysterium«? Eine Kirche, die sich als Weinstock geriert und »schlechte« Reben verbrennt, lässt die Menschen allein. Viele Menschen haben ihren Glauben verloren, weil sie Furchtbares erlebt haben und Gott dort nicht fanden. Viele von ihnen hatten immer an Gott geglaubt, bis dieses Furchtbare geschah. Wer könnte es ihnen verübeln, dass sie glauben, Gott gäbe es nicht, weil Gott in ihrer Not (für sie) nicht da war? Sind das die »schlechten« Reben?

Eine Kirche, die so sein will, versteht die Menschen nicht. Sie ignoriert das 21. Jahrhundert mit seinen (auch kircheninternen) irritierenden Ereignissen, die es in Mengen gab und gibt. Wer die Kirche trotzdem zum Weinstock erklärt und ihren Mitgliedern mit Vernichtung droht, erpresst die Menschen. Der bestraft sie für ihre Erfahrungen, statt sich um sie zu kümmern. Eine Kirche, die so sein will, will den Menschen nicht dienen, sondern über sie herrschen.

Wenn Gott der Weinstock wäre, würde er niemanden »herausschneiden« und niemanden vernichten, weder den, der nicht (mehr) glaubt, noch den, der hadert, und auch nicht den, der die Kirche verlässt. Wenn Gott der Weinstock wäre, ginge es niemals um Strafe und Erpressung; es ginge niemals um Herrschaft, sondern immer um die Reben. Das sollte das »große und tiefe Mysterium der Kirche« sein, nicht die Macht.

Selig sind, die sich nicht an Gottes Stelle setzen

Wer die Kirche zu Machtzwecken benutzt, tut nicht nur sich selbst nicht gut und denen, die ihr dienen, sondern auch Menschen, die ihren Glauben teilen. Denn er übt Druck auf sie aus. Druck, nicht nach den eigenen, inneren Überzeugungen leben zu können, sondern nach den vielleicht nichteigenen, »äußeren« Überzeugungen der Kirche leben zu müssen. Eine solche Kirche entlässt die Menschen aus ihrer Verantwortung. Dabei ist das unmöglich. Niemand kann sich aus seiner Verantwortung stehlen, keiner entkommt seinem Gewissen – auch der nicht, der glaubt.

Es war abermals Martin Luther, der sagte: »Da mein Gewissen in den Worten Gottes gefangen ist, ich kann und will nichts widerrufen, weil es gefährlich und unmöglich ist, etwas gegen das Gewissen zu tun.« Es ist der Satz, der noch heute als Zitat »Hier stehe ich, ich kann nicht anders« bekannt ist, auch wenn nicht überliefert ist, ob Luther ihn so sprach. Im Fall Luthers ging es nicht um Geringes, um keine kleine, lässliche Sünde. Luther stand vor dem Wormser Reichstag und sollte seinem Glauben abschwören. Da stand nicht nur sein Gewissen auf dem Spiel, sondern auch sein Leben. Er war »vogelfrei«.

Was für Luther vor 500 Jahren galt, gilt für die Menschen noch heute: Mag auch ein Priester sagen, »ego te absolvo«, »ich spreche dich los von deinen Sünden«, und der Überzeugung sein, damit vergebe Gott tatsächlich die Schuld, ändert das nichts an der Existenz des Gewissens, macht das nicht ungeschehen, was geschehen ist. Selbst wenn der, der sein Tun oder Denken – anders als Martin Luther – nicht für richtig, sondern für falsch hält und ehrlich bereut: Sich selbst entkommt er nicht. Er muss damit leben.

Selig sind nicht die, die sich an Gottes Stelle setzen; selig sind die, die sich um das Leben bemühen.

III

Von Angst und vom Mut

3 Fürchte Dich nicht? Aber wie denn!

Was mich aufrichtet / *Jesaja 43, Vers 1*

Die Konfirmation und die Umkehr

Den Tag meiner Konfirmation werde ich nie vergessen. Mein Plan war es, mir den Konfirmationsspruch
zu merken, sobald ich ihn zum ersten Mal hören
würde – komme, was wolle. Warum mich der Ehrgeiz
gepackt hatte, weiß ich nicht. Der Satz kam – und auch,
was wollte.

Als wir vor dem Pfarrer knieten, beschäftigte mich
nur dies: zuhören, memorieren; zuhören, memorieren.
Der Pfarrer legte seine Hand auf meinen Kopf und
sprach: »Fürchte dich nicht, denn ich habe dich erlöst;
ich habe dich bei deinem Namen gerufen, du bist mein!
Jesaja 43, Vers 1.« Ich konzentrierte mich und hörte
zu; ich konzentrierte mich und memorierte: »Fürchte
dich nicht ... Jesaja 43, Vers 1 ... Fürchte dich nicht ...
Jesaja 43, Vers 1«. Gedankenversunken stand ich auf,
drehte mich um und ging zur Kirchenbank: »Fürchte
dich nicht ... Jesaja 43, Vers 1.« Ich war noch nicht
angekommen, da merkte ich Bewegung in der Kirche,

eine Unruhe, ein kleines Kichern. Ich schaute kurz auf, jemand gab mir ein Zeichen. Ich hatte vergessen, dem Pfarrer die Hand zu geben. Auf dem Absatz machte ich kehrt, um das Versäumte nachzuholen, Schamesröte im Gesicht. Der Pfarrer schmunzelte. Es war eine Pein, über die die Erwachsenen noch mehrfach lachen sollten an diesem Tag, eine Pein, die ich bis heute nicht vergessen habe.

Aber eben auch nicht diesen Satz: »Fürchte dich nicht, denn ich habe dich erlöst; ich habe dich bei deinem Namen gerufen, du bist mein!« Und auch nicht die Quelle: Jesaja 43, Vers 1.

Damals war mir nicht klar, welche Bedeutung der Spruch in meinem Leben noch bekommen sollte. Damals wollte ich ihn mir einfach nur merken.

Was geblieben ist von diesem Satz, ist sein Kern: dass ich bei meinem Namen gerufen bin. Dass es mich gibt, nicht nur auf Erden, sondern auch »vor Gott«. »Mich«, nicht als Teil einer Masse, sondern »mich« als Beatrice von Weizsäcker, als Individuum. Auch wenn ich lange damit haderte und den Zweifel daran immer noch kenne: Es ist nicht egal, dass ich bin, es ist nicht egal, ob ich bin. Ich bin. Ich muss mich nicht dafür rechtfertigen, dass es mich gibt. Ich weiß nicht, wie es anderen geht, den Sinn deren Lebens stelle ich niemals infrage. Aber den Sinn meines Lebens. Mich trieb die Frage nach der Rechtfertigung lange um. Sie betraf nicht nur das persönliche Leben, sie bezog sich auch auf meine Ausbildung und den Beruf.

Unvergessen ist mir mein Studium zu Zeiten der

geburtenstarken Jahrgänge, als so viele junge Leute an die Universitäten drängten, dass es egal war, ob man da war oder nicht; als man eigentlich immer mindestens einer zu viel, als man überflüssig war. Unvergessen aber ist mir auch eine Zeit in Israel am Fließband in einem Kibbuz. Als wir Brot buken in der Nacht und jeder, der fehlte, die anderen dazu zwang, noch mehr und noch schneller zu arbeiten. Damals habe ich gewiss nicht an meinen Konfirmationsspruch gedacht. Damals war die Erfahrung von Bedeutung: Es war wichtig, dass ich da war, es war wichtig, dass ich bin. Ich musste mich nicht dafür entschuldigen, dass ich lebe. Ich musste den Sinn nicht erst suchen, ich musste den Sinn nicht erfinden. Er war da.

Die friedliche Revolution und der Sinn des Lebens

Doch was war das Kibbuzleben schon gegen das Leben zu Hause, wo immer noch volle Universitäten warteten, wo ich mich immer noch fragte, was das Leben eigentlich soll, und warum es mich gibt. Politisch blieb das so bis zur Friedlichen Revolution 1989. Alles schien erledigt, alles getan. Für meine Generation gab es keine großen Aufgaben. Es galt, den Status quo zu erhalten und den Wohlstand zu vermehren. Was andere freute, brachte mich zur Verzweiflung. Doch darüber zu reden, traute ich mich nicht. Das wäre mir vermutlich (und vielleicht auch mit gutem Grund) als Undankbarkeit ausgelegt worden. Undankbar war ich nicht. Nur unerfüllt. So erfand ich einen Brieffreund in Polen. Ihm teilte ich meine Gedanken mit. Nur ihm.

Bis die Mauer fiel und ich wusste, was ich tun würde: nach Berlin ziehen, um dort mitzuarbeiten am neuen Deutschland. Seither hat sich mir die Frage nach dem politischen Sinn meines Lebens nie wieder gestellt. Seither fühle ich mich verantwortlich, obwohl ich natürlich schon vorher (mit)verantwortlich war. Doch dieses Neue war nicht mehr »nur« die Fortsetzung der Arbeit der vorangegangenen Generation, dieses Neue war meins, eine Aufgabe meiner Generation. Vorbei war die Zeit, in der ich den Eindruck hatte, ich müsse Rechenschaft dafür ablegen, dass es mich gibt. Die »Wende« hatte dazu geführt, dass ich meinen Platz gefunden hatte.

Wie schon im Kibbuz kam mir damals der Jesaja-Text nie in den Sinn. Hier zählte nicht die Theorie, sondern die Praxis, die tatsächliche Erfahrung. Nie dachte ich, Gott habe die Welt so verändert, Gott habe mich an diesen beruflichen Platz gestellt. Der Gedanke an Gott und der Glaube spielten überhaupt keine Rolle. Stets war ich nur offen für Neues und neugierig darauf. »Wer weiß, wozu es gut ist«, habe ich zuweilen gedacht. Mehr aber nicht.

Das Leben wird vorwärts gelebt und rückwärts verstanden, heißt ein bekannter Satz. Er geht auf den Dänen Sören Kierkegaard (1813 – 1855) zurück. Auch mir kommt die Sache im Nachhinein manchmal seltsam vor. Als sei da doch ein roter Faden irgendwo. Als sei da doch etwas gefügt irgendwie. Nicht in der weiten großen Welt, sondern in meinem eigenen Leben. Das gibt mir Kraft, wenn ich am Boden bin, Kraft, wieder aufzustehen. Wer weiß, warum ich fiel, frage ich mich dann; wer weiß, wozu es diente. Man nenne mich optimistisch, man nenne mich lebensfroh. Ich weiß nicht, woher es kommt. Aber immer, wenn ich »unten« bin, habe ich den Satz im Kopf: »Ich habe dich bei deinem Namen gerufen du bist mein.«

Den glaube ich. Bei allem Zweifel: Dessen bin ich mir gewiss.

Die Erlösung: Himmelhoch jauchzend, zu Tode betrübt

»Fürchte dich nicht, denn ich habe dich erlöst«, beginnt der Jesaja-Spruch. Bin ich das, erlöst? Erlöst wovon? Vom Bösen, wie es im Vaterunser heißt?

Es ist schwer, sich vorzustellen, was das bedeuten soll. Denn natürlich bin ich von nichts entbunden, was das Leben betrifft. Von nichts bin ich erlöst. Ich kann dem Leben nicht entkommen, dem Lachen ebenso wenig wie dem Heulen und Zähneklappern, den guten und schlechten Erfahrungen; und ich will es auch nicht. Wenn ich von einer Krankheit erlöst bin, ist sie fort, und das ist gut. Wenn ich von einer schwierigen Aufgabe erlöst werde, muss ich mich ihr nicht mehr stellen, auch das kann gut sein; für den Moment erleichtert es mich jedenfalls. Meistens aber wird man nicht erlöst. Ich kann nicht erlöst werden von dem, was passiert; ich kann nicht erlöst werden von dem, was mir nicht passt. Ich kann mich nicht davonstehlen, und ich will mich nicht entziehen. Was wäre denn das für ein Glaube: erlöst sein von dem Bösen, also frei sein davon und nicht mehr verantwortlich dafür? Ein ziemlich anmaßender Gedanke.

Wenn wir erlöst wären, müssten wir uns um nichts kümmern. Denn das Böse ginge uns nichts an. Doch das Böse geht uns etwas an. Es bekümmert uns, es quält uns, obwohl und weil wir wissen, dass wir nicht ganz unschuldig an ihm sind. Die Hungersnöte in Afrika sind menschengemacht. Naturkatastrophen sind oft Klimafolgen, und die sind von Menschen gemacht. Auch der Holocaust war ein Menschenwerk.

Nicht beim Guten, sondern gerade beim Bösen stellen wir die Frage nach Gott. Wie kann er das zulassen, fragen wir dann, als wollten wir uns unserer Verantwortung entziehen. Als sei Gott der Vater und somit haftbar, und wir bloß Kinder, die nicht belangt werden können. Wie kann er dulden, dass Menschen unterdrückt und gefoltert werden, dass Kinder verhungern, dass Menschen in Kriegen zerbombt und erschossen werden – wie konnte er Auschwitz zulassen? Wie konnte er zusehen und nichts tun? Selbst Jesus verzweifelte am Ende seines Lebens. »Mein Gott, mein Gott, warum hast du mich verlassen«, rief er am Kreuz (Matthäus 27, Vers 46, und Markus 15, Vers 34). Als wäre die Welt, die Gott doch erschaffen hat, nicht seine Welt. – Hat sich nicht jeder von uns schon einmal gefragt: Wie konnte Gott das billigen?

Es ist die alte Theodizeefrage, die Frage nach der Rechtfertigung Gottes: Wie kann Gott Leid zulassen? Kein Mensch konnte sie je gültig beantworten. Die Antwort, dass der Himmel leer ist über uns, dass Gott vielleicht gar nicht so ist, wie wir ihn uns wünschen, trauen sich die wenigsten zu geben. Zu sehr drängt der Mensch nach Gewissheit. Zu ungeduldig ist er mit sich und mit Gott. Zu ängstlich ist er mit sich und vor Gott. Zu irrational scheint alles zu sein. Irrationalität ist schwer auszuhalten. Wir wollen verstehen, wir brauchen Erklärungen, wir suchen nach Lösungen, ohne die wir angeblich nicht leben können.

Aber wer weiß (und wer hält das aus): Vielleicht hat Gott mit unseren irdischen Dingen ja gar nichts zu tun, mit Krankheit, Krieg und Tod? Vielleicht ist unsere Welt tatsächlich nicht seine Welt. Vielleicht gibt es keinen Gott. Niemand weiß das.

Aber es gibt doch den Glauben! Ich weiß doch, dass ich glaube. Doch zu glauben ist oft schwerer, als zu wissen, dass man glaubt. Immer wieder kommt der Verstand daher und mischt sich ein. Er will Beweise. Dann ist er weg, der Glaube. Und der Zweifel, die Verzweiflung sind groß.

Im Konzentrationslager Buchenwald entstand ein Gebet, das dieses Nichtzusammenpassenwollen von Gott und dem Bösen und die Verzweiflung darüber aufs Eindrücklichste benennt. Nachzulesen ist es im Evangelischen Gesangbuch für Westfalen und Lippe. In der Not geschrieben, von Zweifeln geplagt – und doch ganz nah am Wagnis Gott.

»Ja, wärst du nicht mein Gott, wie könnt' die
   Qualen
der armen Schöpfung ich dir je verzeihen!
Ja, wärst du nicht mein Gott, ich wollte speien
und Not mit Hass und Schmerz mit Bosheit zahlen.

Da wir uns deinem Schutze anbefahlen,
gabst du uns preis, und da wir aufwärts schreien,
bleibst du uns taub, und da wir uns kasteien,
verbirgst du dich in ungewissen Strahlen.

Ja, wärst du nicht mein Gott, wärst Herr von
   Knechten,
wärst Kirchenbild und Spielzeug für die Dummen,
ich wäre mir zu gut, nur dein zu denken.

Du bist mein Gott! Und darum muss ich rechten
und darum zweifeln, spotten und dich
kränken –
und darum an dich glauben und
verstummen.«

Wie tief ist der Glaube, der in der Not entsteht, wie
stark ist der Glaube, der aus dem Zweifel erwächst!

Wie schön ist die Sonne, wenn man die Dunkelheit
kennt. Wie schön ist ein Lachen, wenn man die Tränen
kennt. Wie schön ist das Glück, wenn man das Unglück
kennt. Es ist zum Verstummen.

Himmelhoch jauchzend, zu Tode betrübt – so ist
mein Leben. So ist mein Glaube. Der Rest ist Theorie.

Wäre ich erlöst, bräuchte ich weder das Jauchzen noch das Betrübtsein, bräuchte ich keine Antwort auf die Frage nach dem Sinn und nach Gott. »Ich habe dich erlöst«, ist mir ein Rätsel.

Die Furcht: Punkte und Doppelpunkte

»Ich habe dich erlöst.« – Dieser seltsame Satz stört mich nicht, weil er mich nicht bedrängt. Ich muss ihn nicht verstehen. Denn auch wenn ich nicht weiß, ob ich erlöst bin, fürchte ich mich nicht.

Der Glaube ist etwas anderes als Wissen. Manche sagen: Glaube ist mehr als nur Wissen. Vielleicht sind unsere Ahnungen, die wir Glauben nennen, ja sogar klüger als das, was wir wissen. Glaube ist Vertrauen, Glaube ist Gewissheit. Ob das mehr oder weniger als Wissen ist, weiß ich nicht. Es ist etwas anderes. Gewissheit jedenfalls habe ich bei den Worten »du bist mein«. Dieses »du bist mein« ist der Grund, warum es mir leichtfällt, mich nicht zu fürchten, wie es bei Jesaja heißt. Weil Gott mich bei meinem Namen gerufen und angenommen hat, so, wie ich bin; mit meinen Stärken und meinen Schwächen, mit meinem Mut und meinen Sorgen. Und mit meinem Zweifel. Darum fürchte ich mich nicht.

Ich fürchte mich nicht, auch wenn ich mich ängstige. Die Angst kenne ich gut. Angst ist ein Instinkt zum Schutz gegen Gefahren. Angst ruft körperliche Reaktionen hervor. »Mir zittern die Knie«, sagt man oft, wenn man Angst hat, und tatsächlich zittern die Knie. »Ich bibbere vor Angst«, sagt man auch, und tatsächlich, man bibbert. Angst erweitert die Pupillen, erhöht die Hörfähigkeit, spannt die Muskeln an, lässt das Herz schneller schlagen. Angst ist kein guter Ratgeber, heißt es, aber wichtig ist sie doch. Denn sie schärft die Sinne. Zur Abwehr.

Ich kenne die Angst vor einer Aufgabe, die Angst, Erwartungen nicht zu erfüllen, die Angst zu enttäuschen, die Angst zu versagen. Das wird nicht besser durch wohlmeinende Worte wie: »Das schaffst du schon.« Es wird eher schlimmer. Der Druck wird nur größer, und die Angst nimmt zu. Aber ich fürchte mich nicht. Auch wenn mir Angstperlen auf der Stirn stehen.

Ich kenne die Angst vor Krankheit und erst recht vor dem Tod. Jeden Tag hatte ich Angst um den Bruder. Angst, dass er sich quält, dass er es nicht schafft, Angst, dass er stirbt. Die Angst war lähmend, buchstäblich zum Teil. Ihn leiden zu sehen bereitete mir nicht nur psychische, sondern auch physische Pein. Wenn er mit dem Atem rang, blieb auch mir die Luft weg. Als er seine Hände nicht mehr fühlte, spürte ich auf einmal meine Finger nicht mehr. Wenn er eine schlechte Nacht hatte, konnte auch ich nicht schlafen. Bis auf die Nacht vor seinem Tod. Da war ich entspannt. Und er war es auch. Tags zuvor war er ganz ruhig gewesen, fast optimistisch. Er brauche keinen täglichen Besuch mehr, hatte er gesagt. Umso größer war das Entsetzen, als die Nachricht kam.

Als ich ihn schließlich sah, sah er ganz friedlich aus. Als würde er lächeln. Als würde er sagen: Keine Angst, kleine Schwester, alles ist gut. Als hätte er etwas gesehen, was ich nicht sehen konnte.

Erst im Nachhinein dachte ich: Er war bereit.

Ich hatte immer Angst um ihn, doch ich fürchtete mich nicht. Ich fürchtete mich nicht vor dem, was ich tun musste oder wollte, aber die Angst um ihn war immer da.

Angst ist ein Gefühl, das mich ohnmächtig machen kann. Angst zu überwinden, übersteigt meist meine Kräfte. Ihr zu widerstehen, ist mir oft unmöglich. Angst ist diffus. Die Furcht dagegen ist konkret. Sie macht mich nicht ohnmächtig. Ihr kann ich mich stellen. Nicht ohne Grund heißt es bei Jesaja »fürchte dich nicht«, und nicht »hab' keine Angst«. Man kann niemandem vorschreiben, keine Angst zu haben. Doch man kann immer sagen, fürchte dich nicht, ich helfe dir. Die Angst muss darum nicht fort sein, aber man kann sie entzaubern, indem man sich ihr stellt, furchtlos und hoffnungsfroh.

Wer bei seinem Namen gerufen ist, muss sich nicht fürchten. Der ist sich nicht selbst überlassen. Er ist nicht allein, nicht im Leben und auch nicht im Tod. Was wäre das für ein Gott, der meinen Bruder, mich oder wen auch immer bei seinem Namen ruft und ihn vergisst, wenn er stirbt? Was wäre das für ein Gott, der sagt »du bist mein«, und auf einmal nichts mehr von einem weiß, wenn das Leben vorbei ist? Wer bei seinem Namen gerufen wird, der hört nicht auf zu sein.

Sein Leben mag zu Ende gehen. Er aber endet nicht. Er besteht weiter.

»In dem Augenblick, in dem der Mensch aufhört, sich zu sich selbst und zur Welt zu verhalten, verhält sich Gott aber weiterhin zu ihm«, schrieb Heinz Zahrnt. »Das ist, was der Glaube ewiges Leben nennt. Der Tod ist kein hoffnungsloser Fall. Ich bleibe auch im Tod in Gott geborgen, und darum kann ich vom Leben lassen. Mein Leben bleibt zwar eine Einbahnstraße auf den Tod zu, aber es ist jetzt keine Sackgasse mehr. Zwar setzt der Tod nach wie vor einen Punkt hinter mein Leben, aber Gott macht daraus einen Doppelpunkt.« – Gott hat mich bei meinem Namen gerufen, er kennt mich auch nach meinem Tod, er bleibt bei mir. Er hat keinen Punkt ans Ende meines Lebens gesetzt, sondern einen Doppelpunkt. Was für ein schöner Gedanke. Er tröstet mich nicht nur, er macht mir auch Mut. Mut, der nicht Wurschtigkeit ist.

»Fürchte dich nicht, denn ich habe dich erlöst; ich habe dich bei deinem Namen gerufen, du bist mein! Jesaja 43, Vers 1.« – Das werde ich nie vergessen. Dieser Vers richtet mich auf, seitdem ich ihn kenne.

4 Steh auf und iss? Von wegen!

Was mich antreibt / 1. Könige 19, Verse 5 – 8

Vom Aufstehen und Nichtaufgeben: Elias

Auch wer sich nicht fürchtet, weiß, wie es ist, keine Kraft mehr zu haben und verzweifelt zu sein. Aber jeder kennt gewiss auch eine Geschichte vom Nichtaufgeben, vom Aufstehen und Weitermachen.

Die Geschichte von Elias aus dem Alten Testament ist so eine, von Elias, dem Propheten, dessen Aufgabe es war, das Volk Israel, das sich von Gott abgewendet hatte, wieder zu Gott zurückzuführen. Elias ließ den Himmel verschließen, damit es nicht regnete, um das Volk zum Gehorsam aufzurufen. »So wahr der Herr, der Gott Israels, lebt, vor dem ich stehe: es soll dieser Jahre weder Tau noch Regen kommen, ich sage es denn.« (1. Könige 17, Vers 1) Und es regnete drei Jahre nicht. Er ließ die Menschen zum Brandopfer kommen, sagte ihnen aber, weder sie noch er dürften Feuer legen. »Und nun ruft ihr den Namen eures Gottes an, aber ich will den Namen des Herrn anrufen. Welcher Gott nun mit Feuer antwortet, der ist wahrhaftig Gott.«

(1. Könige 18, Vers 24) Der Gott des Volkes, Baal, erhörte sie nicht. Als Elias sein Brandopfer darbringen
sollte, sagte er zum Volk: Holt Wasser und übergießt
den Altar. Und sie taten es. Und Elias betete: »Erhöre
mich, Herr, erhöre mich, damit dies Volk erkennt, dass
du, Herr, Gott bist und ihr Herz wieder zu dir kehrst!«
(1. Könige 18, Vers 37) Da fiel das Feuer vom Himmel
herab, heißt es weiter, und das Volk sprach: »Der Herr
ist Gott, der Herr ist Gott!«

Die Anführer schworen auf Rache, sie wollten Elias
töten, wie er die Propheten Baals getötet hatte. Elias
fürchtete sich und floh in die Wüste. Er verstand seinen Gott nicht, der ihm doch die Aufgabe gegeben
hatte. Er hatte Angst und keine Kraft mehr. Er »setzte
sich unter einen Wacholder und wünschte sich zu sterben«. »Es ist genug, so nimm nun, Herr, meine Seele;
ich bin nicht besser als meine Väter«, sagte Elias. Er
legte sich hin und schlief. (1. Könige 19, Vers 4)

Elias hatte Aufgabe um Aufgabe erfüllt und war am
Ende der Verfolgte. Er hatte keine Kraft mehr, er hatte
genug. Er gab auf.

»Und siehe, ein Engel rührte ihn an und sprach zu
ihm: Steh auf und iss!«, geht die Geschichte weiter.
Und Elias stand auf und sah geröstetes Brot und einen
Krug mit Wasser »zu seinen Häupten«. Er aß und
trank, und er legte sich wieder hin. Da kam der Engel
zum zweiten Mal: »Steh auf und iss, denn du hast einen
weiten Weg vor dir.« Elias aß und trank und ging
»durch die Kraft der Speise vierzig Tage und vierzig
Nächte bis zum Berg Gottes, dem Horeb« (1. Könige

19, Verse 5–8). Dort fand er eine Höhle, die er betrat, und führte verzweifelt Klage gegen seinen Gott: »Ich habe geeifert für den Herrn, den Gott Zebaoth; denn Israel hat deinen Bund verlassen und deine Altäre zerbrochen und deine Propheten mit dem Schwert getötet, und ich bin allein übrig geblieben.« Und der Herr sagte: »Geh hinaus und tritt hin auf den Berg vor den Herrn. Und siehe, der Herr wird vorübergehen.« Elias gehorchte und ging hinaus. Es kam ein großer, starker Wind, doch Gott war nicht in ihm. Es kam ein Erdbeben, aber Gott war auch nicht in ihm. Nach dem Erdbeben kam ein Feuer, doch der Herr war nicht im Feuer. Der Herr erschien Elias als »stilles, sanftes Sausen«. So erzählt es die Bibel (1. Könige 19, Verse 9 ff.).

Natürlich sind wir keine Propheten, und die meisten von uns haben auch keine so unlösbar scheinende Aufgabe wie Elias. Nicht das Obsiegen über andere Götter, nicht das Töten, nicht das Feuer, nicht das Erdbeben, nicht das Wasser sind der Kern der Geschichte. Sondern das Aufstehen. »Steh auf und iss, denn du hast einen weiten Weg vor dir«, das ist die eigentliche Botschaft. Das Aufstehen und das Essen und das Weitergehen. Es ist eine Geschichte von Angst und Courage, vom Mut in der Mutlosigkeit, vom Trost in der Trostlosigkeit und von Kraft in der Kraftlosigkeit.

Es ist eine Geschichte, die auch ich gut kenne. Ich bin ein ungeduldiger Mensch, als Kind gab ich schnell auf. Aber da ging es bloß um normale Geduld, um Ausdauer, ums Durchhalten. Nicht um Wesentliches. Aufgeben und Aufgeben ist nicht dasselbe. Es ist etwas anderes, ob man etwas aufgibt, weil es seinen Reiz verloren hat, oder ob man aufgibt, weil man nicht mehr kann.

Wie oft versuche ich, eine Sache gut zu machen, und sie will partout nicht gelingen. Wie oft versuche ich, die Dinge richtig zu machen, doch niemand scheint es zu sehen. Wie oft fühle ich mich allein, weil niemand mich versteht. Oder wenn ich selbst nichts mehr verstehe, zum Beispiel ein Unglück. Den Tod. Wie schnell sage ich, sagt man da: »Es ist genug.« Wie nahe liegt es dann, aufzugeben, wie verführerisch ist allein schon der Gedanke. »Nur Schwächlinge geben auf«, sagen manche. Und es stimmt, man ist schwach. »Reiß dich zusammen, es geht nicht nur um dich auf der Welt«, hört man auch. Und man denkt, ja, das stimmt auch, und man reißt sich zusammen, man strengt sich an, man versucht es erneut und scheitert wieder.

Wie Elias will man sich hinlegen, will schlafen und sich abwenden von der Welt. »Ich bin allein übrig geblieben«, das ist der traurigste Satz der ganzen Bibel (1. Könige 19, Vers 10). So allein zu sein gehört zu den schlimmsten Dingen, die ich kenne. Nicht im Sinne von menschenlos, sondern im Sinne von zuspruchlos. Mögen auch Menschen mich umgeben, die mich mögen: Wenn sie nicht verstehen, was ich meine, bin ich allein. Ihre Nähe gibt mir Trost, und das hilft natürlich. Doch im Grunde bin ich allein.

»Na und?«, könnte man da fragen. »Na und?«, aber fragt nicht Gott. Er lässt seinen Engel Elias nicht sagen: »Beiß die Zähne zusammen«, sondern buchstäblich im

Gegenteil: »Steh auf und iss.« Der Engel gibt ihm Gabe und Gaben für den weiten Weg, der vor ihm liegt. Hätte Gott den Engel rufen lassen »Stell dich nicht so an«, hätte er Elias nicht gerettet, sondern allein gelassen. Er hätte ihn nicht zum Nichtaufgeben ermutigt, sondern ihn aufgegeben.

Mögen auch Menschen sagen »Reiß dich zusammen« und uns damit überfordern: Gott gibt uns nicht auf. Da ist man nie ohne Zuspruch. Da ist man nie »allein übrig geblieben«.

Seit ich die Geschichte kenne, treibt sie mich an. »Steh auf und iss« ist ein zentraler Satz meines Lebens.

Wenn ich einmal soll scheiden ...

Der Angst entrinnt man dadurch nicht. Angst lässt sich nicht bewältigen, indem man einfach aufsteht und isst, selbst wenn man sich nicht fürchtet vor dem, was kommt. Die Angst geht nicht weg, wenn man nur glaubt, dass man keine Angst haben muss. Vor allem nicht die Angst vor dem Tod. Vor einem Sterben ohne Gott, vor dem Nichts.

Am eindringlichsten, traurigsten – und schönsten – hat das Paul Gerhardt ausgedrückt, der bedeutendste Kirchenlieddichter nach Martin Luther. In seinem Passionslied »O Haupt voll Blut und Wunden«, das er unter dem Eindruck des Dreißigjährigen Krieges geschrieben hatte, dichtete er in den Strophen neun und zehn:

»Wenn ich einmal soll scheiden,
So scheide nicht von mir!
Wenn ich den Tod soll leiden,
So tritt du dann herfür:
Wenn mir am allerbängsten
Wird um das Herze sein:
So reiß mich aus den Ängsten
Kraft deiner Angst und Pein.

Erscheine mir zum Schilde,
Zum Trost in meinem Tod,
Und lass mich sehn dein Bilde
In deiner Kreuzesnot.
Da will ich nach dir blicken,
Da will ich glaubensvoll
Dich fest an mein Herz drücken.
Wer so stirbt, der stirbt wohl.«

Die Angst vor dem Sterben, dem Sterben ohne Gott, ist die Angst vor der Trennung von Gott: »Wenn ich einmal soll scheiden, so scheide nicht von mir«, lautet die flehentliche Bitte Paul Gerhardts.

»Der Tod ist der Eintritt vollkommener Beziehungslosigkeit«, schrieb der Theologe Eberhard Jüngel in seinem überwältigenden Aufsatz über das Kirchenlied von Paul Gerhardt in der *FAZ* vom 7. April 2007. »Im Tod endet nicht nur die Beziehung des Ich zu seiner sozialen und zu seiner natürlichen Umwelt und auch nicht nur seine Beziehung zu sich selbst, sondern auch die Beziehung zu Gott.«

Als ich diese Stelle des Artikels las, war ich zutiefst erschüttert, lief sie doch allem zuwider, was ich bis dahin glaubte: dass der Tod uns nicht trennt von Gott, dass Gott uns nie allein lässt, auch im Sterben nicht. Stimmte mein Albtraum vom »Leben« als Tote also doch, vom Totsein in einer Welt, in der es nichts und niemanden mehr gibt, nicht einmal Gott? Hatte Heinz Zahrnt nicht bemerkt: »In dem Augenblick, in dem der Mensch aufhört, sich zu sich selbst und zur Welt zu verhalten, verhält sich Gott aber weiterhin zu ihm«?

Ja, das hatte er, und so sagt es auch Jüngel. »Im Tod Jesu Christi«, schrieb er, sei »der Tod selbst getötet worden«, habe der Tod »seine den Beziehungsreichtum des Lebens vernichtende Macht verloren«. »Denn Gottes Liebe stirbt nicht«, so Jüngel. »Sie erweist sich im Tode Jesu Christi vielmehr als Macht, die stärker ist als der Tod.«

Den Tod getötet? Ich begreife nicht, wie der Tod Jesu Christi den Tod selbst getötet haben soll, wie sein Tod das bewirkt haben kann. Der Gedanke befremdet mich, die ich keine Theologin bin. Abstrakt kann ich ahnen, was Jüngel meint, doch in mein Herz dringt das nicht vor.

Hat der Tod Jesu Christi nur den Tod von Christen getötet? Anders gefragt: Gilt der Gedanke des getöteten Tods nur für Menschen, die das glauben, für alle anderen aber nicht? Ich will ja verstehen, was das heißt, dass der Tod Jesu Christi den Tod selbst getötet hat. Doch ich verstehe es nicht. Je weniger ich es begreife, desto verwirrter werde ich, desto größer werden meine

Zweifel – nur: woran? An der Bibel? Die ist doch sowieso bloß Menschenwerk. An der Theologie? Die ist doch auch nur menschengemacht. An meinem Verstand? Nein; auch wenn mich der Zweifel manchmal um meinen Verstand bringen kann, an ihm zweifele ich (in der Regel) nicht. An meinem Gott? Nein, auch das ist es nicht.

Aber an meinem Glauben.

Gewitter

Man muss aufpassen, wenn man so denkt. Zu viel Nachdenken kann tatsächlich zu viel sein. Man kann verrückt werden bei diesem Wechsel von Glauben und Zweifeln. Wie ein Rausch kann das werden. Man kann den Boden verlieren, die Bodenhaftung, wenn man nicht aufpasst.

Ich erinnere mich an eine Situation in meiner Kindheit, als ich zum ersten Mal unter freiem Himmel schlief. Der Himmel war klar, und wir sahen die Sterne, ich erstmalig ganz bewusst. Je dunkler es wurde, desto mehr Sterne entdeckten wir. Auf einmal erkannte ich, was ich längst wusste: Hinter dem Horizont ging's wirklich weiter, wie Udo Lindenberg später singen sollte, auch wenn er die Liebe meinte und nicht das All. Hinter den Sternen ging der Kosmos immer weiter, er war übersät von Sternen, immer weiter und immer mehr. Die Unendlichkeit des Weltraums packte mich. Sie überwältigte mich. Was für ein irres Gefühl: Es gab keine Grenzen. Welche Erhabenheit und welche Abgründe! Wie war das noch gleich mit dem Urknall? Wie lange gab es das Universum schon? Und wie jung war ich? Wie weit ging der Kosmos? Und wie weit kommen wir? Wie viel wissen wir vom Weltall? Vier Prozent vielleicht, also fast nichts? Und wie viel kennen wir nicht? 96 Prozent möglicherweise, also fast alles? Wie viel verstehen wir vom Inneren der Erde, auf der wir Kinder damals lagen? Was war überhaupt wahr? Und was meine Wirklichkeit? Es war unermesslich, mit Worten nicht zu beschreiben.

Doch auf einmal kam die Angst. Was, wenn ich hineinfiele in diese endlose Weite? Und gleichzeitig: Wie unbedeutend die Erde doch war. Wie winzig. Wie egal. Je mehr Sterne ich sah, desto kleiner und unbedeutender fühlte ich mich.

Plötzlich zogen Wolken auf, es kam ein Gewitter. Es fing an zu regnen. Vorbei war es mit der Unendlichkeit, dem Unbegreiflichen, vorbei mit der Ewigkeit – und vorbei mit meiner Angst. Die Erde hatte mich wieder – nass, aber glücklich.

Ein solches Gewitter wünsche ich mir manchmal in meinem Umherirren zwischen Glauben und Zweifel. Wenn es zu abgehoben wird, braucht man die Erdung. Da ist es ein Glück, wenn es regnet. Wenn man nass wird. Wenn man die Fenster schließen muss. Und mir egal ist, ob ich verstehe, wie der Tod Jesu Christi den Tod getötet haben kann.

Ganz irdisch.

Vom IQ-Glauben

Wieder fällt mir Hiob ein, den der Umweg über den Rat seiner »Freunde« nur verwirrte, wie mich das Wissen der Theologen oft verwirrt. Wie Hiob will ich zwar wissen, was Theologen wie Eberhard Jüngel sagen, doch wie Hiob bringt es mir meinen Gott oft nicht näher, sondern entfernt mich von ihm, weil ich beginne, an meinem Glauben zu zweifeln.

Muss man denn alles verstehen, was Theologen sagen? Hängt mein Glaube davon ab, was die Gelehrten lehren? Ist mein Glaube eine Frage des Intellekts, eine Frage des IQ? Wenn ich zweifele an dem, was ich lese oder höre: Ist das tatsächlich ein Glaubenszweifel? Geht das, was ich höre und lese, nicht tatsächlich nur »über meinen Verstand«, aber nicht »über mein Herz«?

Mit anderen Worten: Ist der Zweifel an meinem Glauben überhaupt berechtigt, wenn ich zwar glaube, aber nicht (an) alles? Ist mein Glaube deshalb weg? Nein, das ist er nicht.

Denn, um bei der Frage des getöteten Tods zu bleiben: Ich verstehe und ich glaube, was Jüngel weiter schreibt, »Gottes Liebe stirbt nicht. Sie erweist sich im Tode Jesu Christi vielmehr als Macht, die stärker ist als der Tod.«

Mit dem »Tode Jesu Christi« kann ich nicht sehr viel anfangen. Auch das Wort »Liebe« kommt mir seltsam vor. Es ist mir allzu menschlich. Mein Verhältnis zu Gott ist keine Frage von Liebe. Für mich zählt Gott

164

selbst. Es ist die Geborgenheit, die mir wichtig ist; zu wissen, dass ich behütet bin, dass Gott mich hält und unverbrüchlich schützt. Man mag das Liebe nennen, ich tue es nicht. Im Kern geht es wohl um dasselbe.

Ob man an die Auferstehung glaubt oder nicht, ob man die »Liebe« »Liebe« nennt oder nicht: Wenn Gottes »Liebe« nicht stirbt, stirbt auch Gott nicht. Das versteht nicht nur mein Kopf, das erreicht auch mein Herz. Gott endet nicht – auch nicht mit meinem Tod.

Das genau notiert schließlich Jüngel: Da, wo »die Beziehung des menschlichen Ichs zu Gott endet«, ende nicht »die Beziehung Gottes zu diesem Ich«. Nichts anderes hatte Heinz Zahrnt geschrieben.

Der Tod ist kein hoffnungsloser Fall. Die Hoffnung, die bleibt. Und der Glaube.

... wer so stirbt, der stirbt wohl

Wenn Gottes Beziehung zu mir nicht endet, endet auch nicht meine zu ihm. Mag das »menschliche Ich« (der Leib) auch ohne Leben sein: Meine Seele, dieses unsichtbare, unveräußerliche »göttliche Ich«, stirbt nicht. Sie ist ein Teil des »Beziehungsreichtums des Lebens«, von dem Jüngel schrieb. Sie gehört zu mir und meinem Leben, auch wenn ich tot bin. So wie Gottes Verbindung zu ihr nicht aufhört, hört auch ihre zu Gott nicht auf.

»Wenn ich einmal soll scheiden,
So scheide nicht von mir!«

... beginnt die vorletzte Strophe des Liedes von Paul
Gerhardt.

»Da will ich nach dir blicken,
Da will ich glaubensvoll
Dich fest an mein Herz drücken.
Wer so stirbt, der stirbt wohl.«

So endet es.

Wer so stirbt, muss sich nicht fürchten: nicht vor
dem Sterben ohne Gott; nicht vor dem Sterben »ganz
allein«; auch nicht vor der gottlosen Einsamkeit.

Vom »leichten Sterben«, das Gott uns nicht geben kann

Was aber ist mit den anderen Ängsten, die mit dem
Sterben einhergehen? Mit der Angst vor Qualen und
langem Leiden, mit der Angst vor Geräten? Vor einem
Sterben ohne Würde, ohne Menschen, vor einem Sterben eben doch »ganz allein«?

In Paul Gerhardts Lied geht es nicht um ein leichtes
Sterben, das jeder sich und allen anderen wünscht. Die
Angst, allein und in Schmerzen zu sterben, ist mir
wohlbekannt. Ich kenne niemanden, der sie nicht hat.
Man hofft auf Ärzte und auf Freunde, aber auf Gott?

Auf den hofft man nicht. Auch ich kann nicht hoffen, dass Gott mir die Qualen nimmt. Denn könnte er das, könnte er sie mir ja auch geben. Ich glaube aber nicht, dass Gott uns das antut, dass Gott »schuld« an Qualen ist. Denn an einen strafenden Gott glaube ich nicht. Gott richtet uns nicht. Denn er prüft uns nicht. Er nimmt uns vielmehr, wie wir sind. Man kann tapfer sein, wenn man stirbt. Man kann Trost finden, wenn man glaubt. Aber die Angst überwinden?

Wer kann das schon.

Eins sein: Der Glaube an sich und der Glaube an sich

Noch größer jedoch als die Angst vor Qualen ist meine Angst vor dem Tod naher Menschen. Auch wenn ich weiß, dass sie nicht fort sind, auch wenn ich weiß, dass ihr Tod uns nicht trennt, ich habe trotzdem Angst – nicht um sie (sie weiß ich in »guten Händen«), sondern um mich. Ich habe Angst vor der Einsamkeit, als würde ich meinen, genau in dem Moment ließe Gott mich im Stich. Als traute ich Gott nicht zu, mir die Stärke zu geben, die ich dann brauche. Dabei weiß ich, dass das Leben weitergeht. Und irgendwie schafft man es schon, weiterzuleben, schließlich schaffe ich es ohne den Bruder (in der Regel) ja auch. Angeblich heilt die Zeit ja alle Wunden.

Doch das stimmt nicht. Man lernt zwar, ohne den anderen zu sein. Aber die Wunde, die bleibt. Sie wird nicht zur Narbe, wie die Heilung suggeriert, sie bleibt wund.

Wenn ich doch glauben könnte, dass Gott mir Kraft gibt, allein zu sein. Was ist das für ein Glaube, der stark ist, wenn es um andere geht, und schwach, wenn es mich selbst betrifft? Ich will doch glauben! Mit Gewalt und mit Willen aber erreiche ich nur meinen Kopf. Der sagt mir zwar: stimmt! Doch mein Herz bleibt betrübt. Wenn es zum Schwur kommt, sind mein Gott, mein Verstand und mein Herz nicht eins.

Die Angst vor der Einsamkeit im Leben ist eine andere als die Angst vor der Einsamkeit als Tote. Seit ich weiß (oder doch ahne), dass die Ewigkeit schon da ist und nicht erst kommt, seit ich weiß (oder doch ahne), dass die Toten bleiben, auch wenn sie fort sind, seit ich weiß (oder doch ahne), dass das nicht nur für sie gilt, sondern auch für mich, schwindet meine Angst vor dem Totsein immer mehr. Da stimmen mein Gott, mein Verstand und mein Herz überein. Jetzt aber geht es ums Leben.

Da kommt es zum Schwur.

Der jüdische Philosoph Martin Buber hat einmal wunderbar beschrieben, wie es gelingen kann, mit sich eins zu werden, und was es heißt, mit sich eins zu sein. In einem Vortrag im April 1947, den es auch als Büchlein gibt, befasste er sich mit dem »Weg des Menschen nach der chassidischen Lehre«. Dabei geht es weniger um die theologische Lehre als vielmehr um die Praxis, um »spirituelle Übungen«, wenn man so will.

Buber schreibt zwar nicht über das Einssein des

»Menschen«, er spricht aber von der Einheit der »Seele«, zu der alles gehört: »der ganze Mensch, Leib und Geist miteinander«. Jeder Mensch, so Buber, sei in der Lage, »seine Seele zu einen«. »Der Mensch mit der vielfältigen, komplizierten, widerspruchsvollen Seele ist nicht ausgeliefert«, schreibt er. »Das Innerste dieser Seele, die Gotteskraft in ihrer Tiefe, vermag auf sie einzuwirken, sie zu ändern, […] die auseinanderstrebenden Elemente ineinander zu schmelzen, es vermag sie zu einen.« Das ist nach Buber entscheidend. »Der Mensch, der so eine Einheit aus Leib und Geist wird, dessen Werk ist aus einem Guss.«

Wessen Werk aus einem Guss ist, dessen Denken und dessen Glaube, dessen Sein sind es auch. Bei dem ist innen und außen dasselbe. Sein Gott, sein Verstand und sein Herz sind eins.

Wer so eins sein kann mit sich, kann auch Ängste überwinden. Der kommt buchstäblich zu sich; zu sich, seiner Seele, seinem Herzen.

Wenn ich versuche zu einen, was in mir ist: meinen Verstand und meinen Glauben …

… wenn ich versuche zu verstehen, was ich doch glaube: dass der andere nicht fort ist, sondern da; dass man ganz ist, auch alleine; dass man ganz bleibt, auch wenn der andere stirbt;

… wenn innen und außen zusammenpasst, weil innen und außen dasselbe sind: die Seele, das Herz, die »innen« sind, und der Verstand, der »außen« ist;

… wenn außen innen wird und innen und innen dasselbe sind, der Kopf und das Herz …

Wenn ich versuche zu verstehen, dass, wie Martin Walser es formulierte, Gott im Himmel ist und der Himmel in den Menschen, also Gott in mir …

… wenn mein Glaube an Gott und mein Glaube an mich eins werden:

Dann kann ich meiner Angst entgegnen.

Bis mich der Zweifel wieder packt. Und ich erkenne: Mit einem Mal »verstehen« und einem Mal »glauben« ist es nicht getan.

Leben in gelassener Wachsamkeit

Auch bei Buber ist die Sache mit einem Mal nicht getan. Die Einung der Seele ist nach seinen Worten nie »endgültig«. »Wie auch die von Geburt einheitlichste Seele doch zuweilen von inneren Schwierigkeiten überfallen wird, so kann auch die am gewaltigsten um Einheit ringende sie nie vollkommen erreichen. Aber jedes Werk, das ich aus geeinter Seele tue, wirkt auf meine Seele zurück, wirkt in die Richtung auf neue und höhere Einheit hin, jedes führt mich, wenn auch auf mancherlei Umwegen, zu einer stetigeren Einheit hin«, schreibt er. »So gelangt man endlich dahin, wo man sich seiner Seele überlassen kann, weil ihr Maß an Einheit so groß ist, dass sie den Widerspruch wie im Spiel überwindet. Wachsam muss man freilich auch dann sein, aber es ist eine gelassene Wachsamkeit.«

Es bleibt also ein ewiges Ringen. Mein Gott – wie gut ich das kenne. Doch das Ringen wird leichter, von

Mal zu Mal. Darum sehne ich mich nach mehr »gelassener Wachsamkeit«, die Buber beschreibt. Dass ich zwar weiß, der Zweifel kommt wieder, ich aber auch weiß, er ist überwindbar. Dass ich gewappnet bin. Dass der Zweifel seinen Schrecken verliert. Und am Ende vielleicht auch seine Macht.

Mit spirituellen Dingen kenne ich mich zwar nicht so gut aus. Aber diese »spirituelle Übung«, die leuchtet mir ein. Man nenne mich patchwork-gläubig. Aber das bin ich nicht. Es ist mein Weg zu meinem Gott, und Wege gibt es viele. Es sind wir Menschen, die da Unterschiede machen. Gott macht sie nicht.

»Gott wohnt, wo man ihn einlässt«, zitierte Buber einen Rabbi. Da ist es egal, wie man das tut. In mir wohnt Gott schon lange. Auch wenn ich zweifele. Das gehört zu meinem Leben offensichtlich dazu. Wenn ich lerne, das hinzunehmen, kann ich gelassen sein und mich meiner »Seele überlassen«: meinem Gott, meinem Verstand und meinem Herzen, die eins sind. Dann bin ich eins.

Vom blinden Gehorsam

Meine Patchwork-Gläubigkeit, die aus meiner Sicht keine ist, kann vor einer Kirche mit festen Glaubens-(grund)sätzen, einer Kirche also, die vorgibt, was man zu glauben hat, natürlich kaum bestehen. Das ist mir ebenso klar wie einerlei. Denn für mich geht es um Gott und nicht um das, was wir aus ihm machen.

Trotzdem oder vielleicht gerade deshalb habe ich mit großem Interesse den ökumenischen Gottesdienst anlässlich des Papstbesuchs im September 2011 in der Erfurter Augustinerklosterkirche verfolgt. »Ein selbst gemachter Glaube ist wertlos«, hatte Benedikt XVI. dort gesagt: »Der Glaube ist nicht etwas, was wir ausdenken oder aushandeln.« Das war ein deutliches Zeichen an alle, die nicht der reinen Lehre der katholischen Kirche folgen, und eine klare Absage an jene Protestanten (und Katholiken), die auf Fortschritte in der Ökumene gehofft hatten. Für sie war es eine bittere Enttäuschung.

Aber was hat es eigentlich auf sich mit diesem Satz: »Ein selbst gemachter Glaube ist wertlos«? Es stimmt: Ein von Menschen gemachter Glaube ist wertlos. Wer glaubt, der weiß: Glauben *kann* man gar nicht selbst machen, man kann ihn nur erfahren. Man kann Glauben auch nicht lernen, er entwickelt sich. Man kann zwar Glaubensgrundsätze lernen, man kann Glaubensbekenntnisse auswendig lernen, man kann erfahren, wie es zur Entstehung des Christentums kam. Aber den Glauben selbst, den kann man nicht lernen, den kann man nicht machen, schon gar nicht »selbst« machen. Die Rede vom »selbst gemachten Glauben« ist ein Widerspruch in sich.

»Ein selbst gemachter Glaube ist wertlos«, sagte also der Papst, um im nächsten Satz auf den Widerspruch gleich selber hinzuweisen: »Der Glaube ist nicht etwas, was wir ausdenken oder aushandeln.« Eben! Weil wir den Glauben nicht selbst machen können, können wir ihn (uns) auch nicht ausdenken oder gar aushandeln. Wir können ihn nicht erfinden. Er kommt von selbst.

Auch ich habe mir meinen Glauben nicht ausgedacht. Er ist entstanden. Es stimmt, ich denke viel über den Glauben nach, ich verstehe dieses und verwerfe jenes. Und ich folge dem, was ich glauben kann. Da ist nichts selbst »gemacht«. Da ist alles nur selbst »gedacht«. Mein Glaube kommt nicht von Menschen, nicht von der Bibel, nicht von der Kirche, sondern aus meinem Herzen. Ein solcher Glaube ist nicht wertlos. Wertlos ist ein Glaube, der blind folgt, ein Glaube, der Gehorsam ist. Ein solcher Glaube ist Nachplapperei, aber nicht Glaube.

Glauben heißt, hinter den Horizont zu sehen, dorthin, wo es weitergeht. Wir wissen aber nicht, wie es da aussieht. Da kann man sich einiges ausdenken, und das ist natürlich selbst erfunden, also »selbst gemacht«. Aber zum Glauben wird es dadurch nicht.

Wer meint, Glauben könne man sich ausdenken, Glauben könne man aushandeln, der weiß nicht, was Glaube ist. Der Glaube ist keine Theorie, über die man streiten kann, sondern etwas, was in uns ist. Darum ist der Glaube auch nicht verhandelbar und ausdenkbar, da hat der Papst völlig recht.

»Ausdenkbar« ist, wie wir die Bibel übersetzen, wie wir sie auslegen. Das ist klar, denn sie ist ein Menschenwerk. Es gibt ein schönes Beispiel dafür. Es steht im ersten Buch Könige (3, Vers 9). In der katholischen Einheitsübersetzung bittet König Salomo, als er den Thron besteigt, Gott um ein »hörendes Herz«. In der

Bibel Martin Luthers bittet Salomo um ein »gehorsames Herz«. Ob ein Herz hört oder gehorcht, ist etwas gänzlich anderes. Das eine fühlt; das andere folgt. Diese kleine Stelle zeigt, was man aus Worten machen kann. Man kann die Bibel so oder so übersetzen, man kann sie so oder anders auslegen. Das kann man sich »ausdenken«.

Wenn nun verschiedene theologische Auslegungen aufeinandertreffen, kann man über sie reden, man kann über sie diskutieren, man kann ihretwegen streiten. Man kann aber auch versuchen, sich anzunähern. Die Übersetzungen, die Auslegungen sind natürlich »verhandelbar«. Der Glaube ist nicht etwas, was wir ausdenken oder aushandeln, das stimmt. Aber über die Grundlagen des Glaubens, die Bibel, kann man sprechen. Hier sind Kompromisse möglich. Hier geht es um Theologie, wörtlich übersetzt »die Lehre von Gott«. Die christliche Theologie versteht sich als Wissenschaft. Sie setzt sich wissenschaftlich mit den Quellen des Glaubens auseinander. Sie ist Theorie – und darum selbstverständlich verhandelbar.

Verhandelbar und ausdenkbar ist auch, was wir aus dem Glauben machen, die Art und Weise, wie wir ihn leben, wie wir mit ihm umgehen, zum Beispiel in Gottesdiensten. Gottesdienste werden von Menschen gestaltet und besucht, die eines im Sinn haben: Sie wollen ihren Glauben nicht nur allein, sondern auch in der Gemeinschaft erleben. Da müssen Gemeinsamkeiten gefunden werden, da werden Kompromisse gemacht. Der Umgang mit dem Glauben ist also durchaus etwas,

was wir »ausdenken« und »aushandeln«, um im Duktus der päpstlichen Rede zu bleiben.

Ob wir uns mit dem, was wir aus dem Glauben machen, *kirchlich* trennen oder einen, liegt an uns. Ob wir mit uns mit der Auslegung der Bibel *theologisch* trennen oder einen, liegt auch an uns. Nur, dass beides etwas anderes ist als der Glaube.

Mein Glaube ist nicht »selbst gemacht«, er ist auch nicht »ausgedacht« oder »ausgehandelt«. Mein Glaube ist »selbst gedacht«. Das Nachdenken gehört zu meinem Glauben eindeutig dazu.

Von vermeintlichen Schleichwegen und der Notwendigkeit der Frage nach Gott

»Glaubst du noch oder denkst du schon?«, sollte das Motto einer Demonstration gegen den Papstbesuch sein. Wer immer sich das ausgedacht hat, hat keine Ahnung vom Glauben. Der meint offenbar, der Glaube sei etwas für Naive, als würde der, der glaubt, nicht auch denken. Als würde der, der glaubt, nichts infrage stellen! Glauben hat mit Denken nicht *nichts*, sondern *unbedingt* etwas zu tun. Denn wer von uns, die wir glauben, kennt nicht den Zweifel? Selbst Jesus am Kreuz war ein Zweifler: »Mein Gott, mein Gott, warum hast du mich verlassen?«, rief er. Das ist ja die Krux an der Sache: Weil Glaube nicht Wissen ist, wird man gezwungen zu ringen, ist man gezwungen zu denken. Wer ernsthaft glauben will, darf nicht blind folgen, er muss denken. Es ist ein Glück für die Papstgegner, dass sich das »Ikea«-Motto nicht durchgesetzt hat. Niemand hätte sie ernst genommen. Dabei war ihre Kritik in Teilen durchaus berechtigt – nur eben nicht am Glauben, sondern an der katholischen Kirche und ihren Dogmen.

Wer glaubt, ist nicht naiv – wie einige Papst-Gegner offenbar unterstellen wollten. Wer glaubt, ist auch nicht schwach, wie regelmäßig andere behaupten.

Der Soziologe Siegfried Kracauer beispielsweise nannte den Glauben einst einen »Schleichweg der Schwachen«. Interessant. Nur: Woher wusste er das? Für mich ist der Glaube keineswegs ein Schleichweg für Schwache, sondern ein aufrechter Gang der Stärke. Weil ich mich vor den Fragen des Lebens und des Todes nicht drücken *kann* und mich darum vor ihnen nicht drücke; weil ich die Frage, was nach dem Sterben kommt, nicht mit einem einfachen »Nichts« beantworten *kann* und es darum auch nicht tue, sondern mich dem Geheimnis stelle (weil ich es muss). Es wäre viel einfacher für mich, wenn ich die Frage mit einem schlichten »Nichts« beantworten könnte.

Es ist auch keineswegs »vorteilhaft«, »unbeirrbar an die Unsterblichkeit zu glauben«, wie der Philosoph Thomas Metzinger zu glauben meint. Er ist überzeugt, dass das »Ego« bloß Illusion ist, dass das »Selbst« ein raffiniertes Produkt des Gehirns ist und mehr nicht. Für ihn ist es ein Leichtes zu sagen, es sei der »Evolution der Selbsttäuschung« geschuldet und eine »perfide Erfindung von Mutter Natur«, »sich positive Illusionen zu machen«, sprich: optimistisch zu sein und auf ein Leben nach dem Tod zu hoffen.

Für mich ist die Frage nach Gott kein Beleg naiven Glaubens. Für mich ist sie keine »religiöse Selbsttäuschung« und erst recht kein »Schleichweg für Schwache«. Für mich ist die Frage nach Gott: Notwendigkeit. Gerade weil ich den Zweifel kenne und darum infrage stelle, was ist und was kommt. Und weil ich weiß, wie schwer einem der Zweifel das Leben machen kann, weiß ich auch, dass Glauben und Zweifel mitnichten Zeichen der Schwäche sind. Wer behauptet, der Glaube sei etwas für Schwache, sei gar der Weg des geringsten Widerstands, hat keine Ahnung, wie sehr einen der Glaube umtreiben kann. Wie stark man ihn in Zweifel ziehen kann – und damit sein eigenes Leben. Wie einen das alles in den Wahnsinn treiben kann, genauso wie ins Glück.

Man mag behaupten, ich ginge den Weg des geringsten Widerstands: Es ist nicht so. Widerstandslos wäre ich ohne Vertrauen. Man mag mir meinen Glauben als Schwäche auslegen: Er ist es nicht. Schwach wäre ich ohne die Hoffnung.

Glauben in Hülle und Fülle

Es ist seltsam, über den Glauben nachzudenken, es ist seltsam, über ihn zu reden und zu schreiben. Als sei er Geschichte. Oder läge in der Zukunft. Dabei ist Glauben nie Vergangenheit, er ist auch nie Zukunft. Glaube ist nicht gestern oder morgen, nicht eben oder gleich: Glauben gibt es nur jetzt, in diesem Augenblick, der schon wieder vorüber ist, sobald man das Wort »Augenblick« ausgesprochen oder aufgeschrieben hat. Glauben ist wie Leben. Auch Leben gibt es nur im Jetzt.

Doch wie ist das mit dem Jetzt und dem Glauben?

Glaube ich nur, wenn ich daran denke, dass ich glaube? Nur wenn ich weiß: *Jetzt* glaube ich? Glaube ich nur, wenn ich mich vergewissere, *dass* ich glaube? Wenn ich über ihn lese oder schreibe oder rede? Wenn ich eine Predigt höre oder Lieder singe? Wenn ich in einer Kirche bin? Wenn ich bete oder in den Himmel sehe? Wenn ich eine Kerze anzünde? Heißt Glauben Aktion? Ist Glaube ein Zustand? Braucht Glauben Bewusstsein von Glauben? Ich brauche das schon, ich Zweiflerin. Nur der Glaube, der braucht es nicht.

Kann man überhaupt im Jetzt, gleichsam »bewusstlos«, gläubig sein? Richtet sich der Glaube nicht immer auf das Gleich? Gibt es Glaube ohne Hoffnung auf das, was erst kommt? Wie ist das mit der Ewigkeit, die schon da ist? Wenn sie bereits da ist, ist dann nicht die Unendlichkeit schon Gegenwart? Oder die Gegenwart Unendlichkeit?

Unendliche Gegenwart – gegenwärtige Unendlichkeit! In uns, schon jetzt. Der Glaube ist wie ein Fluss, der durch uns zieht, als seien wir Gefäße wie Röhren; nein, nicht Röhren, die nichts halten, denn der Glaube ist ja da. Als seien wir der Fluss, durch den der Glaube fließt, als sei der Glaube das Wasser, das durch unsere Seelen fließt – und doch bleibt, als seien unsere Seelen der Glaube. Als fließe Gott durch unsere Seelen. Als seien Gott und die Seele dasselbe.

Die Seele und Gott, der Glaube und die Gegenwart: Die Ewigkeit gibt es in Hülle und Fülle. Ohne Anfang und ohne Ende. So wie der Mensch nicht vergeht, weil seine Seele fortbesteht, so hat seine Seele nie begonnen zu sein. Wenn wir als irdisches Wesen zur Welt kommen, gesellt sie sich zu uns. Wenn wir als irdische Wesen diese Welt wieder verlassen, lebt sie fort. Wir öffnen die Fenster und lassen sie frei. »So nimm denn zurück die Seele, die du mit uns geteilt hast«, sagt Meryl Streep in Sydney Pollacks großartigem Film *Jenseits von Afrika* beim Tod des geliebten Mannes. Die Seele, die Gott mit anderen teilt, wenn wir zu irdischen Gestalten werden – was für ein Satz! Ja, manchmal hört man in Filmen Sätze, die auch in der Bibel stehen könnten. Ohne Anfang und ohne Ende kommt unsere unverwechselbare Seele aus Gott. Und ist darum immer Gegenwart. Wer seine Seele spürt, ist in der Gegenwart. Da ist Gott im Himmel, und der Himmel ist in uns. Da ist Gott in der Seele und die Seele in uns.

Gott ist nie weg. Er ist auch kein Not-Anker. Er ist nicht nur da, wenn nichts mehr geht, sondern immer. Manchmal vergesse ich das, und Gott fällt mir erst wieder ein, wenn ich ihn suche. Dabei brauche ich ihn nicht zu suchen. »Wohin soll ich gehen vor deinem Geist, und wohin soll ich fliehen vor deinem Angesicht?«, fragt der Psalmist, als wolle er Gott entkommen – und weiß doch sofort: »Führe ich gen Himmel, so bist du da; bettete ich mich bei den Toten, siehe, so bist du auch da. Nähme ich Flügel der Morgenröte und bliebe am äußersten Meer, so würde auch dort deine Hand mich führen und deine Rechte mich halten.« (Psalm 139, Verse 7–10)

Da spielt es keine Rolle, wo ich bin. Da spielt es keine Rolle, ob ich mich vergewissern muss, dass das so ist, ob ich Beweise brauche oder ein Bewusstsein meiner Seele, meines Glaubens. Mein Glaube ist keine Haltung, von der abhängt, wie es sich mit meinem Gott verhält. Er ist keine Einstellung, als würde Gott sich einstellen, um wieder fortzugehen, als könnte ich ihn einstellen, um ihn wieder abzustellen: »Spräche ich: Finsternis möge mich decken und Nacht statt Licht um mich sein, so wäre auch Finsternis nicht finster bei dir, und die Nacht leuchtet wie der Tag. Finsternis ist wie das Licht«, heißt es in Psalm 139 weiter (Verse 11–12). Selbst wenn ich ein Licht wäre, das man ein- und ausstellen kann, hülfe das nichts. Gott wäre da.

Der Glaube ist kein Zustand, er bedeutet nicht Aktion. Er ist da, in Hülle und Fülle. Betrunken kann man davon werden!

Es ist Zeit für ein Gewitter.

Der Rausch der Leichtigkeit

Es ist gut, dass Glaube nicht Wissen ist. Wäre Glaube Wissen, gäbe es keinen Glauben. Alles wäre starr und gewiss. Man wüsste, was richtig ist und was falsch.

Man wüsste, woher alles kommt und wohin alles führt. Wer alles weiß, kann jedes Rätsel lösen. Für den gibt es keine Wunder. Doch was wäre ein Leben ohne Wunder? Für mich ein unvorstellbares.

Manchmal wünschte ich, ich könnte meinen Bruder fragen, wie das so war mit dem Sterben und wie es ist, tot zu sein. Ich kenne Berichte von Menschen, die klinisch tot waren und ins Leben zurückkehrten. Sie berichten von Tunnel und Licht, viele davon, wie sie ihren Körper verließen und zu schweben begannen, wie sie sich sehen konnten und auch die anderen, und wie leicht sie da waren, wie ein Rausch sei das gewesen. Die meisten waren glücklich, aber manche hatten Angst. Nahtoderfahrung wird das genannt.

Eine Geburtsurkunde, eine Sterbeurkunde, und der Rest nur Erinnerung?

Wie ist es, wenn man stirbt? Wie ist es, wenn man tot ist? So gern ich meinen Bruder auch fragen würde: Ich werde es nie erfahren, bis ich es selbst »erlebe«. Vielleicht ist das gut. Wer weiß, wie wir lebten, wenn wir wüssten, wie es wird. Wie kolossal anders wäre das Leben. Wie sinnlos vielleicht.

Es gibt Menschen, die glauben nicht an Gott und ein Leben nach dem Tod. Viele wollen es nicht, weil für sie das Leben nur durch seine Endlichkeit einzigartig ist. Gerade die Nichtexistenz Gottes mache ihr Leben wertvoll, sagen sie. Weil es kein Jenseits gebe, sondern nur das Leben hier auf Erden. Und weil es das einzige sei, das wir haben, müssten wir es genießen und nutzen. Nahtodberichte sind für solche Menschen natürlich ein Teil des Lebens und nicht des Sterbens, da die Menschen ja nicht gestorben sind (und nach dem Tod auch nichts kommt). Doch ist es so? Niemand weiß, ob Nahtoderfahrungen zum Leben gehören oder nicht doch die ersten Schritte des Sterbens sind, also des Todes. Niemand weiß, ob Menschen mit Nahtoderfahrungen nicht doch er-»lebt« haben, wie es ist zu sterben. Und wie es ist, tot zu sein. Selbst die Betroffenen wissen es nicht.

Gibt es überhaupt eine Grenze zwischen Diesseits und Jenseits? Vielleicht ist der Tod nur ein Einschnitt für uns Menschen, aber kein Einschnitt in unserem Leben, keine Unterbrechung des Lebens. Es ist schwer, daran zu glauben. Weil wir uns nur vorstellen können, dass das Ende, das wir sehen, auch das Ende ist. Ein Ende, nach dem nichts mehr kommt, weil es nicht nur unsere Vorstellungskraft übersteigt, sondern auch unsere Kräfte.

Denn es stimmt doch: Einen Toten, der beerdigt ist, kann man nicht sehen. Man kann nicht mit ihm reden. Man kann ihn nicht berühren. Er ist weg. Er kann einem so sehr fehlen, dass es wehtut. Manchmal sind die Sterne so verdammt weit weg! Manchmal reicht es, dass ein Erinnerungsstück umfällt, um wieder sicher zu sein: Man schafft es nie.

Was mir in diesen Momenten hilft, ist die Hoffnung, dass da mehr ist als der brutale (Todes-)Schnitt. Es ist ein störrisches Ringen um meinen Glauben. Denn ohne den Glauben schaffe ich es nicht.

Es ist mir ein Rätsel, wie es Menschen ohne Glauben aushalten, wenn jemand stirbt. Bleibt für sie nur das Nichts? Wenn es mir mit meinem Glauben schon schwerfällt, weiterzuleben und weiterzumachen, wie muss es dann jenen ergehen, für die alles vorbei ist; für die, die an nichts glauben, außer ans Diesseits? Für die der andere bloß noch Geschichte ist, eine Geburtsurkunde, eine Sterbeurkunde und der Rest nur Erinnerung?

Diesseits und jenseits der Grenze

Der Glaube ist eine gute Sache, und die Ungewissheit ist es auch. Sie halten mich am Leben, sie machen mich gespannt auf das, was noch kommt.

Es gibt so viele Möglichkeiten, wie es weitergehen kann, wer weiß schon, welche stimmt? Wie stark haben sich die Vorstellungen im Lauf der Zeit verändert. Die Antworten auf die Fragen: Was hat es auf sich mit dem Diesseits und Jenseits? Wo Gott ist: dort *oder* hier? Dort *und* hier? Ganz unterschiedliche Bilder hatte die Menschheit davon. Es gab Zeiten, da dachten die Menschen nicht an ein Jenseits. Da war man sicher, die Welt, die man kannte, sei schon das Ganze, und der Himmel jenseits des Ganzen gehöre den Engeln. Nur in den Räumen, die den Wissenschaftlern ein Rätsel waren, da sei Gott. Gott war »ein Lückenbüßer«, wie der Theologe Jörg Zink einmal schrieb. Je mehr die Wissenschaft aber auch diese Räume erforschte, desto kleiner wurde der Platz für Gott. Die Vorstellung, dass Gott dort *und* hier sein könne, in den Räumen, die man kannte, und jenen, die man nicht kannte, schien unvorstellbar.

Noch heute glauben viele, dass Jenseits und Diesseits verschiedene Welten seien, ohne Bezug zueinander. Als sei die Grenze zwischen Diesseits und Jenseits unüberwindbar. Viele glauben weder an ein Diesseits und Jenseits *im* Leben noch an ein Diesseits und Jenseits *des* Lebens.

Der Heidelberger Theologe Klaus Berger notierte einst eine Geschichte, die hierzu trefflich passt. Er nannte sie »Nachdenklichkeiten«. Sie handelt vom »Leben danach«, aber aus einer ganz anderen Sicht. Es ist die »Geschichte von den zwei Knaben«. Sie stammt aus Amerika und geht so:

Die Geschichte zweier Knaben

Es geschah, dass in einem Schoß Zwillingsbrüder empfangen wurden. Die Wochen vergingen, und die Knaben wuchsen heran. In dem Maß, in dem ihr Bewusstsein wuchs, stieg die Freude: »Sag, ist es nicht großartig, dass wir empfangen wurden? Ist es nicht wunderbar, dass wir leben?!« Die Zwillinge begannen, ihre Welt zu entdecken. Als sie die Schnur fanden, die sie mit ihrer Mutter verband und die ihnen die Nahrung gab, da sangen sie vor Freude: »Wie groß ist die Liebe unserer Mutter, dass sie ihr eigenes Leben mit uns teilt!«

Als aber die Wochen zu Monaten wurden, merkten sie plötzlich, wie sehr sie sich verändert hatten. »Was soll das heißen?«, fragte der eine. »Das heißt«, antwortete der andere, »dass unser Aufenthalt in dieser Welt bald seinem Ende zugeht.« »Aber ich will gar nicht gehen«, erwiderte der eine, »ich möchte für immer hier bleiben.« »Wir haben keine andere Wahl«, entgegnete der andere, »aber vielleicht gibt es ein Leben nach der Geburt!«

»Wie könnte das sein?«, fragte zweifelnd der erste. »Wir werden unsere Lebensschnur verlieren. Wie sollten wir ohne sie leben können? Und außerdem haben andere vor uns diesen Schoß verlassen, und niemand von ihnen ist zurückgekommen und hat uns gesagt, dass es ein Leben nach der Geburt gibt. Nein, die Geburt ist das Ende!«

So fiel er in tiefen Kummer und sagte: »Wenn die Empfängnis mit der Geburt endet, welchen Sinn hat dann das Leben im Schoß? Es ist sinnlos. Womöglich gibt es gar keine Mutter hinter allem.« »Aber sie muss doch existieren«, protestierte der andere. »Wie sollten wir sonst hierhergekommen sein? Und wie könnten wir am Leben bleiben?« »Hast du je unsere Mutter gesehen?«, fragte der eine. »Womöglich lebt sie nur in unserer Vorstellung. Wir haben sie uns erdacht, weil wir dadurch unser Leben besser verstehen können.« Und so waren die letzten Tage im Schoß der Mutter gefüllt mit vielen Fragen und großer Angst.

Schließlich kam der Moment der Geburt. Als die Zwillinge ihre Welt verlassen hatten, öffneten sie ihre Augen. Sie schrien. Was sie sahen, übertraf ihre kühnsten Träume.

Die Mauer

Auch Jörg Zink näherte sich den Fragen des Diesseits und Jenseits mithilfe von Geschichten. Es waren keine Märchen, eher Bilder. An ein Diesseits und Jenseits *im* Leben zu glauben sei leicht, behauptete er in seinem Buch *Auferstehung* und brachte ein bestechendes Beispiel: »Ich stehe vor einem Haus. Ich sehe seine Vorderseite. Die Rückseite sehe ich nicht«, schrieb Zink und fuhr fort: »Aber bedeutet dies, dass der hintere Teil des Hauses nicht mehr zum Haus gehört? Nein. Gehe ich um das Haus herum, so sehe ich: Es ist dasselbe Haus. Ein ganz normales.« Wir alle sind schon um Häuser herumgegangen, und niemand hat sich je gefragt, ob die Rückseite des Hauses zum Haus gehört. Natürlich gibt es diesseits und jenseits des Hauses, natürlich gibt es also ein Diesseits und Jenseits *im* Leben, und selbstverständlich gehört das Jenseits zum Diesseits dazu, wie das Beispiel zeigt.

Anders ist es, wenn es ums Diesseits und Jenseits *des* Lebens geht, um ein Jenseits, das man weder kennt noch sehen kann, und von dem man nichts weiß. Weil wir nicht wissen, was kommt, glauben wir nicht, dass überhaupt etwas kommt. Und wenn etwas kommt, hat es mit unserer Welt ganz bestimmt nichts zu tun. Das glauben viele. Jörg Zink stellte genau das infrage und nahm als Beispiel eine Mauer: »Ich stehe vor einer Mauer. Ich sehe bis zu ihr hin. Was auf der anderen Seite der Mauer ist, sehe ich nicht. Aber bedeutet das, dass jenseits der Mauer eine andere Art Welt beginnt?« Nur weil wir sie nicht sehen? Nur weil wir sie nicht kennen? Nur weil wir von ihr nichts wissen?

Vielleicht gibt es jenseits der Mauer tatsächlich keine Welt. Vielleicht aber doch. Vielleicht gehört die Welt hinter der Mauer nicht zu unserer Welt. Vielleicht aber doch, wie die Rückseite des Hauses zum Haus. Vielleicht ist die Welt jenseits der Mauer eine andere. Vielleicht aber ist sie dieselbe. Vielleicht gibt es überhaupt nur eine Welt und nicht zwei, und die Mauer trennt sie nicht. – Ein großartiges Bild, das Jörg Zink da schuf.

Da sind sie wieder, die Fragen und Vermutungen: Gibt es überhaupt eine Mauer zwischen dem Diesseits und dem Jenseits? Ist nicht Gott dort *und* hier? Vielleicht war die Grenze, die Mauer nie da.

Ich bin gespannt auf das, was kommt. Ich bin neugierig, was und wie des Rätsels Lösung ist. Für mich macht nicht die Abwesenheit von Gott das Leben einzigartig, sondern seine Anwesenheit. Erst durch das Jenseits wird mein Leben wertvoll, weil es eben nicht mit dem Tod endet (und damit sinnlos wird), sondern weil es weitergeht. Da lohnt es sich doch zu leben!

Aber es bleibt ein Geheimnis. Die Ungewissheit, meine Neugier und dazu noch mein Glaube: Sie lassen mich leben bis zuletzt – falls es ein »Zuletzt« denn überhaupt gibt.

Denn ein Geheimnis, das aufhört, hört auf, ein Geheimnis zu sein.

Die Ahnung

Mein Bruder, dieser wunderbare Bildhauer, sah in der Kunst die »Lehre vom Geheimnis«. »Jeder, der sich mit Kunst befasst, ist in den Genuss gekommen, Wesenhaftes – Wesentliches – in Skulptur, Malerei, Musik oder Literatur wahrzunehmen«, schrieb er einmal. »Aber das Wesenhafte bleibt Ahnung, keine Ausformung der Logik kann es erfassen. Wir brauchen andere Mittel und Wege, uns dem Eigentlichen zu nähern. Zu diesen Wegen zähle ich u. a. Instinkt, Respekt, Humor und Zutrauen. Aber selbst dann bleibt eine Essenz, die letztlich ›nur‹ sich selbst erklärt.«

»Jeder, der sich mit Gott, mit dem Wunder des Lebens befasst, kommt in den Genuss, Wesentliches wahrzunehmen«, ließe sich der Satz meines Bruders variieren. Denn auch bei Gott und dem Wunder des Lebens geht es um das »Wesenhafte«, das immer »Ahnung« bleibt. Das »keine Ausformung der Logik«, also auch keine noch so gut gemeinten Worte, kein noch so angeblich stichhaltiger Beweis je erfassen kann. Mein Weg, mich dem »Eigentlichen« zu nähern, ist der Glaube. Aber auch mit ihm bleibt eine »Essenz«, die letztlich »nur« sich selbst erklären kann. Und sich darum uns entzieht.

»Geheimnisse werden in der Kunst nicht gelüftet, sondern geschaffen«, schrieb der Bruder weiter. So geht es mir auch mit dem Glauben. Auch der Glaube zeigt Geheimnisse auf, ohne sie zu lüften. Weil man »in den Genuss« kommt, »Wesenhaftes – Wesentliches – wahrzunehmen«. Weil man eine Ahnung davon bekommt, dass es einfache Antworten nicht gibt. Weil man mit dem Glauben erst begreift, dass da noch mehr ist, als man sich vorstellen kann: dass alles ein Geheimnis ist, selbst der Glaube – auch wenn mein Glaube kein Geheimnis ist.

Das wahre Geheimnis lässt sich nicht lösen. Sonst wäre es kein Geheimnis. Auch der Glaube kann es nicht lüften. Er ist eben »nur« der Glaube. Wie für meinen Bruder die Kunst ist für mich der Glaube »die Lehre vom Geheimnis«. Beides kommt aus der Schöpfung. Beides ist schöpferisch und Schöpfung zugleich.

Für den Bruder war das Geheimnis ein Ansporn seiner Kunst. Für mich ist das Geheimnis ein Ansporn meines Glaubens. Beides lebt aus der Ahnung. Aus mehr lebt es nicht. Die Ahnung, die ein Geheimnis nicht lüften kann, eben weil es um ein Geheimnis geht, ist die größte Ahnung, die es gibt. Eine solche Ahnung macht mich demütig. Und neugierig.

Das Geheimnis ist kein Fluch, sondern ein Segen. Es macht mir keine Angst, sondern Mut.

Und genau das treibt mich an.

IV

Vom Segen

5 Du sollst ein Segen sein!
Ausgerechnet ich?

Was mich hält / 1. Buch Mose 12, Vers 2

Was das Kreuz erträglich macht

Kein Segen für mich ist, Jesus am Kreuz zu sehen. Die Hände durchbohrt, die Füße, die Dornenkrone – das entsetzt mich. Kein Geheimnis, sondern offenbar sind seine Qualen. Ich finde es schwer zu ertragen. Oft drehe ich mich um und suche die Orgel. Die Orgel, von der die Musik tönt; auch wenn sie stumm ist, kann ich sie hören. Es ist dieser Klang einer Kirche. Oder ich blicke auf die Fenster; ich suche das Licht, das durch sie hindurchgeht, die Hoffnung. Zu präsent ist der Schmerz am Kreuz, zu präsent ist der Ruf: »Mein Gott, mein Gott, warum hast du mich verlassen?« Zu laut der Schrei, bevor Jesus stirbt (Matthäus 27, Verse 46 und 50, sowie Markus 15, Verse 34 und 37).

Es gibt eine Kirche, in der ist das anders. Die Gedächtniskirche in Berlin zeigt Jesus nicht ans Kreuz geschlagen, sondern schwebend über uns wie ein Engel. Die Arme ausgestreckt, nicht in Pein, sondern weit ausgebreitet, wie zum Schutz. Es ist keine Figur, die leidet, sondern eine Figur, die zu segnen scheint. Groß und hoch und goldfarben, prächtig und mächtig und doch unaufdringlich. Kein Kreuz ist zu sehen. Nur Jesus, der für das Leben steht und nicht für den Tod. Es ist ein Christus, der lebt, und nicht einer, der stirbt, obwohl er – kaum sichtbar – Nägel in Händen und Füßen hat.

Was die Figur so besonders macht, ist dies: Die Hände zeigen nicht nach unten, sondern zur Seite. Sie sind offen. Als empfange Jesus selbst den Segen. Als käme der Segen nicht von ihm, sondern von irgendwo, womöglich von Gott. Als sei Jesus nicht Segnender, sondern der Überbringer des Segens. Das schließt auch ihn in den Segen ein. Jesus steht nicht zwischen uns und Gott, sondern gesellt sich zu uns, wird ein Teil von uns, auch wenn er hoch oben und erhaben vor uns schwebt.

Jeder Gottesdienst endet mit einem Segen, es ist für mich fast der wichtigste Teil. Wenn der Pfarrer sagt: »Der Herr segne euch und behüte euch. Er lasse sein Angesicht leuchten über euch und sei euch gnädig. Der Herr hebe sein Angesicht über euch und gebe euch Frieden«, fühle ich Gott ganz nah – doch nie ganz verbunden. Denn etwas stört mich daran. Es ist dieses »euch« in dem Segen, als stelle der Pfarrer sich über uns. Als käme der Segen von ihm. Es sind auch die Hände des Pfarrers, die mich oft irritieren, Hände, die meistens nach unten zeigen, als breite der Pfarrer seine Arme über uns aus und schließe sich selbst nicht mit ein. Als brauche er nicht diesen Segen, als habe er ihn schon.

Es gibt aber auch Pfarrer, die machen das anders. Auch sie breiten ihre Arme aus, aber sie halten ihre Handflächen nach oben. Diese Pfarrer sagen nicht: »Der Herr segne euch und behüte euch«, sondern beten für alle, auch für sich: »Der Herr segne *uns* und behüte *uns*.« Mit dieser kleinen Geste und diesem anderen Wort werden sie ein Teil der Gemeinde. Mit dieser kleinen Geste und diesem anderen Wort zeigen sie, woher der Segen kommt: allein von Gott. Auch der Pfarrer wird gesegnet. Er gibt den Segen nur weiter – wie die Christusfigur in Berlin, die noch nicht einmal sprechen kann und trotzdem vom Segen zeugt. Genau das schafft Nähe.

Pfarrer, die so segnen, maßen sich nichts an. Sie stellen sich nicht zwischen mich und meinen Gott; sie gerieren sich nicht als einen Umweg, den man hinnehmen muss. Sie machen sich nicht zu Gott. Sie machen sich klein – und damit groß. Denn sie tun nicht »als ob«.

Bei einem solchen Segen ist Gott mir ganz nah, und ich fühle mich ihm ganz verbunden. Da weiß ich, dass ich kein Publikum bin. Da bin ich berührt, weil ich berührt werde; da bin ich ergriffen, weil ich ergriffen werde. Da spüre ich den Segen auf meiner Seele und den Segen wie meine Seele. Meine Seele, die von Gott kommt und unter seinem Segen steht.

Dann danke ich Gott, ohne den Pfarrer mit einzubeziehen. Das schmälert meine Dankbarkeit gegenüber dem Pastor keineswegs. Aber die Dankbarkeit ihm gegenüber ist eine andere. Dem Pfarrer bin ich dankbar für seine Worte, für sein »uns« und seine Geste der nach oben offenen Hand. Für den Segen danken aber kann ich ihm nicht. Kein Mensch kann einen anderen segnen, auch kein Pfarrer. Das kann nur Gott: »*Der Herr* denkt an uns und segnet uns«, heißt es im Psalm 115 (Vers 12). Nicht wir.

Wenn ich an den Segen denke, denke ich niemals ans Kreuz und den geschundenen Körper und auch nicht an den Tod. Aber an Hände, die offen nach oben zeigen, an die Christusfigur in Berlin, an die Fröhlichkeit und den Mut des Lebens. Aus einem solchen Gottesdienst gehe ich gestärkt hervor, selbst wenn ich schwach bin.

Und doch ist mir das Kreuz auch wichtig. Nicht als Ausdruck des Schmerzes, sondern als Zeichen der Verbundenheit, als Zeichen von Gott. Ich verstehe, dass Katholiken sich bekreuzigen. Es ist eine Geste der Bescheidenheit, eine Geste, die zeigt, dass nicht das »Ich« der Mittelpunkt ist, sondern das »sein«, wie es bei Jesaja 43, Vers 1 heißt (»du bist mein!«). Dass ich »sein« bin und nicht »mein«. Dass ich »sein« sein kann und nicht »mein« sein muss, also weder auf mich gestellt bin noch sein muss – auch wenn meine Verantwortung für das, was ich tue, dieselbe bleibt.

Deutlich erinnere ich mich an einen Tag, da zeichnete ein Priester ein Kreuz auf meine Stirn. »Das kommt jetzt nicht von mir«, sagte er. Sonst nichts. Den Segen spüre ich noch immer. Gesegnet und angenommen, behütet und gestärkt.

Obwohl ich mich vor Ostern fürchte, vor der Kreuzigung; obwohl ich an das leere Grab nicht glaube und mich die Auferstehung erschreckt; obwohl ich zu Jesus am Kreuz nicht beten kann: Das Kreuz auf der Stirn ist mir wichtig.

»Der Herr segne uns und behüte uns. Er lasse sein Angesicht leuchten über uns und sei uns gnädig. Der Herr hebe sein Angesicht über uns und gebe uns Frieden.«

Wer bin ich, dass ich gesegnet bin?

Es ist eine Wohltat, diese Worte zu hören, und eine Gnade, sie empfinden zu können. Aber immer wieder frage ich mich: Wieso werde ausgerechnet ich gesegnet? Ich mit meinen Zweifeln und meinem Hadern? Ich, die ich zuweilen nicht dankbar, sondern undankbar bin. Nicht gerecht, sondern ungerecht. Nicht gnädig, sondern ungnädig. Nicht leidlich, sondern unleidlich. Nicht großzügig, sondern missgünstig. Nicht mutig, sondern feige. Nicht vertrauensvoll, sondern misstrauisch. Verdiene ich Gottes Segen überhaupt? Wer bin ich, dass ich Gottes Segen bekomme?

»Was ist der Mensch, dass du seiner gedenkst, und des Menschen Kind, dass du dich seiner annimmst?«, wunderten sich schon die Psalmisten (Psalm 8, Vers 5). Auch andere trieb die Frage um. So fragte sich Dietrich Bonhoeffer, der Widerstandskämpfer, in seiner Bedrängnis: »Wer bin ich?« Es war im Juni 1944, der Pfarrer saß im Militärgefängnis Berlin-Tegel, als er schrieb:

»Bin ich das wirklich, was andere von mir sagen?
Oder bin ich nur das, was ich selbst von mir weiß?
Unruhig, sehnsüchtig, krank, wie ein Vogel
    im Käfig,
ringend nach Lebensatem, als würgte mir einer
    die Kehle,
hungernd nach Farben, nach Blumen, nach Vogel-
    stimmen,
dürstend nach guten Worten, nach menschlicher
    Nähe,
zitternd vor Zorn über Willkür und kleinlichste
    Kränkung,
umgetrieben vom Warten auf große Dinge,
ohnmächtig bangend um Freunde in endloser
    Ferne,
müde und leer zum Beten, zum Denken,
    zum Schaffen,
matt und bereit, von allem Abschied zu nehmen?

Wer bin ich? Der oder jener?
Bin ich denn heute dieser und morgen ein andrer?
Bin ich beides zugleich? Vor Menschen ein
    Heuchler und vor mir selbst ein verächtlich
    wehleidiger Schwächling?
Oder gleicht, was in mir noch ist, dem geschlagenen
    Heer,
das in Unordnung weicht vor schon gewonnenem
    Sieg?

Wer bin ich? Einsames Fragen treibt mit mir Spott.«

Es ist nicht nur die Frage, *wer* man ist, es ist auch die Frage, *warum* man ist, für wen oder was man lebt. Es ist die Frage nach der Rechtfertigung: Warum gibt es mich? Warum gedenkt Gott meiner, warum nimmt er mich an, wenn ich doch ein »Schwächling« bin?

Wie gut ich dieses Fragen kenne! Wenn ich nicht mehr weiter, weder ein noch aus weiß, wenn niemand mir helfen kann, wenn mich der Zweifel plagt, wenn er zum Selbstzweifel wird und nur noch Verzweiflung ist und ich nicht glauben kann, dass Gott mich noch kennt, dann stelle auch ich mir diese Fragen. Dann stelle ich Gott diese Fragen. Denn eine Antwort weiß ich nicht.

Auch Dietrich Bonhoeffer fand keine Antwort, sondern schloss mit den Worten:

»Wer ich auch bin, Du kennst mich,
Dein bin ich, o Gott!«

Bonhoeffer wusste offensichtlich, dass er die Fragen nicht beantworten kann. Er gab seine Suche nicht auf, sondern ergab sich in seine Erkenntnis: »Du kennst mich, Dein bin ich, o Gott.« *Das* war die Antwort auf seine Frage. Eine Antwort voller Demut, eine Antwort, die alle Fragen überflüssig werden ließen.

Verdiene ich Gottes Segen? Bin ich es wert, dass Gott meiner gedenkt? Bin ich es wert, dass Gott mich annimmt? Es sind wir Menschen, die solche Fragen stellen. Gott stellt sie nicht. Gott kennt mich. Er kennt auch die Antwort; er weiß warum. Damit hört mein

Fragen nicht auf. Aber festhalten kann ich daran. Denn ich bin selbst fest gehalten.

Wer bin ich, dass ich ein Segen bin?

Die Bibel spricht aber nicht nur vom Segen, den wir Menschen bekommen, sondern stellt uns selbst als Segen dar: »Ich […] will dich segnen […], und du sollst ein Segen sein«, heißt es im 1. Buch Mose (12, Vers 2). Ich freue mich über den Segen, ich lebe von ihm. Und wundere mich doch. Wie kann ich ein Segen sein? Wie anspruchsvoll das klingt! Wie kann ein Mensch ein Segen sein? Wer kann das »du sollst« erfüllen? Gewiss kann ich Gutes tun und ganz sicher auch Gutes wollen. Aber ein Segen sein? Das kommt mir etwas (zu) anmaßend vor, ein bisschen überheblich.

Doch geht es überhaupt darum, ein Segen zu *sein*? Geht es nicht eher darum, den Segen, den ich erhalte, nicht (für mich) zu »besitzen«, sondern ihn (für andere) zu leben? Dass nicht *ich* ein Segen bin, sondern mein Reden und Zuhören, mein Tun und mein (Da-) Sein? Ist der Satz: »Ich will dich segnen, und du sollst ein Segen sein« nicht vielmehr ein Auftrag zum Handeln? Zum Handeln im Auftrag? Vielleicht in dem Sinn, dass Gott sagt: Ich, Gott, bin bei dir (»Ich will dich segnen«), und du, Mensch, sollst etwas tun (»und du sollst ein Segen sein«)?

So verstanden, kann ich den Satz begreifen, so kann ich ihn annehmen – eben nicht als Überhöhung, nicht als Anmaßung, nicht als Dünkel, nicht als Arroganz, sondern als Bitte, als Forderung, als Aufforderung, ja, als Bestimmung. Eine Bestimmung, die nicht von mir stammt, sondern von Gott.

Es ist die Gnade, die mich gesegnet sein lässt. Es ist die Gnade, die mich »ein Segen« sein und segensreich wirken lässt. Es ist die Gnade, die mich sinnvoll handeln lässt.

Und handeln will ich.

Von der Hartnäckigkeit: Jakob

Handeln will ich unbedingt. Ich tue gern etwas. Ich engagiere mich gern, ich bin gern für andere da. Es ist ein Bedürfnis, das in mir steckt. Schwierig wird es, wenn ich nichts tun kann, wenn ich nichts ausrichten kann, weil ich nichts ändern kann. Wenn ich nur warten kann, bis sich woanders etwas tut. Ein solches Warten ist qualvoll, ist Ohnmacht. Wie oft haben wir das erlebt, als mein Bruder in der Klinik war und wir bloß warten konnten: bis ein Eingriff vorüber war, bis das Ergebnis kam. Da kann man kein Segen sein. Weil das Warten kein Segen ist, weder für mich noch für den anderen. Weil ich nur hoffen kann. Und das zerreißt mich dann.

Doch das Hoffen gebe ich nicht auf. Es drängt sich mir auf. Da ist es stur. So stur, wie Jakob es war, der im buchstäblichen Ringen mit Gott zu ihm rief: »Ich lasse dich nicht, du segnest mich denn.« (Genesis 32, Vers

27) Jakob hatte seinem Bruder Esau das Erstgeburts-
recht genommen, mit einer List und auf Geheiß seiner
Mutter hatte er ihn überdies noch des Segens ihres
blinden Vaters beraubt. Esaus Zorn war unermesslich,
er beschloss, seinen Bruder zu töten. Jakob floh. Jahre
später kehrte er zurück. Er wollte sich mit Esau ver-
söhnen. Auf seinem Rückweg begegnete er Gott. Es
war Nacht, und sie kämpften. Es ging »ums Ganze«,
und Jakob rang um das Ganze. Gott ließ sich ein auf
dieses Ringen, diesen unerbittlichen Kampf Jakobs mit
sich selbst und mit ihm, seinem Gott. So verletzt Jakob
auch war, so trotzig blieb er im Kampf, bis Gott ihn
endlich segnete. Erst dann fand er seinen Frieden und
schließlich auch Frieden mit Esau.

Jakobs Unerbittlichkeit kenne ich auch von mir.
Dieses hartnäckige Ringen um Frieden, der mehr als
Hoffnung ist, dieses starrköpfige Einfordern von
Gnade, die Segen bringt. Wenn ich unerbittlich hoffe,
wird das Warten erträglicher. Sonst ist es ein Fluch und
kein Segen. Ich will, dass mein Warten gesegnet ist. Ich
ringe darum. Ich bin froh über die Hoffnung, die so
unnachgiebig in mir steckt; die ich nicht beeinflussen
kann, als käme sie nicht von mir. Ich will auch »ein
Segen sein«, wie es im 1. Buch Mose steht. Nur liegt
das nicht in meiner Macht.

Hartnäckigkeit ist ein Teil meines Glaubens.

Von der Anmaßung, getrost zu sein

Von Dietrich Bonhoeffer stammt das Gedicht »Von guten Mächten wunderbar geborgen«, dessen letzte Strophe wohl die bekannteste ist. Auch sie handelt vom Warten.

> »Von guten Mächten wunderbar geborgen,
> erwarten wir getrost, was kommen mag.
> Gott ist bei uns am Abend und am Morgen
> und ganz gewiss an jedem neuen Tag.«

Es ist ein kraftvolles Gebet. Der Theologe schrieb es im Konzentrationslager Flossenbürg, im Dezember 1944, wenige Monate vor seiner Hinrichtung. Seine Situation konnte ausweglosar nicht sein. Woher nahm er die Kraft, so zu schreiben?

Bonhoeffers Gedicht, das viele Strophen hat, wurde mehrfach vertont. Das Gebet ist ein Klassiker in Todesanzeigen und als Lied ein Klassiker bei Beerdigungen. Doch immer, wenn es zu dieser Stelle kommt, versagt mir die Stimme, schnürt es mir die Kehle zu. Was Trost bringen soll, quält mich nur. Wie konnte Bonhoeffer getrost erwarten, was kommen mag, wusste er doch, dass seine Hinrichtung bevorstand, wusste er doch, dass seine Braut, seine Familie allein sein würden – ohne ihn? Es ist mir ein Rätsel.

Auch wenn ich weiß, weil ich ja glaube, dass wir von »guten Mächten wunderbar geborgen« sind; auch wenn ich weiß, weil ich glaube, dass Gott bei uns ist »am

Abend und am Morgen – und ganz gewiss an jedem neuen Tag«: Es gelingt mir nicht, getrost zu sein, wenn es um andere geht. Ich schaffe es nicht, getrost zu erwarten, »was kommen mag«. Als sei (mir) egal, was mit den anderen passiert, als spiele es keine Rolle. Wie zynisch das klingt. Die Vorstellung, alles und nichts getrost zu erwarten, kommt mir höhnisch vor. In einer solchen Lage geht es ja nicht nur um mich. Wie könnte ich mir anmaßen, gelassen zu sein? Ich habe es ja nicht in der Hand.

Über Dietrich Bonhoeffer will ich nicht richten. Ich war nie in einer Situation, die auch nur annähernd seiner gleicht, und ich werde es hoffentlich nie sein. Wenn ich einmal sterbe, hoffe ich, so getrost zu sein, wie er es war, und so gelassen zu erwarten, was kommt. Ich kann das nur nicht, wenn es um andere geht.

Um den Segen kann ich bitten, um den Segen kann ich ringen. Ich kann auch versuchen zu trösten. Aber für andere getrost sein, das kann ich nicht. Denn nichts hängt von mir ab.

Von der Kraft

Solches Warten erfordert Kraft. Mehr Kraft, als ich zu haben glaube, mehr Stärke, als ich mir zutraue. Und doch habe ich sie, wenn es darauf ankommt, wenn ich sie brauche. Diese Kraft, die ich nicht kenne und die mir doch zuwächst, ist wie ein Geschenk. Als käme sie nicht von mir.

»Denn dein ist das Reich und die Kraft und die Herrlichkeit in Ewigkeit«, heißt es am Ende des Vaterunsers. Es ist die stärkste Stelle des Gebets. Nicht die Bitten »dein Reich komme, dein Wille geschehe« und all die anderen; sondern die bestimmte, sichere Feststellung: »Dein ist das Reich und die Kraft und die Herrlichkeit.«

Sein ist die Kraft und nicht mein. *Sein* ist die Kraft und nicht meine. Ist das die Erklärung? Dass die Kraft von Gott kommt? Es ist auf jeden Fall ein Gedanke, der Hoffnung macht. Denn es ist ja so: Die Kraft ist auch da, wenn ich schwach bin. Sie ist vor allem da, wenn ich schwach bin.

Sind nicht die Schwachen oft stärker als Menschen, die stark erscheinen? Wer hat denn keine Schwäche(n)? Es gibt doch niemanden nur mit Stärke(n), egal wie man »stark« und »schwach« auch definiert. Wer bestimmt denn eigentlich, was stark ist und was schwach? Was ist das für eine Gesellschaft, in der die (vermeintliche) Stärke zählt und nicht die (angebliche) Schwäche; in der die Starken dominieren und bestimmen, wo es hingeht? Was ist das für ein Leben?

Stark ist nicht, wer Schwäche leugnet. Stark ist auch nicht, wer »vor Selbstmitleid zerfließt«, wer »im Selbstmitleid ertrinkt« (allein die Sprache ist verräterisch; sie sagt ja schon, was dann folgt: der Tod und nicht das Leben; denn wer zerfließt, der löst sich auf, und wer ertrinkt, der stirbt). Stark ist, wer Schwäche aushält.

Es steckt Stärke darin, seine Schwächen zu erkennen und anzunehmen – als einen Teil von sich –, statt sie entweder zu verdrängen oder sich ihnen hinzugeben oder gar zu unterwerfen. Es ist ein Zeichen von Stärke, ihnen die Stirn zu bieten – und damit sich selbst. Solche Stärke zeugt von Haltung. Diese Haltung, die gibt Halt. Wer durch Haltung Halt hat, wer durch Schwäche zu neuer Kraft kommt, der ist stark, der ist stärker als zuvor. Man mag Wunden haben nach dieser Phase: Es sind Wunden der Stärke, nicht der Schwäche.

Auch Hiob wurde im Ringen mit Gott (und sich selbst) verwundet, er hinkte fortan sein Leben lang. Er war gezeichnet, und eben das zeichnete ihn aus: Der Segen blieb sichtbar. Er machte ihn stark. Seine Kraft war größer, als sie mit der Behinderung eigentlich sein konnte.

Katrin Göring-Eckardt sagte beim Ökumenischen Kirchentag 2010 in München einen Satz, der dazu gut passt: »Du hast Kraft – mehr als du hast.« Wir waren in einer Kirche, spät am Abend. Der Tag neigte sich seinem Ende zu, auch der Kirchentag. Die Menschen waren müde von den vielen Ereignissen, ihre Abreise stand bevor. Und dann kam dieser Satz: »Du hast Kraft – mehr als du hast.« Die Kirche war voll, und es war ganz still. Wir saßen im Kerzenschein, und niemand stand auf. Es schien, als wollten die Menschen, dass der Abend, dass der Kirchentag nie zu Ende geht.

Es ist einer dieser Sätze, bei denen man gleich ahnt, dass etwas in ihnen steckt, auch wenn man nicht auf Anhieb weiß, was es ist. Aber es stimmt: Die Kraft, die wir haben, ist nur scheinbar begrenzt. Wir alle kennen das. Wenn's drauf ankommt, halten wir mehr aus, als wir denken. Uns wachsen Kräfte zu, die wir nicht kannten. Mit ihnen wachsen wir über uns hinaus. »Man wächst mit seinen Aufgaben«, heißt es, und es stimmt, man wächst. Man kann mehr, als man annimmt. Man hält mehr aus, als man ahnt. Man hat mehr Kraft, als man meint. Man hat mehr Kraft, als man hat. Experten mögen das wissenschaftlich erklären: Der Körper mobilisiert seine Reserven, dazu sind sie schließlich da, Adrenalin und solche Dinge. Ich bezweifele, dass das alles ist.

Denn »dein« ist die Kraft. Dein – und nicht mein.

Hiob, Elias und Jakob: Uns wird nicht mehr auferlegt, als wir tragen können

Uns wird nicht mehr auferlegt, als wir tragen können. Auch wenn wir aufgeben wollen, auch wenn wir tatsächlich nicht weiterkönnen. Denn die Kraft, die in uns ist, die, wie ich glaube, »sein« ist und nicht »unser«, die lässt uns tragen, was kommen mag. In diesem Leben, auf dieser Seite der Mauer, ist das Leben nur anders als später. Die Kraft aber, die in uns steckt, bleibt diesseits und jenseits dieselbe. Davon spricht ja gerade das Vaterunser: von der Ewigkeit. »Denn dein ist das Reich und die Kraft und die Herrlichkeit *in Ewigkeit.*« Warum sollte diese Ewigkeit erst hinter der Mauer beginnen? Nur weil wir eingeschränkt sind in unserer Vorstellungskraft? Nur weil uns die Wissenschaft so stark beeinflusst, dass wir nicht glauben, was Forscher nicht beweisen können?

Seine Kraft ist die Kraft: Sie verbindet das Jenseits mit dem Diesseits, jeden Tag, jede Nacht: »in Ewigkeit« eben. Seine Kraft, die nicht unsere ist, die ist ewig. Sie ist ein Teil von uns. Darum können wir das, was kommt, auch tragen. Darum wird uns nicht mehr aufgetragen, als wir tragen können. Auch wenn wir das, was kommt, keineswegs immer ertragen.

Tragen und Ertragen sind mitnichten dasselbe. Es ist ähnlich wie beim Warten und Erwarten. Ich kann wohl tragen, was kommen mag, es aber immer ertragen, das kann ich nicht. Ich kann wohl warten auf das, was kommen mag, aber es getrost zu erwarten übersteigt meine Kraft.

Wir haben die Kraft, Prüfung um Prüfung zu bestehen, dessen bin ich mir sicher. Und trotzdem zweifeln wir, je mehr Prüfungen es werden: wie Hiob. Je mehr Prüfungen er bestehen musste, desto größer wurde sein Zweifel. Hiob ist zwar eine Dichtung, doch genau so ist es im Leben. Trotz der Zweifel werden wir stärker. Trotz der Zweifel können wir die nächste Prüfung bestehen, obwohl wir glauben, wir schaffen es nie. Mir hilft es dann, wie Hiob zu sagen, »ich weiß, dass mein Erlöser lebt«. Dass ich, auch wenn ich wie Hiob »noch so zerschlagen« bin, auch wenn ich wie Hiob »dahingeschwunden« bin, eines Tages doch »Gott sehen« werde.

Wir haben die Kraft, uns aufzurichten und weiterzumachen, selbst wenn wir gewillt sind, uns aufzugeben. Auch wenn wir meinen, der Tod sei besser als ein solches Leben, nur der Tod könne Erlösung sein, selbst dann haben wir noch Kraft. Wie Elias, der Aufgabe um Aufgabe löste und trotzdem der Verlierer war. Der am Ende kraftlos war und rief: »Es ist genug.« Der sich aufgab und darum floh und sterben wollte. Da bekam er neue Kraft. Gott hatte ihn nicht im Stich gelassen, sondern ihm den Engel gesandt, der zu ihm sprach: »Steh auf und iss, denn du hast einen langen Weg vor dir.« Als Elias diesen Ruf erhörte, stand er auf und aß und ging »durch die Kraft der Speise vierzig Tage und vierzig Nächte«. Elias hatte Kraft, mehr als er hatte.

Wir haben Kraft, uns zu wehren gegen die scheinbare Unvermeidbarkeit, wir haben die Kraft, der angeblichen Ausweglosigkeit zu widerstehen: wie Jakob. Gerade wenn wir nicht aufgeben, sondern hartnäckig ringen wie er, wenn wir ums Ganze kämpfen und nicht nur um uns; wenn wir erbarmungslos werden, wie Jakob; wenn wir Verletzungen in Kauf nehmen wie er. Dann haben wir Kraft. Mehr als wir haben.

Hiob, Elias, Jakob. Was immer auch stimmt an den Geschichten, ob sie wahr sind oder Dichtung: Was die drei konnten, können wir auch. Wir haben dieselbe Kraft. Darum schaffen wir es auch zu tragen, was uns aufgetragen wird. Darum können wir auch darauf vertrauen, dass uns nicht mehr auferlegt ist, als wir tragen können. Auch wenn wir es nicht verstehen. Auch wenn wir es nicht ertragen. Die Kraft, die wir brauchen, steckt in uns. Auch wenn uns das unvorstellbar erscheint.

Wenn wir die Kraft richtig einsetzen und nicht sofort gleich alles wollen; wenn wir uns nicht überwältigen lassen von der Zukunft, sondern erkennen, dass das Heute jetzt ist und das Morgen erst morgen; wenn wir uns auf das besinnen, was wir jetzt tun können, und nicht versuchen, morgen schon heute zu leben, dann erst spüren wir die Kraft, die in uns steckt und die mehr ist als wir selbst.

Das Leben ist eine große Spanne, doch man geht sie Schritt für Schritt. Was heute ist, wird heute gelebt. Was morgen ist, kommt morgen.

Beppo Straßenkehrer und das Leben Tag für Tag

Mit dieser Ansicht vom Leben, diesem Leben Schritt für Schritt, da bin ich mir sicher, kann man es schaffen.

Es gibt ein wunderbares Kinderbuch, *Momo* heißt es, Michael Ende hat es vor Jahrzehnten geschrieben. Seine Hauptdarstellerin, eben Momo, kennt fast jeder. Mein Favorit aber ist Beppo. Der Straßenkehrer. Die Straße, die er säubern muss, ist lang, unendlich lang. Doch statt sich davon verschrecken zu lassen, wählt er eben just jene Taktik: Schritt für Schritt.

»Wenn er so die Straßen kehrte, tat er es langsam, aber stetig«, schrieb Michael Ende. »Bei jedem Strich ein Atemzug und bei jedem Atemzug ein Besenstrich. Schritt – Atemzug – Besenstrich. Schritt – Atemzug – Besenstrich. Dazwischen blieb er manchmal ein Weilchen stehen und blickte nachdenklich vor sich hin.

Dann ging es wieder weiter. Schritt – Atemzug – Besenstrich.« Das war Beppo.

»Während er sich so dahinbewegte, vor sich die
schmutzige Straße und hinter sich die saubere, kamen
ihm oft große Gedanken. Aber es waren Gedanken
ohne Worte, Gedanken, die sich so schwer mitteilen
ließen wie ein bestimmter Duft, an den man sich nur
gerade eben noch erinnert, oder wie eine Farbe, von
der man geträumt hat.« Es ist der Zauber des Augen-
blicks, den wir versäumen, wenn wir nicht leben, sondern stets nur auf morgen blicken.

Später erklärt Beppo Momo seine Technik: »Manchmal hat man eine lange Straße vor sich. Man denkt, die
ist so schrecklich lang; das kann man niemals schaffen,
denkt man. […] Und dann fängt man an, sich zu eilen.
Und man eilt sich immer mehr. Jedes Mal, wenn man
aufblickt, sieht man, dass es gar nicht weniger wird,
was noch vor einem liegt. Und man strengt sich noch
mehr an, man kriegt es mit der Angst, und zum Schluss
ist man ganz außer Puste und kann nicht mehr. Und
die Straße liegt immer noch vor einem. So darf man es
nicht machen.« Und dann, gleichsam aufs Leben bezogen: »Man darf nie an die ganze Straße auf einmal
denken, verstehst du? Man muss nur an den nächsten
Schritt denken, an den nächsten Atemzug, an den
nächsten Besenstrich. […] Dann macht es Freude; das
ist wichtig, dann macht man seine Sache gut. Und so
soll es sein.«

Es ist, als hätte Beppo Straßenkehrer die Bergpredigt gelesen, in der es heißt: »Darum sorget nicht für

den anderen Morgen, denn der morgige Tag wird für das Seine sorgen. Es ist genug, dass ein jeglicher Tag seine eigene Plage habe.« (Matthäus 6, Vers 34) – Nur dass Beppo aus der Not eine Tugend gemacht hatte und aus der Plage eine Freude. Denn »dann macht man seine Sache gut«.

Das Geheimnis von Beppo ist auch das Geheimnis unseres Lebens. Nicht ans Ende schauen und sagen: Das schaffe ich nie. Sondern jeden Schritt für sich nehmen, als komme es nur auf diesen Schritt an. Wenn ich so lebe, weiß ich: So kann ich es, so schaffe ich es. Nicht 100 Meter am Tag, sondern vielleicht zwei oder drei. Dann erkenne ich auch: Mir wird nicht mehr auferlegt, als ich tragen kann. Wer heute alles tragen will, was das Leben noch bringt, der kann nur verzweifeln. Er kann nicht anders als scheitern. Wir können tragen, was jetzt kommt. Mehr können wir nicht. Und mehr müssen wir auch nicht.

Wenn wir das Leben nehmen, wie es ist, als ein Leben Schritt für Schritt, können wir sicher sein: Auch für den nächsten Schritt habe ich Kraft – genau die Kraft, die ich dann brauche. Wer so ans Leben herantritt, der weiß: Mir wird nicht mehr auferlegt, als ich tragen kann.

Hiob und Elias, Jakob und Beppo – sie zeigen uns, dass es geht und wie es geht.

Der Herr ist mein Hirte, aber ich bin kein Schaf

Das also ist meine Erkenntnis: Ich bin Protestantin, und das bin ich gern, ich vertraue Gott, auch das tue ich gern, ich bin gesegnet, na gut, und soll ein Segen sein, so ich es kann. Ich habe die Kraft für all diese Dinge, denn die Kraft, die ich brauche, die kommt nicht von mir.

Bin ich nun unfehlbar, gar unbesiegbar? Kann ich mich zurücklehnen und sagen, Gott wird es schon richten? Kann ich bedenkenlos sagen, ich bin ein Kind Gottes, also sorgt er nicht nur für mich, sondern sorgt auch dafür, dass ich ein Segen bin? Schön wär's. Doch Gott sei Dank, so ist es nicht.

Der Herr ist zwar mein Hirte, wie es in Psalm 23 heißt, aber ich bin kein Schaf. Ich bin behütet, und das trägt mich durchs Leben. Vertrauen ist das Thema dieses Psalms:

>*Der Herr ist mein Hirte, mir wird nichts mangeln. Er weidet mich auf einer grünen Aue und führet mich zum frischen Wasser. Er erquicket meine Seele. […] Und ob ich schon wanderte im finsteren Tal, fürchte ich kein Unglück: denn du bist bei mir. […] Gutes und Barmherzigkeit werden mir folgen mein Leben lang, und ich werde bleiben im Hause des Herrn immerdar.*<

Hoffnung und Glauben drücken sich hier aus. Nicht Schaf sein.

Entscheiden, was ich tue, das muss ich schon selbst. So viel Gottvertrauen ich auch habe, handeln muss *ich*, und die Verantwortung übernehmen, das auch. Die Verantwortung nimmt Gott mir nicht ab. »Weide meine Schafe«, sagte Jesus zu Simon Petrus und meinte damit, nähre und behüte sie. Er sagte nicht, mache aus Menschen Schafe. Denn Menschen sind keine Schafe. Wir sind keine Wesen, die »in die Irre« gehen »wie Schafe« (Jesaja 53, Vers 6), wir liegen nicht »bei den Toten wie Schafe« (Psalm 49, Vers 15), wir sind kein Schaf, »das verstummt vor seinem Scherer«, wie es bei Jesaja heißt (53, Vers 7). Gott hat uns vielleicht zu »Schafen seiner Weide« gemacht (Psalm 100, Vers 3), aber nicht zu verantwortungslosen Wesen. Er hat uns zur Freiheit bestimmt. »Wo aber der Geist Gottes ist, da ist Freiheit«, schrieb Apostel Paulus in seinem zweiten Brief an die Korinther (3, Vers 17). Und an die Galater (5, Vers 13): »Ihr seid zur Freiheit berufen.« Wo Freiheit ist, da ist Verantwortung. Denn verantwortungslose Freiheit zerstört sich selbst.

Vielfach werden Menschen, die eine Kirche verlassen, »verlorene Schafe« genannt. Als dächten die Menschen nicht nach, als hätten sie keine Gründe für ihren Schritt. Wer Menschen zu »verlorenen Schafen« macht, nimmt sie nicht ernst. Er befasst sich erst gar nicht mit ihnen. Er macht es sich zu leicht. Er entzieht sich seiner Verantwortung. Sprache ist verräterisch. Wer Menschen Schafe nennt, behandelt sie auch so. Als könnten sie nicht denken; als seien sie nichts ohne den Hirten – als sei die Kirche (!) der Hirte und nicht Gott.

Wer aus der Kirche austritt, ist noch lange kein Schaf und schon gar nicht verloren. Der Schritt aus der Kirche macht es manchem erst möglich, wieder zu glauben. Weil er wieder glauben kann, was er glauben *kann*, und nicht glauben muss, was er glauben soll. Wer die Kirche verlässt, will oft heraus aus dem geschlossenen System der Antworten, weil er in diesem System keine Antworten findet. Nicht in der Kirche zu sein heißt nicht, keinen Glauben zu haben. Wieso sollte man also verloren sein?

Ich weiß, wie es ist, sich verloren zu fühlen. Es ist ein Gefühl tiefer Einsamkeit, von Verlassenheit und Unsicherheit. Wenn ich mich verloren fühle, habe ich keinen Halt mehr und auch keine Orientierung. Die Kirche kommt mir da nie in den Sinn, stets geht es um Gott und um den Glauben. Es gibt ein Kirchenlied, das besser als andere Texte, die ich kenne, zum Ausdruck bringt, um was es mir geht. Es ist die letzte Strophe des Liedes »Großer Gott, wir loben dich«, die genau davon handelt:

> *»Herr, erbarm', erbarme dich.*
> *Lass uns deine Güte schauen;*
> *Deine Treue zeige sich,*
> *wie wir fest auf dich vertrauen.*
> *Auf dich hoffen wir allein:*
> *Lass uns nicht verloren sein.«*

Es war ein katholischer Priester, Ignaz Franz, der den Text 1771 schrieb. Steckt diese Sehnsucht nicht auch in uns Protestanten? Kennt nicht auch der dieses Flehen, der in keiner Kirche ist? Darum wird es ja so oft gesungen – überall und in beiden Kirchen. Die Angst vor dem Verlorensein ist eine Angst, *Gott* zu verlieren, nicht die Kirche; es ist die Angst, die Kontrolle über sein Leben, ja, *sich selbst* zu verlieren. Niemand käme auf die Idee zu singen: »Kirch', erbarm', erbarme dich [...] Auf dich hoffen wir allein: Lass uns nicht verloren sein.« Auch wenn die Kirche für viele (auch für mich) eine wichtige Rolle spielt, auch wenn vielen die Gemeinschaft in der Kirche (auch mir) viel bedeutet und einen die Gotteserfahrung in der Gemeinschaft besonders überwältigen kann, auch mich: Das Verlorensein bezieht sich immer auf Gott. Verlorene Schafe kann es vielleicht für die Kirche geben, aber nicht für Gott.

Wenn der Herr mein Hirte ist und ich kein Schaf; wenn ich nicht verloren bin, sondern behütet; wenn ich frei bin und *nicht* mit der Herde trotte, wenn ich selbst verantworte, was ich tue, dann kann ich »ein Segen sein«.

»Gutes und Barmherzigkeit« werden mir »folgen mein Leben lang«, wie es im Psalm 23 weiter heißt. Aber Gutes tun und barmherzig sein kann ich nur, wenn ich darüber nachdenke und es selbst verantworte.

6 »Amen« = »So sei es«? Keineswegs!

Was mich trägt – zum Beispiel beim Vaterunser /
Matthäus 6, Vers 13

Amen heißt nicht »Ja und Amen«

Am Ende einer Predigt und am Ende des Gebets steht das Amen. Das wird oft aufs Korn genommen: Aus dem Amen wird ein »Ja und Amen«, was einerseits bedeuten kann, kritiklos zuzustimmen. Anderseits ist es oft zynisch gemeint, im Sinne von: »Ist ja schon gut, ich habe verstanden, du musst nicht weiterreden«, drastisch ausgedrückt: »Lass mich in Ruhe mit deinem Geschwätz!« Wer »Ja und Amen« sagt, nimmt den anderen nicht ernst; wer »Ja und Amen« sagt, hört auf zu denken. Auch wenn es im Scherz gemeint ist, ist im Kern oft etwas daran.

Mit der Kirche hat das in der Regel wenig zu tun, man sagt »Ja und Amen« in allen möglichen Momenten. Die Redewendung aber kommt aus der Kirche. Aus der Kirche, die ständig »Amen« sagt. Ein Amen, das angeblich keine Alternative erlaubt und in Wahrheit »Ja und Amen« heißt. Aus der Kirche, der man sich ergeben muss. Ein Amen, das keine Widerrede duldet und Widerstand zwecklos macht. So denken viele.

Daher rührt auch das geflügelte Wort, etwas sei »so sicher wie das Amen in der Kirche«: unverrückbar, unumstößlich, unabänderlich. Es geht kein Weg daran vorbei, daran muss man sich halten. Wenn etwas »so sicher wie das Amen in der Kirche« ist, verheißt das in der Regel nichts Gutes. Denn ob man will oder nicht, dem muss man sich beugen.

Doch das tatsächliche »Amen« in der Kirche und das »Amen« beim Gebet heißt nichts von alledem.

Amen heißt »Erbarme dich«

Amen kommt aus dem Hebräischen und bedeutet so viel wie »wahrlich«, »gewiss«, »wahrhaftig«, »ja, so soll es sein«, »so möge es sich erfüllen«, »so ist es«. Im kleinen Katechismus Martin Luthers steht über die Bedeutung des Wortes »Amen«: »Dass ich gewiss sein soll, solche Bitten sind dem Vater im Himmel angenehm und werden erhört. Denn er selbst hat uns geboten, so zu beten, und verheißen, dass er uns erhören will. Amen, Amen, das heißt: Ja, ja, so soll es geschehen.« In der Regel wird Amen übersetzt mit »so sei es« oder »so soll es sein«.

Das Amen am Ende einer Predigt mag streng klingen und von manchen Pfarrern auch streng gemeint sein: Höret meine Worte, hört auf sie – so soll es sein! So ist es! Ein solches Amen klingt moralisch (und darum auch nicht sehr überzeugend). Höret meine Worte, hört auf sie – so soll es sein! So ist es! Da spürt man wenig von Gottes Segen, sondern mehr des Pfarrers Härte. Aber nicht jeder Pastor meint das so.

Das Amen in meinem Gebet ist ganz anders, sei es am Ende des Vaterunsers, wenn es heißt: »Denn dein ist das Reich und die Kraft und die Herrlichkeit in Ewigkeit. Amen«, sei es am Ende eines eigenen Gebets. Mein Amen ist nie ein »Ja und Amen«, es ist nie frei von (Selbst-)Kritik, mein Denken hört nicht auf. Mein Amen ist kein »So soll es sein« und auch kein »So ist es«. Wie anmaßend wäre das auch. Als könnte ich das entscheiden, als könnte ich darauf Einfluss nehmen. Ich kann bloß sagen, »ich hoffe – ich glaube, dass es so ist«. Wenn ich zum Amen komme (laut oder leise), wende ich meinen Blick oft nach oben, als suchte ich Gott, als wolle ich ihn fragen: Hörst du mich? Ich suche dich! Vergiss mich nicht, mich nicht und auch nicht die, an die ich denke.

Amen heißt für mich: Erbarme dich. Lass mich nicht verloren sein. Sei mir gnädig. Nicht: »So sei es«, sondern: »Darum bitte ich dich.« Es heißt damit auch: »Ich glaube an dich trotz meiner Zweifel.«

Dieses Bitten, dieses Flehen, das im Wort Amen steckt, hat mit meinem Zweifel viel zu tun. Amen heißt für mich, mich dem Zweifel zu stellen, der auch durch das Beten nicht (immer) verschwindet. Mein Amen ist die Bitte, dass mein Glaube mich trägt.

Mein Amen ist die Hoffnung, dass es Gott tatsächlich gibt.

»Ich bin da« – das ist mein Gott

Niemand weiß, wer oder was Gott ist, so es ihn gibt. Wer bist du, Gott, was ist dein Name, fragte Mose fassungslos, als sich Gott ihm in einem brennenden Dornbusch offenbarte (2. Mose, Kapitel 3). »Ich bin der Gott deines Vaters, der Gott Abrahams, der Gott Isaaks und der Gott Jakobs«, sagte Gott. »Und Mose verhüllte sein Angesicht; denn er fürchtete sich, Gott anzuschauen«, heißt es in der Bibel. »Der Herr« berichtete vom »Elend« und »Geschrei« des Volkes Israel, das in Ägypten lebte, und bestimmte Mose, die Israeliten zu retten und in ein Land zu führen, in dem »Milch und Honig« floss. Was sollte er den Leuten sagen, wenn sie fragten, wer ihn geschickt habe, wollte Mose wissen. Nach der Übersetzung Martin Luthers antwortete Gott: »Ich werde sein, der ich sein werde.« (2. Mose 3, Vers 14) Martin Buber und Franz Rosenzweig übertrugen das so: »Ich werde da sein, als der ich da sein werde. [...] ICH BIN DA schickt mich zu euch.« Das sollte Mose den Menschen sagen.

»Ich bin da«, das bedeutet nach den Worten des katholischen Theologen Erich Zenger, ich bin zuverlässig; ihr könnt euch darauf verlassen, dass ich da bin. Ich bin unverfügbar; ich bin da, weil ich es will und nicht, weil ihr es wollt. Ich bin unbegrenzt; niemand kann mir Grenzen setzen, auch nicht die des Todes.

»Ich bin da« – das ist Gott. »Ich bin da« – das ist auch mein Gott, selbst wenn ich zweifele. Denn beweisen kann ich ihn nicht. »Niemand hat Gott je gesehen«, heißt es schon in der Bibel (Johannes 1, Vers 18). Also bleibt nur der Glaube, der auf Hoffnung beruht und auf Vertrauen.

Mein Amen ist ein Ausdruck dieses Vertrauens. So stark der Zweifel zuweilen auch ist, so sehr ist mein Amen die Bekräftigung meiner Hoffnung. Mein Glaube ist kein blindes Vertrauen, er ist keine trotzige Reaktion auf den Zweifel. Mein Glaube erwächst vielmehr aus meinem Zweifel, er wächst durch ihn. Erst der Zweifel macht meinen Glauben fest, so widersprüchlich das klingen mag. Auch das kommt in meinem Amen zum Ausdruck. Mein Amen ist nicht das Ende des Gebets. Es ist selbst ein Gebet.

Es gehört zu meinem Glauben, dass ich oft nichts verstehe, aber trotzdem vertraue; dass ich oft hinterher erst erkenne, dass Gott da war, aber trotzdem hoffe, dass er immer da ist – auch wenn ich ihn nicht sehe. »Zur Verborgenheit Gottes«, schrieb Heinz Zahrnt, »gehört es, dass durch den Glauben nicht irgendein Detail des Weltgeschehens erklärt wird, sondern jedes für sich und allein absurd erscheint, dass aber der Glaube dennoch [...] sein Vertrauen behält.« Dieses Vertrauen steckt in meinem Amen. Es ist die Hoffnung auf das, was ich nicht sehe. Es ist ein lebenslanges Hoffen.

Wir können nur vertrauen.

Vom Amen jenseits des Fingerhuts

Wie schwer das manchmal ist, hat offensichtlich auch Heinz Zahrnt erfahren. In seinem Buch *Glauben unter leerem Himmel* zitierte er ein Gedicht von Hermann Claudius, das ihm »selbst in dunklen Tagen geholfen hat«, wie Zahrnt schrieb.

»Ich will und muss dem einen Gott vertrauen,
Der sich so tief in uns verborgen hält,
Als wäre diese Welt nicht Seine Welt.

Ich will und muss auf Seine Weisheit bauen,
Die sich mit unserer so sehr entzweit,
Als wäre Seine Zeit nie unsere Zeit.

Und ob wir rückwärts, ob wir vorwärts schauen,
Und ob uns Freude schüttelt oder Grauen:
Er war und ist. Und Er wird ewig sein:
Wir aber schreiten durch Ihn aus und ein.«

Im Glauben gibt es kein Richtig oder Falsch. »Was wir einander beweisen können, füllt einen Fingerhut«, sagte der Theologe Jörg Zink. – Der Rest ist Glauben.

Dieser »Rest« ist viel. Dieser »Rest« ist groß. Dieser »Rest« ist es, der mich antreibt, der mich neugierig macht, von dem ich erfahren will, über den ich reden will. Offen und mit Respekt.

Im Glauben gibt es kein Richtig oder Falsch. Das, was ich glaube, muss nicht für andere gelten. Ich will niemandem etwas einreden, mir aber auch nichts einreden lassen. Ich will mit niemandem darüber streiten, was ich glaube, ich will niemandem streitig machen, was er glaubt, und mit niemandem darüber diskutieren, wer recht hat und wer nicht. Ich will auch mit der Kirche nicht streiten; denn wer bin ich, ihr zu sagen, welcher Glaube für sie stimmt? Aber auch: Wer ist sie, mir das zu sagen?

Jeder muss selbst wissen, was er glaubt. Und woran er glaubt. Ob er vielleicht gar nicht glaubt oder glauben will. Glauben ohne Freiheit ist ein Widerspruch in sich. Glaube nach Vorschrift auch. Ich glaube trotz des Zweifels: Amen. Ein Amen, das heißt, erbarme dich. Es ist das Amen, das mich trägt.

Ich glaube gern an meinen Gott.

Was ich bete

Vater unser
in unsren Herzen,
durch den wir leben,
auch wenn wir leiden;
durch den wir leben,
auch wenn wir sterben.

Gerühmt seist du
und nicht geheiligt.
Denn alle Heiligkeit,
kommt nur von dir.

Dein Reich komme,
nicht zukünftig, sondern heute,
denn wo Menschen sind,
da bist auch du.

Dein Wille geschehe,
nicht weil du redest,
sondern wir schweigen.
Mit allen Sorgen und unsrer Angst.

Unser tägliches Brot gib' uns heute.
Das ist die Hoffnung
trotz aller Zweifel.
Das ist Vertrauen,
das nicht blind folgt.

Steh uns bei,
wenn wir mehr zweifeln,
als dass wir glauben.
Wenn wir nicht glauben,
dass du bei uns bist.

Bewahre uns vor der Versuchung.
Wir sind nicht größer, als wir meinen,
und auch nicht kleiner, als wir sind.
Das, was wir sind, das kommt von dir.

Erlöse uns von dem Bösen.
Erlöse uns von uns – hin zu dir.

In die Versuchung führe uns:
dir zu vertrauen,
an dich zu glauben,
und damit letztlich auch an uns.

Um dein Vertrauen bitten wir.
Um Gottvertrauen auch für uns.

Denn dein ist das Reich
und nicht unser.
Dein ist die Kraft
und nicht unsre.
Dein ist die Herrlichkeit
in aller Ewigkeit,
die durch dich kommt und nicht von uns.

Amen – das heißt, wir suchen dich.
Amen – das heißt, wir brauchen dich.

Amen – das heißt: erhöre uns.
Amen – das heißt: erbarme dich.

V

Vom Handeln: Im Leben

7 Liebe deinen Nächsten wie dich selbst! Warum sollte ich?

Was uns ausmacht und was das aus uns macht /
3. Buch Mose 19, Vers 18

Löwin sein!

Ich will nicht nur beten, sondern auch etwas tun. Ich will nicht nur ein Segen sein, sondern auch segensreich handeln. Das soll nicht als Anmaßung verstanden werden, es ist mir ein Bedürfnis, wie gesagt. Dinge wie Gerechtigkeit und Fairness sind mir wichtig, Ungerechtigkeit und Respektlosigkeit ertrage ich schlecht. Es fällt mir schwer, mich dann nicht einzumischen, auch wenn es sicher manchmal klüger wäre. Ich will handeln, nicht nur aus Dankbarkeit für das, was ich habe – also mein Leben und den Segen –, auch nicht, weil ich ein Segen sein soll, sondern weil es mich drängt. Ich bin kein Übermensch. Auch mit Moral hat es nichts zu tun. Es ist eher wie ein Instinkt.

Mein Sternzeichen ist Löwe. Ob das etwas zu bedeuten hat, weiß ich nicht. Löwen liegen zwar gern faul herum, aber die Weibchen, die Löwinnen, die setzen sich ein. Die kämpfen. Das gefällt mir an ihnen.

Da das Leben auf Erden kurz ist, das Leben in der

Unendlichkeit aber ewig, ist es mir umso wichtiger, die Zeit, die ich habe, zu nutzen. Erst die Ewigkeit zeigt mir, wie flüchtig das irdische Leben ist, sie macht es zur Winzigkeit. Andere, die nicht glauben, kommen zum selben Ergebnis. Sie sagen sich: Weil nach dem Tod nichts mehr kommt, muss man das Leben nutzen. Ich sage mir: Weil ich nicht weiß, was kommt, will ich das Leben, das ich kenne, leben.

Ob man glaubt oder nicht, ist letztlich egal. Da trennt uns nichts. Die Kürze des Lebens zeigt allen, wie wertvoll es ist; wie verantwortlich wir damit umgehen sollten; wie wichtig es ist, nicht nur zu reden, sondern zu handeln; wie notwendig es ist, sich einzusetzen, buchstäblich um Not zu wenden. Wir haben Verantwortung für das, was uns begegnet, und für das, was wir daraus machen.

Das »größte Gebot«: Lieben

Um Einsatz geht es also. Ums Tun. Nur: was? Wenn Christen so etwas fragen, hören sie oft diese Antwort: »Du sollst deinen Nächsten lieben wie dich selbst.« Zum ersten Mal steht dieser Satz im 3. Buch Mose 19, Vers 18; im Neuen Testament wird er vielfach zitiert.

Diese biblische Forderung ist so wichtig, dass es dem Gebot, Gott zu lieben, gleichgestellt ist. »Meister, welches ist das vornehmste Gebot im Gesetz?«, wird Jesus gefragt. Und Jesus antwortete: »Du sollst lieben Gott, deinen Herrn, von ganzem Herzen, von ganzer

Seele und von ganzem Gemüt. Dies ist das vornehmste und größte Gebot. Das andere aber ist dem gleich: Du sollst deinen Nächsten lieben wie dich selbst. In diesen zwei Geboten hängt das ganze Gesetz […].« (Matthäus 22, Vers 36–40)

Was ist das für ein seltsames Gesetz, den anderen zu lieben wie sich selbst?

»Liebe« allein ist schon ein seltsames Wort. Es ist so bombastisch, so ungeheuer groß. Und überhaupt: Was soll das heißen, »liebe deinen Nächsten wie dich selbst«? Dass ich mich selbst lieben muss? Das klingt mir zu eitel. Wer sich selbst liebt, gilt schnell als selbstverliebt, und wer selbstverliebt ist, ist ein Narzisst. Wer kann denn schon sagen, er liebe sich selbst? Ich kann es nicht. Ich bin schon froh, wenn ich zufrieden mit mir bin. Ich bin glücklich, wenn es mir gelingt, in mir zu ruhen, wenn ich eins mit mir bin, wenn innen und außen zusammenpassen. Liebe ist dafür das falsche Wort. Mich selbst zu lieben, käme mir merkwürdig vor. Schon der Gedanke daran kommt mir nicht in den Sinn. Und dann die Bibel mit diesem Appell! Ich könnte natürlich sagen: Na und? Aber ich tue es nicht. Ich will wissen, was es damit auf sich hat.

Und wenn ich mich nicht leiden kann?

Es ist ein bizarres Gebot, das voraussetzt, mich selbst zu lieben, um meinen Nächsten zu lieben. Kann oder darf ich ihn nicht lieben, wenn ich mich selbst nicht lieben kann, sondern nur zufrieden mit mir bin (was ja auch nicht immer der Fall ist)? Kann oder darf ich meinen Nächsten nicht lieben, wenn ich mich nicht leiden kann? Ich fühle mich ertappt, wenn mich jemand fragt: »Liebst du dich?« – »Nein«, will ich dann antworten, »ich liebe mich nicht. Und außerdem: Was geht dich das an?« Unangenehm finde ich die Frage und indiskret. Trotzdem treibt sie mich um: Was, wenn ich mich nicht lieben kann?

»Liebe deinen Nächsten, denn er ist wie du«, bot Martin Buber als alternative Übersetzung an, und in der Tat klingt es auf den ersten Blick leichter. Doch eben nur auf den ersten Blick. Denn wenn der Nächste so ist wie ich, wäre er mein Klon, der arme Tropf. Wieso sollte er so sein? Soll er schwach sein wie ich? Soll er Zweifel haben wie ich? Soll er unsicher sein wie ich? Wie ich zu sein wäre für den Nächsten eine Zumutung. Vermutlich würde er es nicht einmal wollen. Gewiss gibt es Vorbilder, und zuweilen will man so sein wie sie. Aber nur, wenn man sie nicht mit ihren Stärken *und* Schwächen kennt.

Meinen Nächsten zu lieben, gelingt doch gerade, weil er *nicht* ist wie ich.

Es war Friedrich von Bodelschwingh (1831–1910), der evangelische Theologe und frühere einflussreiche Leiter der Stiftungen Bethel, der das Gebot in ein Licht rückte, in dem es mir klarer wird: »Die erste Frage soll nicht sein: Was kann ich von meinem Nächsten erwarten? Sondern: Was kann der Nächste von mir erwarten?«

Dass ich ein Segen für ihn bin, *das* kann der Nächste von mir erwarten. Erst der Satz »Ich will dich segnen, und du sollst ein Segen sein« gibt den Worten »Liebe deinen Nächsten wie dich selbst« überhaupt einen Sinn. Dass ich ein Segen sein soll, nicht für mich, sondern für andere. Dass es nicht um mich geht, sondern um den anderen. Dass die Nächstenliebe nichts mit Egoismus zu tun hat, sondern mit dem anderen, auch wenn ich mich gut dabei fühle. Dass es *nicht* darauf ankommt, ob ich mich liebe, sondern darauf, mich dem anderen zuzuwenden; dass ich für *ihn* etwas tue und nicht für mich; dass *er* Hilfe braucht und nicht ich.

Auch wenn ich Hilfe brauche wie er. Er braucht Zuwendung wie ich, er braucht Liebe wie jeder, also auch ich: Das meinte Martin Buber vielleicht, als er schrieb: »Liebe deinen Nächsten, denn er ist wie du.«

Von Wortklaubereien, die keine sind

Das ist doch das Geheimnis der Nächstenliebe: dass man absieht von sich und den anderen im Blick hat; dass sich die Nächstenliebe in dem ausdrückt, was schon sprachlich in ihr steckt: in der *Nächsten*- und nicht in der *Eigen*-Liebe. Nur wegen der *Nächsten*-Liebe kann der Satz »Liebe deinen Nächsten wie dich selbst« das »vornehmste und größte Gebot« sein. Nicht wegen der Eigenliebe.

Doch wieso ist Nächstenliebe gleich das vornehmste und größte Gebot? Eine Spende am Ende des Jahres, im Weihnachtsgottesdienst vielleicht, das kann es nicht sein. Damit beruhigt man höchstens sein schlechtes Gewissen. Und es kann auch nicht nur um »Liebe« gehen, um eine Empfindung, ein schönes Gefühl, eine Liebe im stillen Kämmerlein. Vornehm und groß ist daran nichts. Nächstenliebe ist nur sinnvoll, wenn man etwas tut, wenn sie tätige Nächstenliebe ist. Das ist keine Wortklauberei, das ist auch nicht spitzfindig. Wenn ich für meinen Nächsten ein Segen sein soll, reicht es nicht, nur ein Segen zu *sein*, dann muss ich auch segensreich *wirken*. Nur wenn ich für meinen Nächsten da bin und ihn nicht bloß »liebe«, kann das Gebot aus dem 3. Buch Mose tatsächlich das größte sein.

Es gibt ein spanisches Sprichwort: »Gott ist ein guter Arbeiter, aber er lässt sich gern helfen.« Das führt zu dem, was ich meine. In der Nächstenliebe zeigt sich die Gottesliebe, heißt es meist. Doch das klingt mir zu abstrakt. Mir reicht die bloße Nächsten-»Liebe« nicht. Nicht in der Liebe, sondern in der Hilfe steckt der eigentliche Sinn der Nächstenliebe – und mit ihr auch die Gottesliebe. Wenn ich dem anderen helfe, diene ich auch meinem Gott: Ich »helfe« ihm buchstäblich, weil ich tue, was er tut. Ich ehre Gott damit. Wenn ich das Wort »lieben« durch den Begriff »helfen« ersetze, kann ich mir die Worte Jesu erklären, die Markus einst überliefert hat:

Du sollst Gott helfen, deinem Herrn, von ganzem Herzen, von ganzer Seele und von ganzem Gemüt.

Du sollst ihn ehren. Dies ist das vornehmste und
größte Gebot. Das andere aber ist dem gleich:
Du sollst deinem Nächsten helfen, denn er braucht
Hilfe wie du. Mit deiner Hilfe hilfst du Gott, mit
deiner Hilfe ehrst du Gott. In diesen zwei Geboten
hängt das ganze Gesetz.

Das ist aus meiner Sicht der Kern der Nächstenliebe: dass das Handeln im Vordergrund steht, nicht die Liebe. Dass Liebe gelebt wird und nicht passiv bleibt. – Dass Liebe Handeln ist.

Das ist kein theoretischer Glaubenssatz, das ist ganz konkret.

Nächster sein (I)

Wer ist nun dieser Nächste? Mein Nachbar von nebenan, der Mann von gegenüber, die Frau in der Straßenbahn oder ein Kind in Afrika, das ausgebeutet wird oder hungert? Geht es am Ende vielleicht nicht doch auch um mich?

Als sich der evangelische Theologe Jürgen Ebach in seiner Bibelarbeit beim Bremer Kirchentag 2009 mit dieser Stelle befasste, zitierte er den jüdischen Religionsphilosophen Emmanuel Levinas (1906–1995) mit den Worten: »Liebe deinen Nächsten, dies alles bist du selbst.« »Der andere«, sagte Ebach, »das bin auch ich; die anderen, das kann ich auch sein.« Das ist mehr als bei Martin Buber, der sagte, der Nächste »ist *wie* du«.

Der Nächste ist nicht nur *wie* ich, der Nächste und ich können derselbe sein. Levinas, so Ebach, habe das Gebot aus dem 3. Buch Mose seinerzeit so interpretiert: »Liebe deinen Nächsten; dies alles bist du selbst; dieses Werk bist du selbst; diese Liebe bist du selbst.«

Die Nächstenliebe hat demnach durchaus etwas mit mir zu tun. Mein Einsatz für meinen Nächsten ist mein Werk, und dieses Werk, diese Liebe bin ich selbst, so Levinas. Aber nicht in überheblicher Weise, nicht in Selbstherrlichkeit, denn er fügte sogleich hinzu: »Einzig ein verletzliches Ich kann seinen Nächsten lieben.«

Was ist das für eine wunderbare, bescheidene Zurücknahme der allseits bekannten Gedanken. Nicht in Selbstüberschätzung, quasi »von oben herab«, soll ich meinen Nächsten lieben. Sondern von gleich zu gleich. Auch nicht, indem ich so tue, als sei ich stark, sondern als »verletzliches Ich«, als ein Mensch, der (vor allem sich selbst) offen zugibt, dass er Fehler und Schwächen hat – und dass er verletzlich ist. So bekommt das »Liebe dich selbst« aus der Bibel erst seinen Sinn: nicht als Selbstverliebtheit, sondern als Haltung. Nur wenn ich mir selbst gegenüber ehrlich bin, wenn ich eingestehe, dass auch *ich* Hilfe brauche, dass auch *ich* eine Nächste bin, dass ich auch *mir* eine Nächste bin, wie Ebach sagte, kann ich meinen Nächsten behandeln, wie es ihm gebührt. Als sei mein Nächster ich und ich dieser Nächste. Das geht über die »Goldene Regel« weit hinaus, die besagt: »Behandle *andere* so, wie du von ihnen behandelt werden willst.« Es bedeutet vielmehr: »Behandele *dich selbst* so, wie du von anderen behandelt werden willst.« Oder um im Duktus der Bibel zu bleiben: »Liebe dich selbst, als seist du dein Nächster. Dann kannst du deinen Nächsten lieben wie dich selbst.«

Liebe deinen Nächsten, denn er ist verletzlich wie du. Darum geht's!

Nächster sein (II)

Wer ist nun, neben mir, dieser Nächste? Abermals frage ich: mein Nachbar von nebenan, der Mann von gegenüber, die Frau in der Straßenbahn oder ein Kind in Afrika, das ausgebeutet wird oder hungert? Heißt »Liebe deinen Nächsten wie dich selbst«, liebe alle Menschen?

Niemand ist ein Held, keiner schafft es, alle zu lieben. Mag man sich auch wünschen, »die ganze Welt zu umarmen«, man kann es nicht. »Liebe deinen Nächsten wie dich selbst«, ist kein Gebot, die Welt zu retten, sondern das zu tun, was man kann. Wäre das Gebot »Liebe deinen Nächsten wie dich selbst« allumfassend gemeint, in dem Sinne, dass wir alle lieben sollen, den tatsächlich Nächsten in der Familie, den innerlich Nahen im Freundeskreis, den örtlichen Nahen in der Nachbarschaft und so weiter bis zum Ende der Welt, hätte das Gebot keinen Sinn. Es wäre unerfüllbar. Tätige Nächstenliebe funktioniert nicht abstrakt. Beten kann man für alle. Etwas tun dagegen nicht.

Allein durch Beten oder abstraktes Lieben wird niemand zum Nächsten. Nur durch das Tun.

Wer alle lieben will, ist ein Idealist. Wer konkret helfen will, der nicht, jedenfalls nicht unbedingt. Der sollte es auch nicht sein. Das heißt nicht, dass er nur das Mögliche tun soll und das Unmögliche lassen. Wer das Unmögliche im Sinn hat, findet oft neue Wege, Mögliches zu tun. Das Unmögliche möglich zu machen, aber nicht die Überforderung zur Forderung: Nur so kann ich dem Nächsten helfen. Nur wenn man sich auf das beschränkt, was man tatsächlich auch *kann*, ist man in der Lage, dem Nächsten zu dienen – ein jeder nach seiner Art, »ein jeglicher mit der Gabe, die er empfangen hat«, wie es in der Bibel heißt (1. Petrus 4, Vers 10).

Vom Skandal der Feindesliebe

Die biblische Nächstenliebe bezieht sich allerdings nicht nur auf Menschen, die uns nah sind, auf die Nächsten, die wir haben, oder die, die wir uns wünschen, sondern auch auf die, die wir nicht leiden können, ja sogar auf unsere Feinde. »Liebet eure Feinde; segnet, die euch fluchen; tut wohl denen, die euch hassen; bittet für die, so euch beleidigen und verfolgen«, sagte Jesus (Matthäus 5, Vers 44).

Was soll das heißen, jemanden zu lieben, der einen verraten, hintergangen, betrogen, ausgenutzt oder gedemütigt hat? Auf Rache zu verzichten? Das fällt mir nicht schwer, ich bin kein rachsüchtiger Mensch. Aber deshalb liebe ich diesen »Jemand« noch lange nicht. Ich bin schon glücklich, wenn es mir gelingt, mit ihm zu reden, ihn zu verstehen, wenn ich es schaffe, »Frieden« mit ihm zu finden, wenigstens *meinen* Frieden mit ihm.

Wie soll man es fertigbringen, nicht nur einen Verräter oder Betrüger, sondern vielleicht auch einen Mörder zu lieben? Am Ende gar den eines Freundes, seines Partners, eines Familienmitglieds? Das erscheint mir unmöglich. Eine Nächstenliebe, die das verlangt, überfordert mich. Eine solche Feindesliebe finde ich in des Wortes ursprünglicher Bedeutung skandalös: unglaublich, anstößig und unerhört. Ich will und kann das auch nicht von anderen verlangen. Man muss doch verstehen, wenn jemand über eine solche Tat nicht hinwegkommt. Man darf ihn doch nicht verurteilen, wenn er nicht verzeihen kann. Ein Rechtsstaat, der die Würde des Menschen wahren will, *der* muss das tun. Ein Rechtsstaat darf nicht nachtragend sein, er muss verzeihen können. Er muss selbst einem Mörder die Chance geben, ein neues Leben anzufangen. Nicht ohne Grund darf eine lebenslange Freiheitsstrafe nicht ein Leben lang dauern, das verstieße gegen das Grundgesetz, die Menschenwürde. Vom Staat muss man »Feindesliebe« erwarten. Aber der Mensch ist doch Mensch und kein Rechtsstaat.

Und doch schließt die Nächstenliebe gerade das mit ein, die Feindesliebe.

Ich habe einmal in einer Jugendstrafanstalt gearbeitet und bin dort einem jungen Mann begegnet, der seinen Vater getötet hatte. Er saß in der U-Haft und leugnete nichts. Heimtückisch und grausam war seine Tat gewesen. Juristisch war er ein Mörder. Es war klar, dass er verurteilt und bestraft werden würde. Aber es war auch klar, dass es sich um eines dieser furchtbaren Familiendramen handelte, in denen die Täter auch Hilfe brauchen. Ich war viel mit ihm zusammen, und er erzählte mir unglaubliche Dinge. Er saß in seiner Zelle, er hatte sie abgedunkelt, die Tür war geschlossen, auf dem Tisch stand eine selbst getöpferte Maske mit unheimlichen Augenhöhlen und seltsamen Hörnern. Er hatte sie über eine Kerze gestellt und Pink Floyds »The Wall« auf einem Plattenspieler rückwärts laufen lassen. Dann beschwor er die Götter. Nicht er, sondern der Teufel, sein anderes »Ich«, sei der Täter gewesen, murmelte er vor sich hin. Und ich war dabei. Das wollte er so, ich war ihm gefolgt, ohne zu ahnen, was kommt. Es war nicht erlaubt, mit einem Gefangenen allein in seiner Zelle zu sein, aber daran hatte ich nicht gedacht. Die Sache war unheimlich, keine Frage, aber Angst hatte ich nicht. Ich war jung und wohl auch naiv, wer weiß, möglicherweise wollte ich es einfach darauf ankommen lassen. Vielleicht wollte er sich aufspielen, vielleicht wollte er mich testen, herausfinden, ob ich ihm glaube, ob ich ihn ernst nehme, irgendetwas in dieser Art. Ich weiß es nicht.

Wie dem auch sei: Nach diesem »Trip« begann er langsam, mir zu vertrauen. Wir sprachen viel über seine Mutter, die aus Schmerz, Wut und Verzweiflung den Kontakt zu ihm abgebrochen hatte und ihn partout nicht besuchen wollte, was wiederum ihn verzweifeln ließ. Schließlich überwand er sich, schrieb ihr einen Brief, und tatsächlich besuchte sie ihn später. Das werde ich nie vergessen.

Hatte ich aus Nächstenliebe gehandelt? Mir käme das Wort nicht in den Sinn. Ich hatte nur versucht, ihm zu helfen. Er war zwar ein Mörder, aber er war nicht mein Gegner – und schon gar nicht mein Feind.

Hätte ich genauso reagiert, wenn er einen meiner Nächsten getötet hätte? Erst dann wäre er ja »in meine Nähe« gekommen und hätte zu *meinem* »Feind« werden können. Ich kann die Frage nicht beantworten.

»Handle so, dass die Maxime deines Willens jederzeit zugleich als Prinzip einer allgemeinen Gesetzgebung gelten könne«, lautet der kategorische Imperativ von Immanuel Kant, der versuchte, das christliche Gebot der Nächstenliebe in eine allgemeingültige Ethik umzuwandeln. Das sagt sich leicht, solange es Theorie bleibt, solange man selbst nicht betroffen ist. Glaubwürdig ist nur, wer das sagt und so handelt. Doch wer kann das schon. Ich kann es versuchen. Mehr aber auch nicht.

Liebe deine Feinde, dazu noch der kategorische Imperativ – ich bin schon froh, wenn es mir gelingt, die Bibel wörtlich zu nehmen, wenn es um die Nächstenliebe geht: meinen Nächsten zu lieben und nicht gleich die ganze Welt. Für ihn da zu sein und nicht gleich für alle. Und was den »Feind« angeht: den, der mir Unrecht getan hat, wenigstens versuchsweise zu verstehen. Das reicht (mir) fürs tägliche Leben. Mehr kann ich nicht.

Mehr ist mir einfach nicht möglich.

Das hörende Herz

Bei der Nächstenliebe geht es aber nicht nur um das, was *uns* gut erscheint. Ganz wesentlich ist, herauszufinden, was gut für den anderen ist. Nächstenliebe darf nicht dazu führen, den anderen beglücken zu wollen oder gar die ganze Welt. Das Stück heißt – frei nach William Shakespeare – nicht »Wie es uns gefällt«. Das Stück heißt »Wie es dem anderen gefällt«.

Wer den Nächsten lieben will, weil er glaubt, er müsse das tun, weil er meint, es gehöre sich so, missversteht die Nächstenliebe. Sie ist nicht dafür da, das eigene Gewissen zu beruhigen. Nächstenliebe kann auch keine Schuldgefühle beseitigen. Das funktioniert einfach nicht. Bei mir jedenfalls klappt es nicht. Das würde ich nur schaffen, wenn ich es fertigbrächte, mich erstens selbst zu belügen und daran zweitens auch noch zu glauben. Aber das kann ich nicht. Nächstenliebe, die mir selbst dienen soll, dient niemandem. Nächstenliebe, die nicht zum anderen führt, führt zu nichts. Sie ist nur falsches Mitleid.

Dabei ist die Sache sehr verständlich. Man fühlt sich gut, wenn man für andere da ist. Man fühlt sich prima, wenn man den anderen beschenkt. Dem Gewissen geht's super dabei. Und außerdem »kriegt man noch

Punkte«, wie man heute so sagt. Klar will man das. »Edel sei der Mensch, hilfreich und gut«, dieser unausrottbare Satz von Johann Wolfgang von Goethe stand zu meiner Zeit in jedem Poesiealbum, und meist waren es Lehrer, die ihn geschrieben hatten. Doch so edel ist man eben nicht. Wenn niemand dabei ist, wenn ich ganz allein und ehrlich zu mir bin, dann weiß ich: Aufgedrängte Liebe ist aufdringlich, sonst nichts. Da kann ich mich noch so fabelhaft fühlen, ich bin es nicht. Und edel schon gar nicht. Will ich auch nicht sein.

Zwangsbeglückung bringt niemandem Glück. Auch dem Geber nicht, der, wenn er in den Spiegel sieht, weiß, dass der Zwang den anderen nicht beglücken kann, sondern nur ihn, den Geber, beglücken soll – sei es aus Stolz oder Eitelkeit, aus schlechtem Gewissen oder Blindheit. Wer den anderen zwangsbeglückt, denkt in Wahrheit nicht an ihn, sondern an sich, auch wenn er es noch so gut meint. Der merkt nicht, dass er dem anderen mit seiner Hilfe nicht hilft; der spürt nicht, wie unangenehm es für den anderen sein kann, wenn er etwas annehmen muss, was er nicht annehmen will, es aber schließlich doch tut, um nicht als undankbar dazustehen.

Wenn ich meinem Nächsten helfen will, muss ich wissen, was er braucht. Das gelingt mir aber nur, wenn ich absehe von mir und versuche, mich in den anderen hineinzuversetzen. Dazu braucht man keine Sprache, manchmal merkt das schon das Herz. »Man sieht nur mit dem Herzen gut. Das Wesentliche ist für die Augen unsichtbar«, sagt der »kleine Prinz« von Antoine de

Saint-Exupéry. Das klingt zwar kitschig, aber es stimmt. Man hört auch nur mit dem Herzen gut. Es ist das Herz, das sieht, und nicht das Auge. Es ist das Herz, das hört, und nicht das Ohr. Es ist das Herz, das auch sieht, was unsichtbar ist. Es ist das Herz, das auch hört, was keiner sagt. Das kann überhaupt nur das Herz. Ein hörendes Herz ist ein fühlendes Herz. Es spürt, wie es dem anderen geht und was er benötigt.

Als Salomo König wurde, wünschte er sich von Gott ein »hörendes Herz«, um sein Land führen zu können. »[…] ich bin noch sehr jung und weiß nicht, wie ich mich als König verhalten soll«, sagte er Gott in einem Traum. Er wollte verstehen, was gut und was böse ist, er wollte lernen, das eine vom anderen zu unterscheiden. »Wer könnte sonst dieses mächtige Volk regieren?« (1. Könige 3, Vers 7 bis 9 in der Einheitsübersetzung) Wer, wenn nicht einer, der zu hören vermag?

Wenn schon ein König, der regieren soll, ein hörendes Herz erbittet, um wie viel mehr sollten wir es tun, die wir »nur« den Nächsten lieben wollen? Gerade weil kaum jemand von uns edel, hilfreich und gut ist, sondern fast immer auch sich selbst im Blick hat: Wie sonst könnten wir dem Nächsten helfen, um in der Sprache Salomos zu bleiben, wie sonst könnten wir »Gut und Böse« unterscheiden, wenn wir nicht lernen zu hören?

Im Traum versprach Gott Salomo ein »weises und verständiges Herz« und noch dazu, worum Salomo nicht gebeten hatte: Reichtum, Ehre und ein langes Leben.

Das Zuhören, das Hören, ein »weises und verständiges Herz« – das ist das Königliche an der Nächstenliebe. Reichtum, Ehre und ein langes Leben braucht man dafür nicht.

Wie Kinder

Zuzuhören ist in der Regel nicht die größte Stärke von Kindern. Aber hören können sie gut, oft besser als Erwachsene. Sie sind offen, unbefangen, neugierig. Kinder spüren schnell, wenn mit dem anderen etwas nicht stimmt. Sie sind arglos. Kinder fragen, selbst die schüchternen. Wie oft hat mich ihre Offenheit schon verblüfft.

Als Erwachsene kommt uns diese Fähigkeit abhanden. Das ist bedauerlich. Wir sind doch dieselben Menschen, nur größer und älter; und es sind doch dieselben Hände, Augen, Ohren, es ist dasselbe Herz – nur eben größer und älter. Die Kindheit, sie gehört zu uns, ein Leben lang. Aber viele verdrängen das, betrachten die Kindheit als ein abgeschlossenes Kapitel. War ihre Kindheit denn immer so furchtbar? Keineswegs. Viele reden von schönen Kindertagen, und trotzdem spielen sie später keine Rolle mehr. Die Erinnerung verblasst, zuweilen wird sie bewusst beiseitegeschoben. Erwachsene legen ihre Kindheit gern ab, sie lassen die Kindheit lieber »hinter sich«. Verstehe das, wer will. Ich verstehe es nicht.

Das jedenfalls ist das Ergebnis: Kinder spüren Dinge

wie nebenbei. Wir Erwachsenen können oder tun das nicht, und das hat seine Gründe.

Wir leben in einer Zeit, die so schnelllebig ist, dass kaum noch jemand Zeit hat zuzuhören, geschweige denn zu hören. Oft nehmen wir uns die Zeit nicht, obwohl wir das könnten. Und wenn wir wissen wollen, was im anderen vorgeht, fragen wir zuweilen eher uns selbst als den anderen. Dann unterstellen wir ihm, wie es ihm geht. Oder wir bilden uns ein zu wissen, was ihn bedrückt, weil wir den anderen doch schon so lang und angeblich so gut kennen. Manchmal verlassen wir uns aufs Hörensagen, welch seltsames Wort. Oder wir hören nicht zu, wenn wir fragen: »Wie geht's?« Dann verkommt die Frage zur Floskel. Manchmal sind wir zu bequem, den anderen zu fragen. Und manchmal trauen wir uns nicht. Oft ist das gut, weil man den anderen nicht bedrängen will. Manchmal aber macht man Fehler, wenn man aus Unsicherheit nicht fragt. Fehler, die man gar nicht machen will.

Obwohl Nächstenliebe nicht eben das ist, was man mit Kindern verbindet, weil sie oft erst an sich denken, sind sie zuweilen viel besser in der Lage, den Nächsten zu lieben. Sie sind nicht berechnend. Sie sind unvoreingenommen. Sie überlegen nicht einmal, wie sie sein müssten, »um den Nächsten zu lieben«. Sie sind, wie sie sind. Wir Erwachsenen nennen das »unschuldig«, und oft schwingt Sehnsucht dabei mit. Weil wir wissen, dass wir nicht mehr unschuldig sind, und uns in vielen Fällen anfechtbar machen – nicht selten wider besseres Wissen. Wir machen uns angreifbar, wenn wir aufhören zu fragen oder nur noch pro forma fragen und uns die Antwort in Wahrheit nicht interessiert. Wir machen uns anfechtbar, wenn wir lieber uns zuhören als dem anderen.

Warum fragen wir nicht wie die Kinder? Je mehr Kinder fragen, desto großartiger finden wir sie. Kinder sind so, Kinder dürfen so sein, sie sollen so sein. Wir Erwachsenen dagegen dürfen das nicht. Wir machen schlechte Erfahrungen damit, wie ein Kind zu sein und wie ein Kind zu fragen. Seltsamerweise gilt das als unangemessen – eben als »unerwachsen«. Wir nehmen die Dinge so, wie sie sind, besser gesagt so, wie wir meinen, dass sie seien, statt sie wie Kinder zu hinterfragen. Wir haben uns das Kindsein aberzogen. So sind wir gefangen in unserem Erwachsenendasein und sind tatsächlich befangen. Das ist ein großer Verlust.

»Wahrlich, ich sage euch: Wenn ihr nicht umkehrt und werdet wie die Kinder, so werdet ihr nicht ins Himmelreich kommen«, sagte Jesus nach der Überlieferung des Matthäus (18, Vers 3). Auf den ersten Blick klingt das seltsam, vor allem die Sache mit dem Himmelreich, das hoffentlich auch für uns Erwachsene offen ist. Geht es aber um das irdische Reich, stimmt der Gedanke: Wenn wir uns erlauben, wie Kinder zu sein, öffnen wir uns wieder neu. Als Kinder sind wir nicht nur vor falscher Rücksicht gefeit, sondern auch von falschen Annahmen befreit. Erst wenn wir werden wie die Kinder, werden wir erkennen, was uns als Erwachsenen alles fehlt. Wie die Begabung zu hören.

Nächstenliebe als Haltung

Liebe deinen Nächsten wie dich selbst – dieser Satz, den man oft hört, wenn man als Christ fragt, was man denn tun kann auf dieser Welt, wie man sich einsetzen kann in seinem Leben, ist alles andere als eine leichte Kost. Denn die Antwort geht über eine konkrete Forderung weit hinaus. Das Gebot der Nächstenliebe setzt eine Haltung voraus. Es erfordert ein Gewissen. An der Nächstenliebe wird besonders deutlich: Die Bibel ist nicht dazu da, uns ein schlechtes Gewissen zu machen, sondern überhaupt ein Gewissen. Man könnte auch sagen: Gedanken. Ob über uns oder andere, ob über das eigene Umfeld, die Gesellschaft oder die Politik. Mach dir Gedanken. Weck dein Gewissen. Und handele danach. Tue etwas. Nicht nur für deinen Nächsten.

Das ist die eigentliche Botschaft der Bibel.

Nicht die Nächstenliebe, sondern das Gewissen macht uns aus. In der Nächstenliebe kommt es zum Ausdruck. Was das Gewissen aus uns macht, liegt an uns. Wir können es ignorieren, wir können ihm folgen. Mit Gott hat das nichts zu tun. Das ist allein unser Ding. Wir können zwar versuchen, uns zu belügen. Meist gelingt das aber nicht. Auch freikaufen können wir uns nicht.

Das Gebot der Nächstenliebe ist ein gutes Beispiel dafür.

VI

Von der Verantwortung vor der Welt

8 Schätze? Welche Schätze?

Was das Leben ausmacht und was das
aus dem Leben macht / *Matthäus 6, Verse 19–34*

Sachen suchen: Pippi Langstrumpf

Die Bergpredigt gilt als Schlüsseltext der Bibel. Im
Zentrum der Rede steht das »Sorgt euch nicht«, aber
auch das Gleichnis vom Schätzesammeln. Von Schätzen verstehen Kinder viel mehr als die Erwachsenen,
das ist nicht anders als beim Hören. Da ist es kein
Wunder, dass manche Kinderbücher besser als die
Bibel und besser als jeder Ratgeber zeigen, worum es
eigentlich geht. Man versteht sie sofort, die Bilder und
Geschichten. Weniger Tiefe haben sie darum nicht. Die
Geschichte von Pippi Langstrumpf zum Beispiel, die
von Frederick, der Maus, und natürlich von Momo,
von der schon die Rede war.

Schätze zu sammeln, klingt nicht besonders schwierig, zumal wir meist schon als Kinder großartige Schatz-
sucher sind. Kinder sammeln, was ihnen gefällt. Pippi
Langstrumpf erweist sich schon im zweiten Kapitel
des hinreißenden Buches *Pippi in der Villa Kunterbunt*
als begeisterte »Sachensucherin«. Sie sammelt alles,

was herumliegt: »Goldklumpen und Straußenfedern und tote Ratten und Knallbonbons und kleine Schraubenmuttern und all so was«, wie sie ihren verblüfften Nachbarskindern Thomas und Annika erzählt. Die sind begeistert und mit ihnen ungezählte Kinder, die Astrid Lindgrens Bücher kennen. »Sachensuchen« – das ist ein herrliches Spiel mit unendlichen Möglichkeiten. Denn Sachen liegen überall herum. Kinderschätze.

Sachen, die wir Erwachsenen suchen, sind ganz anders. Die liegen nicht auf der Straße, sondern in Schaufenstern. Die Sachen sind geld-wertvoll, darum hüten wir sie: Autos, Geld, Schmuck, teure Uhren, edle Taschen, alte Weine et cetera. Sobald wir sie haben, wollen wir mehr davon. Wir neigen dazu, neidisch zu beäugen, was der Nachbar besitzt, und rasch wegzuschauen, wenn jemand wenig oder gar nichts hat. Wir tendieren dazu, eifersüchtig unsere Sachen zu hüten, statt sie mit anderen zu teilen. Über kurz oder lang aber merken wir: Sehr weit kommt man damit nicht. Wer reich ist, wird vielleicht reichlich bewundert (oder beneidet) und darum häufig umgarnt, aber glücklich wird er dadurch nicht. Auf die Dauer machen Erwachsenenschätze nicht glücklich. Was dann?

Dann kaufen wir Ratgeber, Ratgeber zum Glück. Kaum etwas verkauft sich so gut wie sie. Sie sind das Glück der Verlage, schrieb einst die *FAZ*. Der Verlage vielleicht, aber darum noch nicht das Glück der Ratsuchenden. Denn Glück kann man nicht kaufen. Zum Glück.

Natürlich sind die Sachen, die wir sammeln, auch nicht die Schätze, die Jesus meinte, als er sagte: »Ihr sollt nicht Schätze sammeln auf Erden […]. Sammelt euch aber Schätze im Himmel […].« (Matthäus 6, Verse 19 ff.)

Welche Schätze sollen das sein? Wo sollen wir sie suchen, wo finden? Und überhaupt: Wie soll das gehen? Auch das steht in einem Kinderbuch. Es ist das Buch des fabelhaften Autors Leo Lionni über »Frederick«, die Maus. Die Geschichte geht so:

Schätze sammeln: Frederick, die Maus

Eine kleine Mäusefamilie lebte einst bei Bauern. Stets gab es genug zu essen, sommers wie winters. Doch dann zogen die Bauern fort, und die Mäuse mussten selbst sehen, wie sie überwintern. Sie sammelten Körner, Nüsse, Weizen und Stroh. Nur Frederick tat nichts dergleichen. Sie schufteten und schufteten, und Frederick saß still und friedlich in der Sonne. Die Mäuse waren sehr erstaunt. »Frederick, warum arbeitest du nicht?«, fragten sie ihn. »Ich arbeite doch«, gab Frederick zurück. »Ich sammele Sonnenstrahlen für die kalten, dunklen Wintertage. […] Ich sammele Farben«, sagte er, »denn der Winter ist grau.« Einmal schien Frederick zu schlafen, währen die anderen arbeiteten und arbeiteten. »Träumst Du, Frederick?«, fragten sie vorwurfsvoll. »Aber nein«, sagte er, »ich sammele Wörter. Es gibt viele lange Wintertage – dann wissen

wir nicht mehr, worüber wir sprechen sollen.« Der
Winter kam, und die Mäuse lebten wohl. Sie genossen
ihre Vorräte, sie aßen die Nüsse, die Körner, den Weizen, das Stroh. Aber nach und nach war alles aufge-
braucht. Die Mäuse fingen an zu frieren und konnten
sich kaum noch erinnern, wie satt und wohl sie einmal
waren. Die Welt war kalt, grau und eintönig geworden.

Da kam Fredericks große Stunde. »Macht die Augen
zu«, sagte er. »Jetzt schicke ich euch die Sonnenstrahlen. Fühlt ihr schon, wie warm sie sind? Warm, schön
und golden?« Und während Frederick so von der
Sonne erzählte, wurde den Mäusen wärmer. Ob das
Fredericks Stimme gemacht hatte? Oder war es ein
Zauber?

»Macht wieder eure Augen zu«, sagte Frederick und
erinnerte sich an die Farben, die er gesammelt hatte.
Und als er von blauen Kornblumen und roten Mohn-
blumen im gelben Kornfeld und von grünen Blättern
am Beerenbusch erzählte, da sahen sie alle die Farben
so klar und deutlich vor sich, als wären sie aufgemalt in
ihren kleinen Mäuseköpfen.

Nun waren die Wörter an der Reihe, die er gesammelt hatte: »Wer streut die Schneeflocken? Wer schmilzt
das Eis? Wer macht lautes Wetter? Wer macht es leis?
Wer bringt den Glücksklee im Juni heran? Wer ver-
dunkelt den Tag? Wer zündet die Mondlampe an? Vier
kleine Feldmäuse wie du und ich wohnen im Himmel
und denken an dich. Die erste ist die Frühlingsmaus,
die lässt den Regen lachen. Als Maler hat die Sommer-
maus die Blumen bunt zu machen. Die Herbstmaus

schick mit Nuss und Weizen schöne Grüße. Pantoffel braucht die Wintermaus für ihre kalten Füße. Frühling, Sommer, Herbst und Winter sind vier Jahreszeiten. Keine weniger und keine mehr. Vier verschiedene Fröhlichkeiten.«

Vergessen war die Kälte, vergessen der Hunger, vergessen das Grau. Frederick hatte seine Schätze verteilt.

Von Schätzen, die wir schon haben

Nun sind wir weder Mäuse noch Kinder, und natürlich muss auch jemand für die Vorräte sorgen, um bei der Geschichte zu bleiben. Aber die Erzählung zeigt, um welche Art Schätze es geht.

Es sind Schätze, von denen wir glauben, zu wenig zu haben, oder die wir zu wenig nutzen, obwohl sie alle in uns sind, mögen wir an Gott glauben oder nicht: Licht statt Dunkelheit. Wärme statt Kälte. Farben statt Düsternis. Fröhlichkeit statt Trostlosigkeit. Worte statt Stummheit, Fredericks Schätze eben. Aber auch diese Schätze stecken in uns: innere Ruhe statt äußerer Rastlosigkeit. Innere Kraft statt äußerer Kraftprotzigkeit. Innere Freude statt äußerer Freudlosigkeit. Innere Werte statt äußerer Reize. Innere Maßstäbe statt äußerer Maßlosigkeit. Innere Gradlinigkeit statt äußerer Irrwege. Innere Aufrichtigkeit statt äußerer Unaufrichtigkeit. Innere Treue statt äußerer Treulosigkeit. Innere Demut statt äußerem Hochmut. Innerer Frieden statt äußerem Streit. Innere Liebe statt äußerem Hass.

Das sind Schätze, die die Bergpredigt meint. Schätze, die man nicht kaufen kann. Schätze, die nichts kosten. Schätze, die wir längst haben. Schätze im Himmel, sagt die Bibel. Schätze des Lebens, meine ich. Es sind Schätze, die uns stark machen, Schätze, die uns frei machen, Schätze, die uns geben lassen, gern und voller Freude. Schätze, die uns helfen – wenn wir nur wollen und wenn wir sie nutzen.

Solche Schätze machen das Leben aus. Solche Schätze machen aus dem Leben das, was es sein sollte: ein lebenswertes Leben.

Ver-Antworten

Solche Schätze sind natürlich nicht nur dazu da, uns an ihnen zu ergötzen, sonst stünden sie kaum in einem Kinderbuch (ein bisschen Pädagogik steckt eben doch meist dahinter); sonst stünden sie kaum in der Bibel (wenn auch verschlüsselt). Ein Kinderbuch will Kindern etwas mitteilen, die Bibel uns zum Denken anregen, unser Gewissen rühren, wie gesagt.

Ob die Schätze von Frederick oder die von Jesus: Sie sind weit mehr als ein Wohlfühlprogramm. Sie sind auch dazu da, sie zu teilen. Das helle Licht und die bunten Farben, die Fröhlichkeit und die schönen Worte – all die Schätze, die Frederick gesammelt hatte: Er behielt sie nicht für sich, er teilte sie. Das war ja der Zweck der ganzen Übung: Er hatte sie gesammelt, um sie zu teilen. Die innere Ruhe und Kraft, die Freude und die Aufrichtigkeit, die Demut, der Friede oder die Liebe – all die Schätze, die die Bibel meint: Man strahlt sie automatisch aus. Es fällt leicht, sie zu teilen. Ob andere die Schätze auch annehmen, ist eine andere Sache.

Ohne Verantwortung geht das Teilen nicht. Auch Frederick war verantwortlich gewesen, so unbekümmert er auch tat. Er sammelte zwar »seine« Schätze. Aber das konnte er nur, weil er wusste, welche Vorräte, welche Schätze die anderen Mäuse sammelten. Sonst hätte Frederick den Winter selbst nicht überlebt.

Verantwortung zu tragen, geht über die Freude am Teilen aber weit hinaus. Verantwortung ist immer nötig, wenn man handelt – ob man sich einmischt oder sich einsetzt, sei es zu Hause oder in der großen weiten Welt. Stets muss man im Blick haben, was man anrichten kann, selbst wenn man Gutes tun will. Auch wenn man sein Bestes geben will.

Da kann es mit der Freude rasch vorbei sein. Da kann Verantwortung schnell zur Last werden.

Das Wort »Verantwortung« klingt schon so schwer. Viele verbinden wenig Gutes damit. Verantwortung kann auf uns lasten, sie kann uns belasten. Sie kann tatsächlich erdrücken. Jeder weiß: Wer Verantwortung trägt, muss Rechenschaft ablegen. Er muss die Folgen berücksichtigen und Konsequenzen ziehen. Das kann teuer werden und unbequem. Wenn ein Politiker sagt, er übernehme die Verantwortung, ist sein Rücktritt oft nicht weit. Wenn ein Täter vor Gericht steht und die Richter ihn zur Verantwortung ziehen, folgt die Verurteilung meist auf dem Fuß.

Verantwortung – das Wort hat keinen guten Ruf. Wer Verantwortung trägt, wird zwar häufig umschmeichelt, um dessen Gunst wird oft gebuhlt, schließlich hängt man von ihm ab, beliebt aber ist er selten. Wer will sich das schon antun?

Das ist die eine Seite der Medaille.

Wenn man Verantwortung aber wörtlich nimmt, sieht man die andere. Denn im Begriff »Verantwortung« steckt das Wort »Antwort«. Man kann diese Antwort natürlich als Antwort auf das begreifen, was wir tun, also als Antwort mit Folgen, auch mit den negativen, wie gerade geschildert. Man kann das Wort aber auch so verstehen: als Antwort auf das, was uns »getan ist«, auf das, was uns gegeben ist; als Antwort auf die Schöpfung, auf das Leben, das wir haben; als Antwort auf Gott, wenn man denn an ihn glaubt. Wie anders kann dann die Antwort sein, wie anders das »Ver-Antworten«. Mit wie viel Freude kann »Ver-Antwortung« da verbunden sein. Wie schnell kann aus der lastenden Verantwortung auf einmal eine Verantwortung aus Glück werden.

Ob Schöpfung, Leben oder Gott: Man muss nicht glauben und kommt doch zu dem selben Ergebnis. Niemand weiß, woher die Welt und wir kommen. In allem steckt ein Wunder, etwas Unergründliches, das sich allen entzieht, selbst den Wissenschaftlern. Dieses Wunder kann die Antwort, die in der Verantwortung steckt, wunderbar machen.

Wenn das Wunder furchtbar ist

Weil das Wunder der Schöpfung so großartig ist, kümmert sich fast jeder darum. Um Natur und Umwelt zu schützen sind schon die phantasiereichsten Aktionen und die fantastischsten Initiativen entstanden. Überall finden sich Menschen, die etwas tun. Politische Parteien gründen auf der Idee. Sie alle kümmern sich aus Überzeugung um die »Bewahrung der Schöpfung«, wie Christen das nennen. Ihr Einsatz ist ihre Antwort auf die Schöpfung. Es gibt kaum jemanden, der sich nicht verantwortlich fühlt. Da ist Frust zwar alltäglich. Freude und Dankbarkeit aber sind es auch. Freude an der Schöpfung, Dankbarkeit, dass wir sie haben und ein Teil von ihr sind.

Aber das Wunder kann auch grausam sein, bei Naturkatastrophen zum Beispiel. Wenn es zu Erdbeben oder Vulkanausbrüchen kommt, zu Unwettern und Stürmen, zu sintflutartigem Regen und Überschwemmungen, zu großer Hitze und langer Dürre. Zu Ereignissen, die so alt sind wie die Welt. Wenn Menschen dabei ums Leben kommen, weil es keine Rettung gibt, dann ist das Wunder der Schöpfung kein Glück, sondern Unglück. Dann kann man es niemandem übel nehmen, dass er nicht dankbar ist, sondern verbittert.

Mit dem Leben ist es nicht anders. Weil das Wunder des Lebens so unermesslich ist, kümmern wir uns gern darum. Unser Einsatz für den anderen, auch der Einsatz für uns selbst ist unsere Antwort auf das Leben.

Kaum jemand fühlt sich nicht verantwortlich. Auch hier ist Frust alltäglich. Freude und Dankbarkeit allerdings ebenso. Freude am Leben, Dankbarkeit, dass wir es haben.

Und auch dieses Wunder kann grausam sein. Nicht jeder freut sich daran. Es gibt Menschen, die ihr Leben nicht als Glück empfinden, sondern als Qual. Da ist eine freudige Antwort oft nicht möglich und Dankbarkeit schon gar nicht. Weil schon das Leben keine Freude ist. Wofür sollte man auch dankbar sein? Worüber sollte man sich freuen? Über eine Krankheit oder den Tod naher Menschen? Über Arbeitslosigkeit oder Ausweglosigkeit aus anderem Grund? Da reicht es schon, überhaupt verantwortlich zu sein für das, was man tut.

Niemand darf von einem anderen verlangen, sich über sein Leben zu freuen. Es ist wie bei der Nächstenliebe: Man darf sie nicht aufzwingen, sonst ist sie nichts wert. Darum darf man erst recht keinen drängen, sich zu freuen; weder über das, was wir ihm geben, noch über das, was sie haben. Manche können es nicht, weil sie verzweifelt sind. Manche wollen es nicht, weil sie glauben, es sowieso nicht zu schaffen. Freude und Dankbarkeit zu erwarten, wäre keine Ermutigung für sie, sondern Zumutung.

Kain und Abel

Der Gedanke, dass die Antwort in der Verantwortung steckt und die Verantwortung zur Antwort gehört, ist schon so alt wie die Bibel. Er ist ein Teil der Urgeschichte. Er ist der Kern der Geschichte von Kain und Abel im 1. Buch Mose, Kapitel 4.

Kain, der älteste Sohn von Adam und Eva, wurde Bauer, Abel, sein Bruder, Schäfer. Eines Tages brachten sie Opfer dar, Kain »von den Früchten des Feldes«, Abel »von den Erstlingen seiner Herde«. Gott nahm das Opfer Abels an, nicht aber Kains. Kain wurde zornig. Und Gott fragte ihn: »Warum ergrimmst du? Und warum senkst du deinen Blick? Ist's nicht also? Wenn du fromm bist, so kannst du frei den Blick erheben. Bist du aber nicht fromm, so lauert die Sünde vor der Tür, und nach dir hat sie Verlangen; du aber herrsche über sie.« Kain hörte jedoch nicht auf Gott. Von Tag zu Tag wuchs sein Hass auf Abel. Bis er seinen Bruder erschlug.

Als Gott ihn fragte: »Wo ist dein Bruder?«, wand sich Kain zunächst. »Ich weiß es nicht«, sagte er. »Soll ich meines Bruder Hüters sein?« Doch er wusste, dass Gott alles gesehen hatte. Und Gott verfluchte ihn. Alles solle er verlieren, keine Ernte mehr haben. »Unstet und flüchtig sollst du sein.« Kain erwiderte, die Strafe sei zu schwer, als dass er sie tragen könne. Er hatte Angst um sein Leben: »So wird mir's gehen, dass mich totschlägt, wer mich findet.« Doch »Gott machte ein Zeichen an Kain«, auf dass er geschützt sei und »ihn niemand erschlüge«.

»So wird mir's gehen...«: Mit diesem Satz hatte Kain Gott geantwortet und sich damit verantwortet. Mit seiner Antwort hatte er sich seiner Verantwortung gestellt, widerstrebend zwar, doch ergeben.

»Wo ist dein Bruder« oder, wie es in kirchlichen Kreisen heute meist heißt: wo ist dein Bruder, deine Schwester, dein »Mitmensch«, ist für viele Christen ein zentraler Satz. Gott fragt uns, er gibt seine Beziehung zu uns nicht auf. Er hält an uns fest, egal was geschieht. Wir bleiben seine Kinder, auch wenn wir versagen. Gott bleibt bei uns. Das sagt die Geschichte. Gott interessiert sich für den Bruder, die Schwester, unsere »Mitmenschen«, wie er sich auch für uns interessiert. Er will, dass wir uns kümmern, um den Bruder, die Schwester, den »Mitmenschen« – wie um uns selbst. So wie er, Gott, uns nicht aufgibt.

Doch nicht jeder schafft es, sich um andere zu kümmern. Für manche ist das Leben so hart, dass es ihnen egal ist, ob sie »fromm« sind oder nicht, um in der Sprache der Bibel zu bleiben. Das Übel lauert schon lange nicht mehr vor der Tür, es ist längst im Haus. Diese Menschen wissen nicht, wo ihr »Mitmensch« ist, sie haben schon genug mit sich selbst zu tun. Wer könnte es ihnen verdenken, verbittert zu sein?

Man muss die andere Seite der Verantwortungsmedaille nicht als seine sehen. Es ist aber möglich. Für mich ist es so. Dass ich mich verantwortlich fühle, ist meine Antwort auf das Leben.

Die Verantwortung vor Gott: der Gewissensbiss

Interessanterweise beginnt die Präambel des Grundgesetzes mit den Worten: »Im Bewusstsein seiner Verantwortung vor Gott und den Menschen [...] hat sich das Deutsche Volk [...] dieses Grundgesetz gegeben«. Warum nicht *nur* »Menschen«? Warum auch »Gott«?

Gewiss, weil die Verfassungsmütter und -väter die grausame Zeit der Nazidiktatur vor Augen hatten und ein für alle Mal klarstellen wollten, dass bestimmte Werte unerlässlich und Menschenrechte unveräußerlich sind und sich deshalb dem Zugriff des Staates entziehen.

Genau darum ranken sich auch Sätze wie die des früheren Bundesverfassungsrichters Ernst-Wolfgang Böckenförde, der einst sagte: »Der freiheitlich-säkularisierte Staat lebt von Voraussetzungen, die er selbst nicht garantieren kann.« Dies ergänzte er mit den Worten: »Das ist das große Wagnis, das er [der Staat], um der Freiheit willen, eingegangen ist. Als freiheitlicher Staat kann er einerseits nur bestehen, wenn sich die Freiheit, die er seinen Bürgern gewährt, von innen her, aus der moralischen Substanz des Einzelnen und der Homogenität der Gesellschaft, reguliert. Andererseits kann er diese inneren Regulierungskräfte nicht von sich aus, das heißt mit den Mitteln des Rechtszwanges und autoritativen Gebots, zu garantieren suchen, ohne seine Freiheitlichkeit aufzugeben.«

Böckenförde ging es in seiner Rede nicht um Religionen und auch nicht um Gott, obwohl das viele mei-

nen. Ihm ging es um die Kernfrage der Menschenrechte, der Freiheit und der Demokratie: Wie schaffen
wir es, das, was wir haben, was uns gegeben ist, mit
friedlichen Mitteln und nicht mit Zwang zu erhalten?
Solche Diskussionen basieren zwar auf dem Grundgesetz und den Worten: in »Verantwortung vor Gott«.
Mit Kirchen, Glauben und Religionen aber haben sie
wenig zu tun. Der »Gott« der Präambel steht nicht
für ein »höheres Wesen«, denn daran muss – Gott sei
Dank – auch nach dem Grundgesetz niemand glauben.
Der Glaube an Gott bleibt Privatsache. In »Verantwortung vor Gott« meint die Menschen, ob sie glauben oder nicht; ob sie einer Kirche oder Religionsgemeinschaft angehören oder nicht. Wir alle sind
verantwortlich, wie wir mit Religionen und Fragen des
Glaubens umgehen, wie tolerant wir beispielsweise
sind, wie wir Frieden finden über die Religionen hin-
weg. Ob wir Politiker, Kirchenvertreter, Wissenschaftler, Künstler, Wirtschaftsleute sind oder nichts von
alledem: Der Mensch ist verantwortlich. Und nicht
der Glaube, eine Religion oder gar Gott.

Unter »Gott« im Grundgesetz verstehe ich nicht
Gott im Himmel, sondern das Unergründliche der
Schöpfung (und mit ihr allen Lebens), das Unveräußerliche der Menschenrechte und das Unabdingbare
bestimmter Werte. Das ist der »Kitt«, der uns zusam-
menhält. Nicht der Glaube.

So gesehen ist das Wort »Gott« in der Präambel eine
Mahnung. »Gott« ist, wenn man so will, unser »Verfassungsgewissen«. Den Politikern soll »Gott« ins

Gewissen reden und uns ein Gewissensbiss sein. Das Wort soll uns an unsere Fehlbarkeit erinnern, aber auch daran, dass sich der Grund allen Lebens dem Staat und den Menschen entzieht. Nichts anderes als die Ehrfurcht vor der Schöpfung ist damit gemeint. Ein solches Verfassungsgewissen ist unweigerlich Verantwortungsgewissen, ein Ge-Wissen, dass wir verantwortlich sind. Eine Haltung ist gefordert, Gemeinsinn und Ethos. Handeln sollen wir.

Am Beginn des Grundgesetzes könnte getrost stehen, in »Verantwortung vor der Schöpfung und den Menschen«. Das würde es manchem gewiss leichter machen, die Präambel zu verstehen und auch als seine anzusehen. Menschen zum Beispiel, die mit »Gott« nichts anfangen können.

Unendliches Weltall – unendliche Schöpfung: Dunkle Energie oder Nirwana?

Wie unergründlich die Schöpfung ist, wie sehr sie sich allem entzieht, erfahren selbst Wissenschaftler. Immer wieder werden sie von Entdeckungen überrascht. 2011 ging der Physik-Nobelpreis an drei Astrophysiker, die herausgefunden hatten, dass der Kosmos immer weiter und immer schneller wächst, also nicht immer langsamer, wie man bisher glaubte. Jahrelang waren die Preisträger nicht ernst genommen worden. Keiner konnte sich vorstellen, was die Astronomen herausgefunden hatten, das buchstäblich »Unglaubliche« des

Universums: seine Unendlichkeit – bis in alle Ewigkeit. Von mysteriöser »dunkler Energie« sprach die Forschung schon seit geraumer Zeit, denn tatsächlich liegt vieles im Dunkeln. Doch noch weiß niemand, was diese »dunkle Energie« eigentlich ist. Von einem »Zustand, der dem definitiven Nirwana nahekommt«, schrieb die *Frankfurter Rundschau* – ausgerechnet Nirwana, das Buddha einst »das höchste Glück« genannt hatte.

Ob »dunkle Energie« oder »Nirwana«, wir wissen nicht, was alles möglich ist, auch nicht warum. Weder im Weltall noch auf der Erde; in der unendlichen Schöpfung, wenn man so will. »Was wir wissen, ist ein Tropfen. Was wir nicht wissen, ist ein Ozean«, hatte schon Isaac Newton gesagt, der Begründer der klassischen Physik. Daran hat sich bis heute nichts geändert. Kein Wunder, dass Physik und Philosophie so nahe beieinanderliegen. Newton selbst, der von 1643 bis 1727 lebte, wurde als Philosoph bezeichnet. Die Philosophie begründete also die Physik, und die Physik schafft Philosophen.

Auch so gesehen ist die Verantwortung keine Antwort auf das, was wir tun, oder auf das, was wir zu leisten imstande sind (auch wenn wir natürlich dafür verantwortlich sind), sondern eine Antwort auf das Unergründliche.

Verantwortung muss nicht erdrücken. Verantwortung kann auch Freude sein. Verantwortung zu tragen, kann glücklich machen, weil man glücklich ist. Freude und Dankbarkeit sind keine schlechten Ratgeber. Sie sind allemal besser als Glücksratgeber. – Solange man niemanden zwingt.

Die Welt verändern!

Als Frederick seine Schätze sammelte, hatte er kein schlechtes Gewissen. Er hörte sich zwar die Vorwürfe der anderen Mäuse an, aber er wusste, was er tat. Schufteten sich die anderen auch mit ihrem Vorrätesammeln ab, schleppten sie auch Körner, Nüsse, Weizen und Stroh: Frederick »arbeitete« auf seine Weise. Er war ganz und gar mit sich im Reinen. Er hatte ein »reines Herz«, wie die Bibel sagen würde.

Wer ein reines Herz hat, der hat ungeahnte Kräfte. Wer ein reines Herz hat, setzt sich gern ein. Wer kennt das nicht?

Ein reines Herz ist kein faules Herz. Das reine Herz treibt zum Handeln an. Es erträgt keine Ungerechtigkeit, es drängt zur Einmischung. Denn wie könnte es rein sein, wenn es wegschaut, wie könnte es rein sein, wenn es weghört? Wie könnte es rein bleiben, wenn es nichts tut? Wer mit sich, mit Gott, mit seinem Gewissen, wie auch immer man es nennen mag, im Reinen ist, kann nicht so tun, als gäbe es keine Ungerechtigkeit. Der kann sich nichts vormachen. Der will sich nichts vormachen. Der will etwas tun.

»Selig sind, die reinen Herzens sind; denn sie werden Gott schauen«, heißt es bei Matthäus 5, Vers 8. Aber nicht jeder glaubt an Gott. Und nicht jeder will ein reines Herz haben, »nur« um Gott zu schauen. Für mich geht die Seligpreisung – irdisch – viel weiter: Selig sind, die reinen Herzens sind; denn sie trotzen der Ungerechtigkeit und dem Wegschauen. Selig sind, die reinen Herzens sind; denn sie werden die Welt verändern. Die kleine Welt des eigenen Lebens und die große Welt der Politik. Wer auf sein Herz, auf Gott, auf sein Gewissen hört, weiß, was richtig und falsch ist. Wer mit sich im Reinen ist, kann und will etwas tun. Der muss etwas tun. Sonst bliebe sein Gewissen, sein Herz nicht rein.

Wer ein reines Herz hat, trägt gern Verantwortung. Der will die Welt verändern. Weil es ihn drängt.

Frederick hat vielleicht nicht die ganze Welt verändert, aber die winterlich-kalte der Mäuse. Für sie war das die ganze Welt.

Die Bergpredigt als politische Rede

Nichts weniger, als die Welt verändern, wollte schon Jesus. Als er die Bergpredigt hielt und »Vom Schätzesammeln und Sorgen« sprach (Matthäus 6, Verse 19 – 34), ging es um Dinge der damaligen Zeit. Er wollte die Menschen aufrütteln, ihnen einen Weg weisen: »Ihr sollt euch nicht Schätze sammeln auf Erden, wo sie die Motten und der Rost fressen und wo die Diebe nachgraben und stehlen. Sammelt euch aber Schätze im Himmel, wo sie weder Motten noch Rost fressen und wo die Diebe nicht nachgraben noch stehlen. Denn wo euer Schatz ist, da ist auch euer Herz.« Er verlangte von den Menschen, sich nicht um ihr Leben zu sorgen, nicht um ihr Essen und Trinken, auch nicht um Kleidung: »Denn euer himmlischer Vater weiß, dass ihr des alles bedürfet. Trachtet am ersten nach dem Reich Gottes und nach seiner Gerechtigkeit, so wird euch solches alles zufallen. Darum sorget nicht für den andern Morgen, denn der morgende Tag wird für das Seine sorgen. Es ist genug, dass ein jeglicher Tag seine eigene Plage habe.«

Das war ein starkes Stück. Jesus forderte Übermenschliches von seinen Zuhörern, die in größter Armut lebten und sich Tag für Tag ums Allernötigste sorgten, die buchstäblich ums Überleben kämpften. Und trotzdem hielt er seine Rede nicht vor den Reichen und Mächtigen, die alles besaßen, sondern vor ihnen; im Elend.

Wenn man die Bergpredigt in die heutige Zeit übertrüge, mit all ihrer Entschiedenheit und der gleichen Unerbittlichkeit, könnte sie so lauten:

Lasst uns unsere Schätze nicht in Hab und Gut sammeln, in Zweit-Autos und Dritt-Handys, über die unsere Eifersucht wacht und die unsere Gier nur noch weiter anfachen, weil wir nicht genug bekommen können. Suchen wir unsere Schätze in den kleinen Dingen des Lebens, im Unsichtbaren, in einem Gedanken, beim Atmen der frischen Luft. / Lasst uns unsere Schätze nicht für morgen sammeln, das immer nur Zukunft ist und niemals Gegenwart sein kann. Suchen wir unsere Schätze im Hier und Heute, in diesem Augenblick, weil nur er existiert und nur er ein Teil unseres Lebens ist. / Lasst uns unsere Schätze nicht im Ehrgeiz sammeln, im Höher- und Weiterkommen, in der Karriere um der Karriere willen, die uns nie zufriedenstellen wird. Suchen wir unsere Schätze dort, wo wir sind, an unserem jeweiligen Platz, an den Gott uns gestellt hat.

Lasst uns unsere Schätze nicht in Vergleichen mit anderen sammeln, die stärker erscheinen als wir. Die unerreichbar zu sein scheinen, weil sie vermeintlich alles besser können. Denn auch die Starken haben Schwächen wie wir. Lasst uns unsere Schätze aber auch nicht in Vergleichen mit jenen sammeln, die womöglich schwächer sind als wir. Denn auch die Schwachen haben Stärken wie wir. Sehen wir im Nächsten das, was er ist, und nicht das, was er scheint. Mit Rücksicht und Achtung, durch Zuhören und Hinsehen. / Lasst uns unsere Schätze nicht in der Macht sammeln, die nie genug von sich hat – um ihrer selbst willen. Die Stärke, die sich in Macht ausdrückt, ist keine Stärke, sondern bloß Macht. Suchen wir unsere Schätze im Schwachen, in Demut und Dankbarkeit.

Lasst uns unsere Schätze nicht in Autoritäten sammeln, die keine anderen neben sich dulden. Suchen wir unsere Schätze in der Gemeinschaft, die andere als andere anerkennt und sie nicht nur duldet, sondern schätzt. / Lasst uns unsere Schätze *nicht im Nichtstun sammeln, das nur der Trägheit dient. Suchen wir unsere Schätze im Engagement, im Einsatz. Mischen wir uns ein, wenn wir auf Ungerechtigkeiten stoßen, kümmern wir uns um andere, wenn sie uns brauchen. / Lasst uns unsere Schätze nicht durch Ausbeutung der Welt sammeln. Suchen wir unsere Schätze in der Bewahrung der Schöpfung mit ihrer Schönheit, ihren Farben, ihren Gerüchen, ihrer Wärme, dem Zwitschern der Vögel, dem Lachen der Kinder und dem Schmunzeln der Alten.*

Und so hören wir Gott und sorgen uns nicht ängstlich um unser Leben, sondern kümmern uns um die Welt und um andere. Ist nicht das Leben viel mehr als wir selbst? Trachten wir zuerst nach der Welt, auf der wir leben, nach Gerechtigkeit und Frieden, nach Toleranz und nach Liebe. Dann wird uns alles zufallen. Denn unser himmlischer Vater weiß, was wir brauchen.

Eine solche Bergpredigt wäre eine politische Rede, die, ganz anders als damals, niemanden überforderte, auch wenn sie uns einiges abverlangt.

Kein Regierungsprogramm

Natürlich kann man darüber streiten, ob die Bergpredigt als politische Predigt tauglich ist. Mit Fug und Recht kann man bezweifeln, ob es richtig ist, nicht an morgen zu denken, weil »der morgende Tag« angeblich »für das Seine sorgen« wird, wie es bei Matthäus heißt. Dauernd muss man für sein Leben sorgen, für Essen und Trinken und Kleidung. Selbstverständlich muss man sich um die Zukunft kümmern, jeder für sich und der Staat für alle. Der nächste Tag mag zwar vom lieben Gott kommen, aber was daraus wird, liegt an uns.

Gott sorgt nicht für wirtschaftliches Wachstum. Er beschäftigt sich nicht mit Arbeitsplätzen und sozialer Gerechtigkeit, mit Umwelt- oder Artenschutz, mit Atom- oder Windenergie, mit Stillstand oder Reformen, mit Seuchen und Naturkatastrophen, mit nichts dergleichen. Gott schert sich überhaupt nicht um Politik. Es ist also keineswegs »genug, dass ein jeglicher Tag seine eigene Plage habe«. Das ist schlimm genug, aber nicht genug. Kümmern müssen wir uns schon selbst.

Wer in der Bergpredigt ein Regierungsprogramm sucht, wird nicht fündig. Der missversteht die Bergpredigt. In ihr steckt ein Appell an die Menschen. Aber der ist durchaus auch politisch.

Das ist die Botschaft vom Schätzesammeln: Wo das Unsichtbare ist und der Augenblick, unser Platz und unser Nächster, die Farben der Erde und das Zwitschern der Vögel, das Lachen der Kinder und das Schmunzeln der Alten – da ist auch unser Schatz. Und wo unser Schatz ist, da ist auch unser Herz. Da sitzt das Herz am rechten Fleck.

Ob man an Gott glaubt oder nicht: Das gilt für alle.

»Und siehe, es war sehr gut« –
bis auf den Menschen

Solche Schätze machen das Leben aus. Mit solchen Schätzen können wir aus dem Leben etwas machen, auch wenn es uns nicht gelingt, die ganze Welt zu verändern. Es ist schon schwer genug, sich selbst zu ändern, eigene Schwächen abzustellen zum Beispiel, niemand ist perfekt.

Mag auch in der Schöpfungsgeschichte stehen: »Und Gott sah an alles, was er gemacht hatte, und siehe, es war sehr gut.« Es war nicht alles gut. Er hatte das Licht gemacht und die Finsternis, das Wasser und den Himmel, die Erde, das Gras und das Kraut, die Pflanzen und Bäume, den Tag und die Nacht, die Sterne, den Mond und die Sonne, die Fische im Wasser, die Vögel im Himmel, das Vieh und alle Tiere des Feldes, das Gewürm des Bodens und schließlich den Menschen. Alles war »sehr gut« (Genesis 1). Bis auf den Menschen.

Der Mensch war die Krone der Schöpfung. Er sollte sich die Erde untertan machen und über sie herrschen. Gott hatte ihm darum Verantwortung gegeben, ein Bewusstsein. Das unterscheidet den Menschen von allen anderen Geschöpfen Gottes. Wer ein Bewusstsein hat, kann sich entscheiden. Doch wer sich entscheiden kann, ist auch verführbar.

Verführbar war der Mensch von Anfang an. Er hielt es nicht aus im Paradies. Er konnte der Versuchung nicht widerstehen, vom »Baum der Erkenntnis des Guten und Bösen« zu essen, was ihm verboten war.

Eva aß eine Frucht, und Adam tat es ihr nach. Bei ihren Söhnen Kain und Abel gab es Mord und Totschlag. Schon die beiden ersten Generationen zeigten, wie es um die Schöpfung »Mensch« stand: ziemlich schlecht. Kaum hatte Gott gesagt »und siehe, es war sehr gut«, folgten Sündenfall und Brudermord. Auch das steht in der Bibel – nur zwei, drei Kapitel nach der Erschaffung der Welt (Genesis 3 und 4).

Dabei schuf Gott den Menschen doch »zu seinem Bilde, zum Bilde Gottes schuf er ihn«, wie es bei Luther heißt; »als sein Abbild« – »uns ähnlich«, wie es in der Einheitsübersetzung steht. Da müsste er doch vollkommen sein. Entstanden aber ist ein »Bild« mit großen Schwächen.

Nun ist ein Bild nie das Original. Das Original ist immer anders. Trotzdem ist ein »Ebenbild«, ein »Abbild« stets interessant. Selbstbildnisse von Künstlern zum Beispiel sind oft faszinierender als all ihre anderen Werke. Manchmal stellt sich der Künstler so dar, wie er gern wäre, aber nicht ist: schöner, größer, stärker. Manchmal zeigt er dunkle Seiten, die keiner kennt. Manchmal verrät er mehr über sich, als wir ahnen, manchmal weniger, als wir hoffen. Ein Selbstbildnis ist oft ein Rätsel. Das wahre Gesicht mit allen Facetten zeigt es selten. Das kennt nur einer: der Künstler, und auch das ist nicht gewiss.

Gott schuf den Menschen »als sein Abbild«. »Uns ähnlich«, wie es in der Bibel heißt. Künstler erschaffen Selbstportraits. »Ihnen ähnlich«, wie man sagen kann. Bei aller Verehrung, ein Vergleich drängt sich auf: War das Abbild, das Gott schuf, vielleicht ein Selbstportrait wie das eines Künstlers, das alles Mögliche offenbart, nur nicht das wahre Gesicht?

Von Gott, der vielleicht gar nicht unfehlbar ist

Das Großartige an der Schöpfungsgeschichte im Alten Testament ist, dass sie Raum für Spekulationen lässt. Wollte Gott den Menschen tatsächlich »zum Bilde Gottes« machen, also ohne Fehl und Tadel? Oder ist Gott selbst nicht vollkommen? Das sind die Möglichkeiten:

Entweder wollte Gott, dass wir ihm zwar ähnlich sind, aber nicht sind wie er. Dass wir nicht vollkommen sind wie er, sondern schwach und verführbar. Die Schöpfungsgeschichte legt das nahe: Kaum war der Mensch auf der Welt, ging es drunter und drüber.

Oder Gott war nicht perfekt. Ein besonders überzeugender Beweis für Vollkommenheit ist die Schöpfungsgeschichte jedenfalls nicht. Gott selbst sagte nach dem Sündenfall von Adam und Eva: »Siehe, der Mensch ist geworden wie unsereiner und weiß, was gut und böse ist.« Da nun aber Adam und Eva (und mit ihnen die ganze Menschheit) »erkannt« hatten, dass es Gut und Böse gibt, und damit fehlbar geworden waren, war vielleicht auch Gott nicht fehlerfrei. Schließlich waren Adam und Eva »wie unsereiner« geworden. Ein Gott mit Fehl und Tadel?

Unsympathisch wäre das nicht.

Auch der Schöpfungsbericht des Neuen Testaments hilft da nicht weiter. »Im Anfang war das Wort, und das Wort war bei Gott, und Gott war das Wort. Dasselbe war im Anfang bei Gott«, lauten die ersten Sätze des Johannesevangeliums. So weit, so neutral. Das Wort wurde Fleisch, also Mensch. Im Wort »war das Leben, und das Leben war das Licht der Menschen. Und das Licht scheint in der Finsternis, und die Finsternis hat's nicht ergriffen.« Das Licht bei Johannes war das Gute, das Vollkommene auf der Welt. Aber »die Finsternis«, das Dunkle, das auch in uns steckt, »hat's nicht ergriffen«, also noch nicht einmal erkannt. »Das war das wahrhaftige Licht, welches alle Menschen erleuchtet, die in diese Welt kommen. Er war in der Welt, und die Welt ist durch ihn gemacht; aber die Welt erkannte ihn nicht.«

Das stimmt.

Sei es das erste Buch Mose, sei es das Johannesevangelium, beide fangen fast wortgleich an: »Am Anfang schuf Gott Himmel und Erde« – »Im Anfang war das Wort.« Und in beiden kommt der Mensch nicht gut weg. Im Alten Testament unterlag der Mensch der Versuchung, im Neuen hat er das Licht nicht erkannt.

Gott hat den Menschen »zu seinem Bilde« gemacht, aber die Menschen sind fehlbar geworden – aus welchem Grund auch immer.

Vielleicht liebt er uns deshalb besonders.

Die Schöpfungsgeschichte:
Geht's auch eine Nummer kleiner?

Als ich einem Freund erzählte, worüber ich schrieb, über die Schöpfungsgeschichte zum Beispiel, stöhnte er nur. Er lebt in den Vereinigten Staaten. Er ist Arzt und vermutlich ein guter. Von früh bis spät steht er im OP. Er kämpft um Leben. Er sieht Menschen sterben. Er kennt das Leben und den Tod. Er ist ein kluger und besonnener Mann, er liest viel, und er denkt viel. Da kommt nichts von ungefähr. Diesem Arzt ist der Schöpfungsbericht suspekt.

Könne es nicht sein, schrieb er, dass der Mensch zufällig entstanden sei? Sei es nicht möglich, dass »Gott laut ›ups‹ gesagt hat, als Adams Gestalt offenbar wurde«? Hätte sich Gott nicht Adam und Eva ersparen können? Wer sei überhaupt auf die Idee gekommen, »Adam, Eva oder wir alle« seien »zum Bilde Gottes« bestimmt, wollte er wissen. Die Schöpfungsgeschichte sei doch von Menschen geschrieben worden, und die könnten irren. »Geht es nicht auch eine Nummer kleiner?«

Das gefiel mir. Denn in einem Punkt hatte er zweifellos recht. Die Schöpfungsgeschichte wurde von Menschen geschrieben, wie die Bibel insgesamt. Davon war schon die Rede. Ob alles stimmt, was darin steht, weiß niemand. Zur Zeit der Schöpfung jedenfalls konnten die Menschen ganz gewiss noch nicht schreiben. Notiert wurde sie vermutlich 586 bis 538 vor Christus.

Nehmen wir also an, der Schöpfungsbericht stimmt nicht. Nehmen wir es »eine Nummer kleiner«, wie mein Freund es gerne wollte. Nehmen wir an, dass »im Anfang« nicht »das Wort« war, sondern »der Wasserstoff«, wie der Arzt und Publizist Hoimar von Ditfurth 1972 eines seiner Bücher titelte.

Nehmen wir an, nicht Gott, sondern der Urknall hat das Weltall »zum Leben erweckt«. Ich bin keine Wissenschaftlerin und kann das alles nicht beurteilen. Ich kann nur referieren. Der Einfachheit halber zitiere ich aus dem Internetlexikon von heute, aus Wikipedia; ich habe es nicht überprüft, weil ich sowieso nicht beurteilen kann, was richtig ist und was nicht. Mit dem Urknall also sollen Materie, Raum und Zeit entstanden sein, folglich das Universum. Schon da ist alles umstritten. Die Forscher gehen davon aus, dass sich der Urknall vor etwa 13,7 Milliarden Jahren ereignet hat. Und was war vorher? Nichts? Was ist das: nichts? Nichts kann ich mir nicht vorstellen. – Na, egal.

Nehmen wir einmal an, dass das so war.

Die Erde soll sich vor 4,6 Milliarden Jahren entwickelt haben, und das Leben, die »biologische Evolution«, wie es heißt, vor 4,2 bis 3,8 Milliarden Jahren, wenn man Wikipedia glauben will. Gehen wir also von der Evolutionstheorie aus. Die Idee ist alt, angeblich gibt es sie seit dem sechsten Jahrhundert vor Christus. Nehmen wir an, dass der Mensch infolge der Evolution entstanden ist. Dass die ersten Menschen aus Fischen oder fischähnlichen Lebewesen hervorgegangen sind. Dass der Mensch vom Primaten abstammt.

Das klingt sehr plausibel, und es stimmt gewiss auch, trotz aller Debatten, die es darüber gibt. Die Evolutionstheorie ist keine Frage des Glaubens, sondern der Wissenschaft. Der britische Naturforscher Charles Darwin hatte sie Anfang des 19. Jahrhunderts entwickelt – und widersprach damit ausdrücklich den Theologen.

Nehmen wir also an, dass das alles stimmt.

Es bleibt die Frage nach dem Warum. Warum gab es den Urknall? Wieso ist das Universum entstanden? Weshalb hat sich der Mensch aus den ersten Lebewesen entwickelt? Wozu das Ganze?

War es Zufall ohne Anlass, wie mein Freund meinte? Alles auf der Erde hat seinen Zweck. Es gibt die Pflanzen, damit es Sauerstoff gibt. Tiere ernähren sich von Pflanzen. Menschen von Tieren und so weiter und so fort. Das ganze Leben ist ein Kreislauf. In der Natur hängt alles von allem ab. Alles hat einen Sinn. Nur das Ganze nicht? Dient es bloß einem Selbstzweck? Oder steckt nicht doch eine Idee dahinter, ein Gott?

Die Frage nach dem Warum hat die Menschen von jeher beschäftigt. Niemand konnte sie je beantworten. Selbst auf die Frage, woher das Bewusstsein kommt und woher das Gewissen, hat die Forschung bislang keine Antwort gefunden. Alles bleibt ein Geheimnis.

Ob man die Schöpfungsgeschichte zugrunde legt oder die Evolution. Heraus kamen Menschen mit Fehlern.

9 Ihr seid das Salz der Erde, ihr seid das Licht der Welt! – Wer sonst?

Was wir sind und was wir daraus machen können /
Matthäus 5, Verse 13 – 15

Es ist der Mensch mit all seinen Fehlern, der die Welt verändert – zum Guten oder zum Schlechten. Zeit also, sich dem Phänomen »Mensch« zu nähern.

»Ihr seid das Salz der Erde«, sagte Jesus an einer anderen Stelle der Bergpredigt. »Wenn nun das Salz kraftlos wird, womit soll man's salzen? Es ist zu nichts nütze [...].« – »Ihr seid das Licht der Welt«, fuhr Jesus fort. »Es kann die Stadt, die auf einem Berge liegt, nicht verborgen sein. Man zündet auch nicht ein Licht an und setzt es unter einen Scheffel, sondern auf einen Leuchter; so leuchtet es allen, die im Haus sind.« (Matthäus 5, Verse 13 – 15) An uns also liegt es, was wir aus uns und der Welt machen. Doch wer ist dieses »Ihr« eigentlich, von dem Jesus spricht?

Kirchen und Kirchenleute

Es sind Kirchen, die sich kümmern, ohne zu fordern, ihren Glauben zu teilen. Die das Spannungsverhältnis von Evangelium und Kirche erkennen und sich im Zweifel für das Evangelium, die »frohe Botschaft«, entscheiden und nicht für die Institution Kirche. »Die Kirche des Wortes verstummt, aber die Organisation blüht auf«, beschrieb eine Leserbriefautorin in der *FAZ* einst das Dilemma. Sie störte sich am Stellenabbau in der EKD, unter dem die Basis leide. Dabei geht es um mehr.

»Salz der Erde«, »Licht der Welt« sind Kirchen und Gottesleute, denen Menschen wichtiger sind als der Missionsbefehl. Die Mission nicht um ihrer selbst willen betreiben. Die das Christentum nicht zum Zweck der Eigenwerbung und dem Ausbau ihrer Macht nutzen. Es sind Kirchen und Gottesleute, die das Christentum nicht missionarisch missbrauchen.

Die Regel ist das leider nicht. Die Geschichte ist voll von Beispielen, in denen Kirchen und Gottesleute das Christentum für ihre Zwecke missbrauchten. Man denke an die Kreuzzüge, die nicht christlich waren, sondern mörderisch. An die Inquisition und die Glaubensgerichte, mit denen die Kirche gegen »Ketzer« vorging. An die Zeit, in der Hexen verbrannt wurden, und das unter Berufung auf die Bibel (Exodus, Kapitel 22, Vers 17 in der Einheitsübersetzung): »Eine Hexe sollst du nicht am Leben lassen.« Als gelte die Nächstenliebe nicht auch für sie. Man denke an die Zeit, in der Christen den Islam verdammten und Juden verfolgten, als hätten Christentum, Islam und Judentum nicht dieselbe Wurzel: Abraham. Den Abraham des Alten Testaments, der als Stammvater, als Glaubensvater dieser Religionen gilt. Nicht von ungefähr nennen sich die drei »abrahamitische Religionen«.

Die Exzesse im Namen Jesu waren zu keiner Zeit akzeptabel, vor allem die Verfolgung der Juden. Juden wurden verfolgt, seit es das Christentum gibt. Ihre grausamste Form erfuhr sie während der Nazizeit. Es war der Holocaust, der die Kirchen dazu brachte, ihre Schuld erstmals zu bekennen.

Im Oktober 1945 verabschiedete die damals neu gegründete EKD das »Stuttgarter Schuldbekenntnis«: »Durch uns ist unendliches Leid über viele Länder und Völker gebracht worden. [...] Wir klagen uns an, dass wir nicht mutiger bekannt, nicht treuer gebetet, nicht fröhlicher geglaubt und nicht brennender geliebt haben.« Fast alle Unterzeichner hatten Hitlers Kanzlerschaft begrüßt, zu den Novemberpogromen von 1938 geschwiegen und den Krieg unterstützt.

Es dauerte 55 Jahre, bis das Schuldbekenntnis der katholischen Kirche folgte. Erst im von Johannes Paul II. ausgerufenen »Heiligen Jahr 2000« sprach der Papst ein »Mea Culpa«. Ein klares Wort zum Holocaust fehlte allerdings (wie auch zu anderen »Verfehlungen«: Kreuzzüge, Hexenverfolgung, Inquisition). Unter der Überschrift »Schuldbekenntnis im Verhältnis zu Israel« hieß es lediglich: »Wir sind zutiefst betrübt über das Verhalten aller, die im Lauf der Geschichte deine Söhne und Töchter leiden ließen. Wir bitten um Verzeihung und wollen uns dafür einsetzen, dass echte Brüderlichkeit herrsche mit dem Volk des Bundes.« Für die katholische Kirche war das ein großer Schritt.

Für andere war es zu wenig. Es war nicht die Kirche, sondern der polnische Pontifex selbst, der von Judenfeindlichkeit, Gewalt gegen Andersgläubige, Inquisition und Diskriminierungen sprach. Sie hätten das »Antlitz der Kirche entstellt«.

Kirchen und Gottesleute, die das Christentum missbrauchen, meinte Jesus mit »Ihr seid das Salz der Erde« sicher nicht.

»Mission impossible«

Die Mission hat unter den vielen negativen Beispielen gelitten. Heute verbinden die meisten Menschen mit dem Wort vor allem Bekehrung und Frömmigkeit. »Missionarischer Eifer« verheißt schon umgangssprachlich nichts Gutes, sondern Fanatisches. Und doch bleiben die Kirchen bei dem Begriff.

Im Februar 2008 führte Papst Benedikt XVI. für die lateinische Messe die »Karfreitagsfürbitte für die Juden« wieder ein: »Lasst uns auch beten für die Juden, auf dass Gott, unser Herr, ihre Herzen erleuchte, damit sie Jesus Christus erkennen, den Retter aller Menschen.« Viele verstanden das als Aufforderung zur »Judenmission«. Es gab Unmut und viel Kritik.

An der »Mission« halten beide großen christlichen Kirchen unbeirrt fest. 1999 nahm die EKD-Synode in Leipzig die Bezeichnung »Mission« zwar kritisch unter die Lupe, doch zur Disposition stellte sie sie nicht. Ein Jahr später folgte das Papier »Zeit zur Aussaat – Missionarische Kirche sein« der katholischen Bischöfe, und es war klar, dass an der »Mission« nicht gerüttelt werden würde. 2011 lautete das Schwerpunktthema der EKD-Tagung abermals »Mission«. Von einer Abkehr vom Missionsbegriff aber konnte auch diesmal keine Rede sein. »Wir haben im Vorbereitungsausschuss zur EKD-Synode kurz überlegt, ob wir auf den Begriff ›Mission‹ verzichten sollten oder nicht«, sagte der Hannoversche Landesbischof Ralf Meister in einem *idea*-Interview. »Natürlich sind wir dabeigeblieben! Ein Missbrauch des Begriffes verwirkt nicht den rechten Gebrauch«, fuhr Meister fort, bevor er in Magdeburg das Thema eröffnete. Auch der EKD-Ratsvorsitzende Nikolaus Schneider, ein umsichtiger Mann, hielt am Wort »Mission« fest. »Wir müssen es so verwenden, dass die negativen Konnotationen bei den Menschen nicht im Vordergrund stehen«, sagte Schneider vor dem Kirchenparlament.

Als sei es wichtig, das Wort zu retten. Als stünde die Mission im Mittelpunkt des kirchlichen Handelns und nicht der Mensch.

Kirchen, die Menschen erreichen wollen, müssen sie einladen und ihnen zuhören, sie müssen sie ausreden lassen, bevor sie selbst das Wort ergreifen. Sie müssen vom Glauben erzählen, bevor sie theologische Vorträge halten. »Erzählende laden ein, Lehrende argumentieren«, sagte passend dazu der Professor für Theologie, Peter Schmid, vom Schweizerischen Evangelischen Kirchenbund in Magdeburg. Die Kirchen müssen glaubhaft erklären, aber auch glaubwürdig sein, indem sie leben, was sie sagen. Und offen sollten sie sein. Jemanden überreden zu wollen, nützt nichts. Das durchschaut jeder auf Anhieb. Wer lässt sich denn heute noch auf Mogelpackungen ein? Die Kirchen müssen ein Angebot machen, das man nicht annehmen muss. Ein Angebot, das darauf angelegt ist, neue Mitglieder zu rekrutieren, führt in die Irre. Menschen sind zwar verführbar, besonders wenn sie suchen, aber dumm sind sie nicht. Nur wer sie loslässt, nur wer ihnen Freiheit gewährt, kann Menschen gewinnen. – Nichts von alledem verbinden Laien mit dem Wort »Mission«.

»Zu den zentralen Aufgaben der Kirche am Anfang des 21. Jahrhunderts gehören Konzentration und Neuorientierung auch im Loslassen. Loslassen befreit die Kirche von der Sorge um sich selbst und öffnet den Blick für andere«, hieß es in der Kundgebung »Hinhören – aufbrechen – weitersagen/Missionarische Impulse 2011«, die die EKD-Synode am Ende beschloss. Alles schön, alles gut. Wenn da nur das Wort »Mission« nicht wäre. »Mission, die sich am Evangelium von Jesus Christus orientiert, ist fröhlich und zugewandt, kommunikativ und frei«, lautete ein zentraler Satz des Papiers. »Sie bringt sich kritisch ein in die gesellschaftliche Gestaltung von Kultur, Bildung, Wissenschaft und Lebensstil.« – Noch besser könnte sich die Kirche »einbringen«, wenn sie einen anderen Ausdruck finden würde für die in Verruf geratene »Mission«. Das Wort ist weder fröhlich noch zugewandt, es ist nicht kommunikativ und schon gar nicht frei.

»Ein Missbrauch des Begriffes verwirkt [zwar] nicht den rechten Gebrauch«, wie Bischof Meister richtig sagte. Doch ein Wort, das man erst erklären muss, taugt nicht als Angebot. Ein Begriff, dessen schlechten Klang man erst wegreden muss, bevor sich sein Kern offenbart, kann nicht genügen, die »frohe Botschaft« zu verkünden. Wer auf einen solchen Ausdruck beharrt, sagt nicht, worum es ihm geht – außer er hat nur die Insider im Blick. Der bemüht sich nicht, andere zu verstehen. Er beweist vielmehr, wie weit er sich von den Menschen entfernt hat – vor allem von denen, die die Kirchen nicht kennen.

Kirchen, die sich nicht klar und verständlich ausdrücken wollen, Kirchen, die sagen: »du sollst« und »du darfst nicht« und »so ist es und nicht anders«, machen nicht den Eindruck, als ob sie einladen oder zuhören. Deren Salz ist »kraftlos«. Da leuchtet nichts. Aus ihrer Sendung, aus ihrer Berufung, kurz: ihrer »missio«, wird über kurz oder lang eine »mission impossible«.

Gewissenskämpfer

Kirchenleute, die ehrlich sind, die mit ihrem Glauben und ihrem Gewissen kämpfen, können überzeugender sein – und sind oft auch wichtiger – als jene, die sich angeblich mit allem auskennen. Das Geheimnis des Lebens ist ja gerade, dass es mehr Fragen stellt als Antworten gibt. Kirchen und Gottesleute, die auch einmal einräumen, nicht weiterzuwissen, können heller leuchten und salziger sein als jene, von denen man schon vorher weiß, was sie sagen. Die regen nicht zum Denken an, die nimmt man – bestenfalls – zur Kenntnis.

Dogmatik, Glaubenswahrheiten und kirchliche Lehrentscheidungen erlauben keine Fragen, weil es immer nur dieselben Antworten gibt. Dabei fragt man doch sein Leben lang. »Was wir nicht brauchen, ist kluge Dogmatik«, schrieb der bekennende Christ Helmut Schmidt zwar freundlich, vielleicht auch ironisch, auf jeden Fall sehr deutlich in seinem Buch *Religion in der Verantwortung.* Er meinte wohl Regierungen, die »kluge« Lehrmeinungen nicht bräuchten. Da denkt mancher vielleicht anders. Mancher braucht Glaubenswahrheiten – vielleicht nicht fürs Regieren (wer ist schon Kabinettsmitglied?), so doch für sich. Da ist jeder verschieden. Nur aufgezwungen werden darf eine kirchliche Lehre nicht, weder einem Staat noch einem Menschen. Wer überzeugen will, muss offen sein. Das gilt für den Glauben wie für die Politik.

Eiferer und Suchende

Es ist nicht lange her, dass es den Kirchen untersagt war, zu »Angelegenheiten des Staates« Stellung zu nehmen und sich politisch einzumischen – und sei es nur durch ein Gebet. Nach Paragraph 130a des Reichsstrafgesetzbuches, eingeführt 1871, wurden »Geistliche oder andere Religionsdiener« mit einer Freiheitsstrafe von bis zu zwei Jahren bestraft, wenn sie sich dem Verbot widersetzten. Egal, ob sie sich schriftlich oder mündlich zu Wort meldeten, ob sie es in einer Kirche taten oder anderswo, ob sie predigten oder Flugblätter schrieben. Bis zum August 1953 war der sogenannte Kanzelparagraph geltendes Gesetz, also auch in den Anfängen der Bundesrepublik.

Heute wird von den Kirchen erwartet, dass sie sich einmischen, dass sie sich zu »Angelegenheiten des Staates«, also politisch, äußern. Das meinen zwar nicht alle – wieder Helmut Schmidt: »Wir brauchen keine tagespolitische Theologie, wir brauchen keine selbstgerechte Besserwisserei«, schrieb er, nicht mehr ganz so freundlich, aber wieder sehr deutlich. Und es stimmt ja auch, dass Besserwisserei nicht weiterführt, sondern die Fronten verhärtet. Man erinnere sich an die Debatten über den Schwangerschaftsabbruch, die Präimplantationsdiagnostik, kurz PID, oder die Sterbehilfe. Aber nicht jeder redet besserwisserisch, und nicht alle sind selbstgerecht. Es gibt etliche Kirchenleute, die sich ernsthaft bemühen, Lösungen zu finden, die erkennbar darum ringen, Kompromisse zu schließen. Außerdem *wollen* viele Kirchenmitglieder, dass ihre Kirchen politisch Stellung nehmen. Das kann ihnen niemand verwehren.

Auch wenn man darüber streiten kann, ob sich die Kirchen politisch äußern sollen oder nicht, verlangt jeder, dass sie sich einsetzen für andere, gerade für die, die im Abseits stehen. Hilfe brauchen viele. Solidarität und Barmherzigkeit sind wichtig. Seelsorge und Trost benötigen wir alle. – Und ein Verständnis für Werte wie Toleranz und Respekt. Hier liegen die ureigenen Aufgaben der Kirchen.

Umso wichtiger ist, dass sie nicht eifern. Dass sie hörbar sprechen, wenn sie sicher sind, und sich zurücknehmen, wenn sie nicht weiterwissen. Dass sie keine Angst haben, Fragen offenzulassen. Dass sie selbst Fragen stellen, statt schnell zu antworten. Dass sie ihre Antworten auch einmal in Zweifel ziehen. Dass sie sich trauen zu sagen, selbst auf der Suche zu sein. Dass sie Demut zeigen und nicht Macht; dass ihnen bewusst ist, trotz ihres Anspruchs und ihrer Stellung, selbst schwach zu sein – wie die Menschen, die zu ihnen gehören. Dann wird aus Schwäche Größe.

Dann sind die Kirchen nicht egal. Dann haben sie ein Mandat.

CDU und andere Politiker

»Salz der Erde«, »Licht der Welt« sind Parteien und Politiker, denen es zuerst um die Sache geht und erst in zweiter Linie um die Macht. Es sind Abgeordnete, die tatsächlich Volksvertreter sind, also uns, das Volk, vertreten und nicht ihre Parteien. Es sind Parteien und Politiker, die ihrem Auftrag folgen, ohne uns gleich als Wähler vereinnahmen zu wollen.

Es kommt nicht darauf an, ob Politiker Christen sind. Christliche Politiker oder politische Christen sind nicht per Definition bessere Menschen. Es gibt eine Reihe anderer guter Gründe und Motive, politisch aktiv zu werden. Das »C« in einem Parteinamen macht die Mitglieder noch nicht zu guten Menschen.

Das Alleinstellungsmerkmal von CDU und CSU ist nur zu verstehen, wenn man die Anfänge kennt und weiß, dass die Parteien »nach dem Scheitern der Weimarer Republik, den Verbrechen des Nationalsozialismus und angesichts des kommunistischen Herrschaftsanspruchs nach 1945 die Zukunft Deutschlands mit einer christlich geprägten, überkonfessionellen Volkspartei gestalten wollten«, wie es im CDU-Grundsatzprogramm steht. Im Programm der CSU heißt es ganz ähnlich: »Die Gründung der CSU [...] war eine Antwort auf die Katastrophe von Gewaltherrschaft und Krieg. Der Menschenverachtung und Gottlosigkeit der Nationalsozialisten setzte die Gründergeneration der CSU eine Politik aus christlich-sozialer Verantwortung entgegen.«

Christen in der Union zu sammeln, war den Parteien wichtig, weil die christlichen Kirchen in der Nazizeit versagt hatten, auch wenn zu den Widerstandskämpfern Christen gehörten.

Natürlich weiß die Union, »dass sich aus christlichem Glauben kein bestimmtes politisches Programm ableiten lässt«. Auch das steht inzwischen im CDU-Grundsatzprogramm. Das »christliche Verständnis vom Menschen« ist zwar die »ethische Grundlage für verantwortliche Politik« der Union. Das bedeutet aber nicht, dass »nur innerhalb der Christlich Demokratischen Union [...] Politik aus christlicher Verantwortung gestaltbar« sei, wie es ausdrücklich heißt.

Vorbei sind die Zeiten der Einzigartigkeit, der Allein-stellungsmerkmale generell. Christen gibt es in allen im Bundestag vertretenen Parteien. Der Umwelt-schutz ist längst ein Anliegen sämtlicher Parteien und nicht nur der Grünen; »grün« sind inzwischen alle. Auch dem »Sozialen« fühlt sich jeder verpflichtet, nicht nur die SPD; die CSU trägt den Begriff »sozial« sogar in ihrem Namen. Ähnliches gilt für die »Frei-heit«. Deren Bewahrung und Verteidigung reklamie-ren praktisch alle für sich, nicht nur die FDP. Das ist gut für die Demokratie, aber ein Problem für die FDP. Nur das »Christliche« (nicht das Christsein) hängt seltsam alleine in der politischen Luft.

Die Union ist längst »für jeden offen, der die Würde und Freiheit aller Menschen und die daraus abgeleite-ten Grundüberzeugungen« der Partei »bejaht«. Nicht-gläubige und Andersgläubige sind ausdrücklich will-kommen. Als mit Aygül Özkan die erste Muslimin CDU-Ministerin wurde – 2010 in Niedersachsen –, war die Partei mächtig stolz. Die Union sucht nicht mehr »die Christen«, sie sucht »die Mitte«. Das »C« ist schwer zu vermitteln – vor allem seit der staatlichen Einheit, durch die Kirche und Christentum in der deutschen Gesellschaft an Bedeutung verloren haben.

Das »C« im Parteinamen klingt heute seltsam. Denn es ist ja nicht so, dass die christlichen Parteien von »Gut und Böse«, von Barmherzigkeit und Nächsten-liebe, von Ethik und Moral mehr als alle anderen ver-stehen. Christliche Politik, »Politik aus christlicher Verantwortung«, wenn man so will, finden man heute in allen im Bundestag vertretenen Parteien. Und, vor allem: Ist Politik aus anderen Motiven weniger gut, weniger wert?

Christliche Volksvertreter können genauso unchristliche Entscheidungen treffen wie nichtchristliche Politiker. Sie können ebenso um die Macht buhlen wie die anderen. Und: Nicht nur Christen haben ein Gewissen.

Nur darauf kommt es an. Auf Politiker, die ihrem Gewissen folgen, wie es Artikel 38 des Grundgesetzes vorsieht, und nicht dem Willen ihrer Partei, der es legitimerweise auch um ihre Macht geht. Auf Politiker, die Verantwortung übernehmen für das, was sie sagen, und das, was sie tun. Denn auch Reden ist Handeln.

Dieses »Ihr«, das sind wir

Und auch sie sind das »Ihr«, von dem Jesus spricht:

Christen, die sich einsetzen, ohne andere bekehren zu wollen. Die helfen, ohne zu »missionieren«. Die sich aus Nächstenliebe engagieren und nicht aus Eigenliebe. Die fest im Glauben sind und darum handeln. Die Verantwortung übernehmen, weil das ihre Antwort auf Gott und ihr Leben ist und sie wissen, dass die Antwort zur Verantwortung gehört. Auch wenn es ihre Fähigkeiten zuweilen übersteigt. Es sind Christen, die im Namen ihres Gottes wirken wollen, auch wenn sie mit Gott zuweilen hadern. Es sind Christen, die glauben, obwohl sie zweifeln, und sich dennoch engagieren. Es sind Christen, die zweifeln, obwohl sie glauben, und trotzdem handeln.

Es sind Menschen, die aufgrund ihrer Werte und Grundsätze agieren, ohne agitieren zu wollen. Menschen, die mutig sind. Menschen mit Gewissen. Menschen, die aus Gewissensgründen handeln. Auch Menschen, die Fehler machen.

Fehlbare Menschen, ob Christen oder nicht, sind oft das viel bessere Salz der Erde, das viel wichtigere Licht der Welt, als jene, die meinen, untadelig zu sein; denen alles zu gelingen scheint; die vermeintlich alles wissen; die es angeblich nicht kennen, dass etwas nicht gelingt. Aber wer ist schon so? Ich kenne keinen.

Dieses »Ihr«, von dem in der Bergpredigt die Rede ist, das sind wir alle.

Salzen und leuchten

Man muss nicht gleich an Widerstandskämpfer in der Nazizeit denken, wenn man nicht »kraftlos« sein will, wenn man »leuchten« will, wie es in der Bibel heißt. Nicht an die tapferen Mitglieder der Weißen Rose und ihre Flugblätter – die Geschwister Scholl und Willi Graf zum Beispiel, die allesamt mit dem Christentum eng verbunden waren. Man muss auch nicht an Menschen denken wie Pfarrer Oskar Brüsewitz, der sich im August 1976 vor der Michaeliskirche in Zeitz selbst verbrannte, um die Menschen aufzurütteln und auf die atheistische Unterdrückung in der DDR aufmerksam zu machen. Man muss überhaupt kein Christ sein, um zu salzen und zu leuchten. Und auch nicht mutig. Es heißt tröstend »ihr *seid*« das Salz, das Licht und nicht gebietend »ihr sollt sein«.

Ohne Licht ist alles dunkel. Man kann nichts sehen und sich schlecht orientieren. Man kann nicht leben ohne Licht. Die Bedeutung des Satzes »ihr seid das Licht der Welt« erklärt sich darum fast von selbst. Die Stadt »auf dem Berg« bleibt »nicht verborgen«. Ein Mensch, der leuchtet, hellt auf. Wer leuchtet, leuchtet allen. Wer leuchtet, ist sichtbar. Das ist die weltliche Sicht der Dinge.

Im Johannesevangelium heißt es überdies »ich bin das Licht der Welt« (Kapitel 8, Vers 12). Es ist das »Selbstzeugnis« Jesu. *Er* ist das Licht. »Wer mir nachfolgt, der wird nicht wandeln in der Finsternis, sondern wird das Licht des Lebens haben.« Licht ist also weltlich und biblisch zugleich, es ist weltlich *und* biblisch wichtig. Weshalb da steht »ihr seid das Licht der Welt«, liegt darum beinahe auf der Hand.

Beim Salz ist das anders. Auch Salz ist unverzichtbar. Ohne Salz stirbt der Mensch. Warum es aber heißt »ihr seid das *Salz* der Erde« und nicht etwas anderes, versteht man erst durch die Geschichte.

Früher war Salz ein knappes Gut. Es gab es nicht an jedem Ort. Mit Salz konnte man Lebensmittel konservieren. Im alten Israel wurden Neugeborene damit eingerieben, um ihre Haut zu festigen. Salz war eine begehrte Handelsware. Selbst Kriege wurden um Salz geführt. In vorchristlicher Zeit war Salz sogar wertvoller als Gold. Nicht ohne Grund sprach man vom »weißen Gold der Erde«. Salzstraßen hießen die Handelswege, weil über sie besonders edle Güter befördert wurden. Silber zählte dazu, Bernstein, Seide, Gewürze – und eben Salz. Auch in der Bibel spielt das Salz eine wichtige Rolle, im Alten wie im Neuen Testament. So gehörte Salz zu jedem Opfer. Noch heute ist es Brauch, Nachbarn mit Salz und Brot zu begrüßen. Salz war kostbar, wie gesagt.

Jesus hätte natürlich auch ein anderes Gleichnis wählen können, etwa von der Luft und vom Atem. Luft und Atem sind für das Leben so wichtig wie das Licht und das Salz. Auch ist der Atem in der Bibel von zentralem Belang. In der Schöpfungsgeschichte blies Gott Adam »den Odem des Lebens in seine Nase. Und so ward der Mensch ein lebendiges Wesen« (1. Mose 2, Vers 7). Jesus aber sprach vom Salz. Denn Salz war knapp. Luft und Atem dagegen nicht.

Was das Gleichnis vom Salz so schön macht, ist die sinnbildliche Bescheidenheit. Salz kommt nicht monströs daher, sondern in Form von kleinen weißen Körnern. Es drängt sich nicht auf, sondern ist unscheinbar. Es biedert sich nicht an, sondern wirkt im Verborgenen. Wenn das »Salz in der Suppe« fehlt, schmeckt die Suppe fade. Längst ist daraus ein Sprichwort geworden. Man verwendet es, wenn etwas langweilig wird. »Ihr seid das Salz der Erde« bedeutet also, ihr macht die Erde aus. Ohne euch wäre sie öde.

Man kann eine Suppe allerdings auch versalzen. Dann ist sie ungenießbar. Das Wort gehört ebenfalls zur Alltagssprache. Wenn man jemandem etwas versalzt, sind seine Chancen dahin. Wie vorsichtig man mit der Sache umgehen muss, zeigt eine andere Redewendung, die vom Salz, das man in offene Wunden streut. Damit trifft man zwar einen »wunden Punkt«, aber der Punkt ist eben wund. Man weist zwar auf etwas hin, aber man kann die Situation auch verschlimmern, noch schmerzvoller machen.

Salz kann gut und schlecht sein. Umso wichtiger ist es, wie wir uns verhalten, wenn wir das Salz der Erde sind: bescheiden, nicht überheblich. Und schon gar nicht elitär. Setzt euch nicht in Szene und übertreibt es nicht. Aber salzt.

Salzen und leuchten, unsichtbar wirken und sichtbar zugleich. Das ist die Botschaft des Matthäus. Salzen kann man schon, wenn man fragt; wenn man ein Widerwort wagt. Salzen kann man, indem man die fade Suppe würzt, also sich einmischt, wo es der Einmischung bedarf. Leuchten kann man bereits, wenn man sich freut. Leuchten kann man, wenn man strahlt. Fröhlichkeit kann begeistern, und Begeisterung färbt ab. Lachen ist ansteckend, das weiß jeder von sich selbst. Es ist nicht nur ein natürlicher Reflex, der durch »Spiegelneuronen« (Nervenzellen) im Gehirn entsteht, es tut auch der Seele gut. Nicht umsonst heißt das Sprichwort: Lächele, und die Welt lächelt zurück.

Salz der Erde und Licht der Welt sind wir, wenn wir nicht wegsehen und uns kümmern, auch wenn wir selbst bekümmert sind. Wir sind das Salz der Erde und das Licht der Welt, wenn wir trotz aller Hindernisse und Widerstände aus unseren Schätzen etwas machen. Da spielt es keine Rolle, ob man glaubt oder nicht.

Wir sind das Salz der Erde und das Licht der Welt – ein jeder an seinem Platz, ein jeder nach seinen Möglichkeiten, ein jeder mit seinen Gaben.

VII

Das Herz

10 Wo dein Schatz ist …

… da ist auch dein Herz / Matthäus 6, Vers 21

Die Inflation der Herzen

»Wo dein Schatz ist, da ist auch dein Herz«, dieser Satz aus dem Matthäusevangelium (Kapitel 6, Vers 21) ist einer der schönsten der ganzen Bibel. Wenn das Wort Herz nur nicht so abgedroschen wäre!

Wie häufig wird es verwendet, wie inflationär wird es gebraucht. Süßliche Lieder ranken sich darum. »Dein ist mein ganzes Herz« ist so eines, und man denkt spontan: bloß nicht! Eine »Herzschmerz-Community« schmückt das Internet. Selbst Norddeutsche sagen schon »herzig«, wo das Wort doch aus Bayern und Österreich stammt. Es gibt die Serie *Herzflimmern* im Zweiten und das *Herzblatt* im Ersten. Rührend, das Ganze, aber letztlich nie ehrlich. Wenn dann auch noch der 14. Februar naht, der Valentinstag, ist es vollends ums Herz geschehen. Grüße und Küsse, Blumen und Herzen, wohin man auch sieht. Es ist schlimmer als am Muttertag.

Das ist alles zwar irgendwie goldig, aber am Ende

nichts als Kitsch. Mit wie viel Schein ist es verbunden. Wie viel Heuchelei steckt dahinter – vor allem beim Geschäft, das nicht nur in Amerika, sondern längst auch bei uns glänzend blüht. Wie viel Geld fließt dahin, wo doch angeblich »nur die Liebe zählt«. Das Herz wird zum Spektakel. Es verkommt zur Massenware, und nichts ist mehr echt.

Doch das Herz kann nichts dafür.

Gnade und Gnadenlosigkeit

Wenn mein Schatz ist, wo mein Herz ist, muss es rein sein. Wie könnte ein unreines Herz einen Schatz bewahren?

Die Bitte um ein reines Herz war mir schon als Kind wichtig. Vermutlich, weil ich so viel zweifle. Wenn ich mit mir, meinem Glauben und mit Gott hadere, ringe ich um des reinen Herzens willen. Schöbe ich den Zweifel beiseite, wäre mein Herz nicht mehr rein.

Vielleicht ist mir ein reines Herz auch wichtig, weil es mir nicht gelingt, mich zu betrügen. Manchmal wünschte ich, es wäre anders, wie viel leichter wäre das Leben. Zuweilen beneide ich Menschen, die alles glauben können, genauso wie die, die imstande sind, sich zu belügen. Ein kleiner Selbstbetrug, was ist schon dabei? Natürlich nichts. Nur: Es funktioniert bei mir nicht. Selbst wenn es mir kurz gelingt, mich hinters Licht zu führen, bekomme ich sofort ein schlechtes Gewissen. Warum? Ich weiß es nicht. Vermutlich hat es auch mit meinem Glauben zu tun. Ich kann zwar mich selbst täuschen, aber nicht Gott. Er ist immer da (was schön ist) und sieht alles (was nicht immer schön ist). Er ist wie ein Spiegelbild meines Gewissens. Und das ist auch gut.

Ich muss niemandem davon berichten, Gott sei Dank! Da geht es nur um mich und mein eigenes Gewissen.

Das ist nicht egoistisch, auch wenn es selbstbezogen klingt. Edel ist es auch nicht. Es ist einfach so. Mein Gewissen ist immer schneller als meine Unehrlichkeit. Es ist stärker als die Lüge. Als schaute es mir zu, mich an, als spreche es mit mir, als überwache es mich. Das ist manchmal lästig, aber der einzige Weg, vor mir selbst zu bestehen. Es ist gnadenlos und doch eine Gnade.

Denn es ermöglicht mir mein Leben.

Hans Küng schrieb einst den wunderbaren Satz: »Glücklich all die Menschen, die trotz aller Mühen des Alltags mit sich im Reinen […] sind.« Das trifft genau, worum es mir geht: mit sich im Reinen zu sein.

Ich bin glücklich, wenn ich ein reines Herz habe. Mit sich im Reinen zu sein und darum glücklich, ist keine Hochstimmung, sondern Grundstimmung, wie Küng so treffend schrieb. Egal, ob es Höhen gibt, einerlei, ob die Tiefen kommen.

Glaube, Liebe, Wahrheit

Ich wünsche mir ein hörendes Herz, damit mein Herz rein bleibt. Ich wünsche mir ein hörendes Herz gleich in mehrfacher Hinsicht.

Ich wünsche mir ein hörendes Herz, wenn es um meinen Glauben geht. Ich will nicht auf das hören, was andere sagen, und seien es noch so kluge Theologen, sondern auf mein Inneres, auf Gott. Ich will meinem Herzen folgen, meiner »inneren Stimme«, denn die kommt von Gott.

Ich wünsche mir ein hörendes Herz, wenn es um Menschen geht. Auf ihr Herz will ich hören, damit ich erkenne, wie es ihnen tatsächlich geht. Auf ihr Herz will ich schauen und nicht von Äußerlichem ausgehen, das blenden kann. Durch Zuhören und Hinschauen, nicht durch Reden erfährt man etwas.

Ich wünsche mir ein hörendes Herz, wenn ich mich einsetzen will, sei es gesellschaftlich, sei es kirchlich, sei es politisch. Denn die Fähigkeit zuzuhören geht zusehends verloren. Immer mehr wird geredet, immer weniger zugehört. Dabei sehnen sich die Menschen danach, dass man ihnen zuhört, dass man auf das hört, was sie sagen und was ihnen geschieht. Es geht nicht darum, dem Volk aufs Maul zu schauen, es geht darum, auf seine Worte zu hören.

Dietrich Bonhoeffer hat einmal gesagt, »das ›Herz‹ im biblischen Sinne ist nicht das Innerliche, sondern der ganze Mensch, wie er vor Gott ist«. Ich wünsche mir ein hörendes Herz, wie ich vor Gott stehe. Wo immer er mich hinstellt. Da, wo ich bin. Wenn ich hören kann, ist mein Herz da, wo es hingehört. Bei den »Schätzen« dieser Welt, bei den Schätzen des Himmels. Da ist es fröhlich.

Da ist es glücklich.

Der Herzklopfer

Meine Zweifel sind nicht fort. Den Sinn des Lebens kann ich nicht nennen. Dass es nicht (nur) um mich geht, sondern um das Leben, das ist mir klar. Mehr aber nicht. Aus welchem Grund es das Leben überhaupt gibt, weiß ich nicht.

Ich habe keine Ahnung, warum die Welt, der Kosmos, die Menschen, die Unendlichkeit existieren und nicht nichts. Es ist mir schleierhaft, wo und wie alles angefangen hat und wann alles endet – falls es denn endet. Wieso Unglück geschieht, ist mir ein Rätsel. Ich kenne die Klage von Friedrich Nietzsche, die er 1882 notierte, bevor er schrieb »Gott ist tot. Und wir haben ihn getötet«, als sei es meine: »Stürzen wir nicht fortwährend? Und rückwärts, seitwärts, vorwärts, nach allen Seiten? Gibt es noch ein Oben und ein Unten? Irren wir nicht wie durch ein unendliches Nichts? Haucht uns nicht der leere Raum an? […] Kommt nicht immerfort die Nacht und mehr Nacht?«

Weshalb es den anderen trifft und nicht mich, begreife ich nicht. Ich kann nicht erfassen, warum es eine Seele gibt, woher sie kommt und wohin sie geht. Es gibt so vieles, das ich nicht verstehe. Ich kann all die Fragen nicht beantworten, weil ich Teil des Universums bin und nicht über ihm stehe oder daneben. Ich kenne keinen, der Antworten weiß.

Aber ich glaube.

Ich weiß nicht, ob es Gott gibt. Beweisen kann ich ihn ebenso wenig wie alle anderen. Der Wunsch aber, jede Frage beantworten zu wollen, lässt nach, je mehr ich in mir ruhe, je sicherer ich mir meiner bin. Je größer der innere Friede ist, je reiner das Herz. Mein Glaube ist keine Resignation, sondern Folge der Demut vor einer Unergründlichkeit, die mich nicht schreckt. Wie meine Ehrfurcht vor der Schöpfung Ehrfurcht ist und nicht Ehr-Angst, verschafft mir die Demut Mut und keine Entmutigung. So gelingt es mir, die Frage nach dem Sinn des Lebens auch einmal loszulassen, auch wenn sie mich nie loslassen wird.

»Siehe, ich sende meinen Engel vor dir her, der deinen Weg vor dir bereiten soll.« Dieser Vers, mein Taufspruch, begleitet mich. Er macht mir Mut. Er gibt mir Kraft.

Ich glaube. Aber nicht blind. Vertrauensseligkeit ist mir fremd. Glauben will ich, solange ich kann.

Die Welt wird dadurch nicht zur heilen Welt. Die Fragen verschwinden nicht und auch nicht meine Fehler. Die Schattenseiten bleiben, die Sonnenseiten aber auch. Die Abgründe kommen wieder wie die Höhen.

Aber der Engel geht vor mir her, und ich fürchte mich nicht. Mein Gott ist bei mir. Mitten im Leben. Mitten im Herz – wo auch der Bruder ist.

Was ich glaube

Mein Glaube ist kein Wissen. Mein Glaube ist Gewissheit, die aus dem Zweifel erwächst.

Das ist mein »Glaubensbekenntnis«:

Ich glaube an Gott –
Der nicht allmächtig ist im Sinne von Herrschaft,
der nicht verzeiht, weil er nicht verdammt,
der nicht richtet, weil er gar nicht erst prüft.

Sondern an Gott –
Der uns so nimmt, wie wir sind;
der immer da ist, wenn wir da sind;
der uns behütet, Tag und Nacht;
auch an den Tagen, an denen wir spotten;
und in Nächten, wenn der Albtraum uns packt;
der immer bei uns ist,
auch wenn wir zweifeln.

Ich glaube an einen Gott für alle,
ob sie nun Christen heißen oder nicht.

Ich glaube an Jesus –
Als Aktivisten in Sachen Gott;
dessen Worte mir Ansporn,
dessen Taten mir Vorbild,
dessen Werte mir wichtig sind,
auch wenn Nichtchristen für sie streiten.
Zu dem man beten kann, aber nicht muss.
Denn an einen personalen Gott glaube ich nicht.

Ich glaube an den Heiligen Geist –
Wenn er Gemeinschaftsgeist ist und das Gewissen.
An eine Kirche, die nicht einengt
und mir nicht vorschreibt, was ich glauben muss.
An das Priestertum aller Gläubigen,
das auch Nichtgetaufte mitumfasst.

An »Gemeinschaft der Heiligen« glaube ich nicht,
denn wer kann schon sagen, wer heilig ist.
An die »Gemeinschaft der Seligen« aber glaube ich.
Denn selig sind alle.

Ich glaube an Christen, die nicht spalten,
sondern zusammenstehen – auch in der Not.
Die barmherzig sind und sich einsetzen,
so wie Jesus es einst tat.

Ich glaube an Menschen –
Als Aktivisten in Sachen Welt,
ob sie nun glauben oder nicht.
Ich glaube an Menschen,
die Verantwortung nicht scheuen.
Weil die Antwort auf ihr Leben
die Verantwortung mitumfasst.
Ob sie sich Christen nennen oder anders,
ist mir letztlich einerlei.

An die Auferstehung glaube ich nicht,
denn das ist doch seltsam,
aber an das Dableiben, auch im Tod.
Ich glaube nicht an einen Tod, der uns trennt,
sondern das Beieinanderbleiben, jederzeit.

Ich glaube an die Ewigkeit.
Und die ist schon da.

So habe ich Kraft.
Mehr als ich habe.

Ich glaube gern an meinen Gott.

Amen.

Dank

Es gibt viele, denen ich zu danken habe, nicht alle kann ich aufzählen. Einige aber möchte ich erwähnen.

Ich danke dem Präsidium des Kirchentags für die Gelegenheit, zum ersten Mal in meinem Leben über den Glauben zu schreiben. Ich danke meinem Literaturagenten Peter Molden für die Idee, daraus ein ganzes Buch zu machen. Ich danke dem Piper Verlag und vor allem meinem Lektor Ulrich Wank, mir das zu ermöglichen, sowie für seine zahlreichen Ideen und die gute Betreuung.

Besonders danke ich Michael Stier für diverse Entdeckungen und das erste Lesen; Hans Langendörfer für seine Freundschaft, die jedem ökumenischen Widerhaken humor- und liebevoll trotzt; Renate und Reinhard Höppner für ihre unschätzbare Hilfe; Ellen Ueberschär nicht nur für den »Herzklopfer« und Henning Gaissert nicht nur für das »ups«. Schließlich vielen Freunden, ob nah oder fern, für ihre Offenheit. Denn über Gott und den Glauben spricht man nicht oft.

Vor allem aber danke ich Margarita Chiari – für ihr beständiges, kritisches Nachfragen. Und ihren Glauben an mich.

Beatrice von Weizsäcker
München, im Juli 2012

Textnachweise

Lutherbibel, Württembergische Bibelanstalt Stuttgart 1972
und 1984

Einheitsübersetzung, Katholische Bibelanstalt Stuttgart
1980, Herder

Evangelisches Gesangbuch für Bayern und Thüringen, Bayern: Verlag Evangelischer Presseverband für München
e.V., München; Thüringen: Wartburg Verlag GmbH, Weimar

*Evangelisches Kirchengesangbuch, Ausgabe für Rheinland,
Westfalen und Lippe:* Gütersloher Verlagshaus Gerd
Mohn, Gütersloh; Luther Verlag GmbH, Witten; Neukirchener Verlag, Neukirchen-Vluyn

Klaus Berger: *Wie kommt das Ende der Welt?*, GTB 1999
(»Nachdenklichkeiten ›Leben danach?‹ Die Geschichte
zweier Knaben«)

Dietrich Bonhoeffer: *Von guten Mächten*, Gütersloher Verlagshaus 2004

Martin Buber: *Der Weg des Menschen nach der chassidischen
Lehre*, Lambert Schneider 1981

Michael Ende: *Momo*, K. Thienemanns Verlag Stuttgart 1974

Sebastian Hensel: *Die Familie Mendelssohn,* Insel Verlag
Frankfurt am Main 1995 (Die Geschichte vom buckeligen
Mendelssohn und der Braut, dort Seite 44)

Hermann Hesse: *Siddhartha,* Suhrkamp 1974

Ludwig Hirsch: *Komm, großer schwarzer Vogel,* Edition
Karl Scheibmaier Wien

Hans Küng: *Was ich glaube,* Piper 2010

Hermann Kurzke u.a. (Hrsg.): *Geistliches Wunderhorn.
Große deutsche Kirchenlieder.* Verlag C.H. Beck Mün-
chen 2009 (»O Haupt voll Blut und Wunden« von Paul
Gerhardt)

Astrid Lindgren: *Pippi in der Villa Kunterbunt,* Oettinger
1967

Leo Lionni: *Frederick* (deutsch von Günter Bruno Fuchs),
Middelhauve Köln 1967

Ian McEwan: *Solar,* Diogenes 2011

Antoine de Saint-Exupéry: *Der kleine Prinz,* Karl Rauch
Verlag Düsseldorf 2000

Jan-Philipp Sendker: *Das Herzenhören,* Goldmann 2004

Helmut Schmidt: *Religion in der Verantwortung,* Propyläen
2011

Martin Walser: *Muttersohn,* Rowohlt Hamburg 2011

Heinz Zahrnt: *Glaube unter leerem Himmel,* Piper 2000

Jörg Zink: *Auferstehung,* Herder 2011

PIPER

Anselm Bilgri, Konrad Stadler
Finde das rechte Maß

Benediktinische Ordensregeln für Arbeit und Leben heute.
208 Seiten mit sechs Abbildungen. Piper Taschenbuch

»Führe und diene«, »Finde das rechte Maß«, »Höre mit dem
Herzen« – Anselm Bilgri, langjähriger Wirtschaftsleiter des
Klosters Andechs in Bayern, übersetzt die Ordensregeln des
heiligen Benedikt für unser Leben im 21. Jahrhundert. Die
Gebote der Mönche, ihre Weisheit und Spiritualität helfen, wo
Orientierungslosigkeit, Leistungsdruck, Gewinnstreben
und Schnelllebigkeit belasten. Und sie zeigen, dass vor allem
eines gebraucht wird: mehr Menschlichkeit.

»Was Anselm Bilgri vermittelt ist hochmodern – und an-
derthalb Jahrtausende alt.«
Financial Times Deutschland

01/1560/02/R

PIPER

François Lelord

Hector & Hector und die Geheimnisse des Lebens

Aus dem Französischen von Ralf Pannowitsch. 224 Seiten.
Gebunden

Petit Hector hatte schon als Junge Glück in seinem Leben. Sein
Vater, der auch Hector hieß, war Psychiater und riskierte
also nicht, arbeitslos zu werden. Auch Maman arbeitete viel,
und sie kochte köstliche Gerichte wie Brathähnchen oder
Schinken mit Kartoffelpüree. Von Zeit zu Zeit spielten Petit
Hector und Hector sonntags Fußball. Und dennoch war
Petit Hector nicht immer glücklich. Das Leben stellte so viele
komplizierte Fragen an ihn: Die einen sagten, man dürfe
niemals lügen, die Welt würde schrecklich, wenn alle es täten.
Die anderen behaupteten, ein bisschen Schlechtes schade
nicht, wenn man damit viel Gutes erreichte. Was ist richtig?
Was ist falsch? Was ist das Beste im Leben? Und der große
Hector, weiß auch er keinen Rat?

01/1841/01/R